Johann Heinrich Tieftrunk

Zensur des christlichen protestantischen Lehrbegriffs nach den Prinzipien der Religionskritik

Mit besonderer Hinsicht auf die Lehrbücher von D. J. C. Döderlein und D. S. F. N. Morus

Johann Heinrich Tieftrunk

Zensur des christlichen protestantischen Lehrbegriffs nach den Prinzipien der Religionskritik

Mit besonderer Hinsicht auf die Lehrbücher von D. J. C. Döderlein und D. S. F. N. Morus

ISBN/EAN: 9783743691858

Hergestellt in Europa, USA, Kanada, Australien, Japan

Cover: Foto ©ninafisch / pixelio.de

Weitere Bücher finden Sie auf **www.hansebooks.com**

Johann Heinrich Tieftrunk's,
Professors in Halle,

Censur

des

christlichen Protestantischen

Lehrbegriffs

nach den

Principien der Religionskritik

mit

besonderer Hinsicht auf die Lehrbücher

von

D. J. C. Döderlein

und

D. S. F. N. Morus.

Dritter und letzter Theil.

Berlin 1795.

Im Verlage der Königl. Preußischen Akademischen Kunst-
und Buchhandlung.

Vorrede.

Damit man nicht durch meine Schuld seine Ansprüche zu hoch treibe, so erinnere ich, daß der Leser, wenn er gleich nichts als Resultate meines eigenen Nachdenkens findet, doch darum eben nichts Neues erwarten darf. Ich getraue mich selbst, zu allem, was ich sage, Veranlassung, Vorgang und Aehnlichkeit in andern Schriften aufzufinden; wenn ich gleich nicht immer gerade zuerst oder allein durch sie auf meine Gedankenfolge geleitet bin. Aber es ist mit den Erfindungen und neuen Aufschlüssen auch eine eigene Sache; und etwas vorbringen, was noch nie ein Anderer gesagt oder gedacht hätte, möchte wohl etwas sehr Seltenes sein.

Vorrede.

Der Titel dieser Schrift verspricht die Beurtheilung eines schon vorhandenen Lehrbegriffs und doch trage ich größtentheils meine eigne Meinungen vor. Dies tadelt man. Allein, wie will ich beurtheilen, wenn ich nicht die Principien zur Beurtheilung vortrage? Und diese muß ich doch selbst durchgedacht, anerkannt und aufgestellt haben. Sie machen daher die Hauptsache aus und ich denke, wenn nur die Gründe zur Censur gegeben sind, so ist es nicht immer nöthig, alle Dogmen unter sie zu bringen. Etwas muß man auch dem Leser selbst überlassen; wenn man nicht über die Gebühr den Vortrag ausdehnen will.

Man wirft mir ohnedies schon Weitschweifigkeit vor und ich glaube, mit Recht, weil ich mich öfters wiederhohle, ob gleich nicht wörtlich, sondern durch andere Wendungen eines und desselben Gedankens in verschiedener Beziehung. Aber ich habe nicht eigentlich Kenner im Auge, denn diesen maaße ich mir nicht an, Belehrung zu geben, sondern wünsche bloß ihre Beurtheilung über den Werth der Sachen, wenn deren auch nur sehr wenige im gan-

Vorrede.

ganzen Werke enthalten sein sollten. Meine Absicht geht auf angehende Denker; diesen wünsche ich deutlich zu werden, und daher nehme ich sehr oft wieder gewisse Gründe auf, die in den Zusammenhang gehören und die Konsequenz faßlicher machen. Es ist auch möglich, daß selbst mein guter Wille, immer für das Licht in der Konsequenz zu sorgen, zuweilen das Gegentheil bewirkt und die Weitläuftigkeit selbst eine Quelle der Dunkelheit wird. Allein für alle und jede Leser möchte der Fall doch wohl nicht immer gleich sein. Was dem Einen zu lang ist, ist dem Andern manchmal nur gerade zureichend.

Ueber die Art meines Verfahrens in Hinsicht auf die Lehre Jesu bitte ich mich nicht weiter in Anspruch zu nehmen, als es die Gesetze einer öffentlichen und die Wahrheit vertretenden Beurtheilung erlauben. Ich habe mich hinlänglich erklärt, daß ich mit meinen Untersuchungen noch nicht so weit vorgerückt bin, um der christlichen Religion und ihrem Stifter meine Achtung und Ergebenheit versagen zu können. Wer sich dazu

Vorrede.

dazu stark genug fühlt, dem will und kann ich nicht wehren. Aber Jemanden darum, daß er sich berufen fühlt, gegen den, welchen er für den gerechtesten unter allen Sterblichen hält, gerecht zu sein; und er sich in diesem Punkte nicht an die stärkere Denkungsart anschließt, wohl gar einer Untreue gegen bessere Einsichten beschuldigen wollen, ist wohl mehr, als sich ein öffentlicher Beurtheiler erlauben sollte, gesetzt, daß er auch ins Verborgene sehen und Herzenskündiger sein könnte.

Ich darf mich wohl rühmen, über den Werth der Religion Jesu lange und ernstlich nachgedacht zu haben; aber ich gestehe es öffentlich; der Character und Zwecke Jesu haben immer meine ungetheilte Achtung behalten, ungeachtet ich über gewisse theoretische und historische Schwierigkeiten weder durch mich selbst noch durch Andere haben wegkommen können. Allein ich gestehe auch zugleich, daß die theoretischen und historischen Bedenklichkeiten gegen die klare moralische und praktische Ansicht, mir ausserordentlich unwich-

tig

Vorrede.

tig werden; weil, der Schleier mag einmal gänzlich oder gar nicht aufgehoben werden, dies das Moralische gar nicht alterirt. Jesus wollte die Menschen moralisch bessern und zu einer herzlichen Verehrung gegen Gott, den Heiligen, Gütigen und Gerechten leiten; er selbst ging durch Lehre und Leben bis zu einem eben so verdienstlichen als unschuldigen Tode voran; was liegt mir daran, ob ich weiß, wie die Geschichte, über welche Unkunde der Zeit und Sitten einen Schleier hängt, eigentlich vorging; genug daß das, was klar und bleibend und für alle Menschen und Zeiten gültig sein sollte, so beschaffen ist, daß man ihm seinen Beifall nicht versagen kann. Wer dieser Ueberzeugung ist, würde gewissenlos handeln, wenn er anders verführe.

Und warum sollen denn durchaus keine Wahrheiten im Christenthume enthalten sein, welche auch der größte Philosoph noch für die Seinigen anerkennen müßte? Sollte es nicht Aussprüche geben, die, sie mögen im Geiste der

Vor-

Vorrede.

Vorzeit oder im Gewande der Nachwelt; sie mögen populär oder scientiv vorgetragen werden, dem Inhalte nach immer dieselben bleiben? Treffend ist das, was der Göttingische Rec. hierüber sagt:*) „Da die reinen und ewigwahren Grundsätze aller Moralität sicher in den Aussprüchen Jesu und der Apostel liegen und ihre Verbreitung und Annahme ganz gewiß von ihnen am allermeisten bezweckt wird, so kann kein Räsonnement dem N. T. fremd sein, das mit jenen Grundsätzen und jenem Zwecke nothwendig zusammen hängt und **Verschiedenheit in Formeln und Ausdrücken ist nochnicht Verschiedenheit in den Sachen.**

Dieses Bestreben, Sätzen, die bloß theoretisch ausgelegt, keinen oder einen unfruchtbaren Sinn haben, einen moralischen Sinn, der ihnen nicht widerspricht, und auch in ihnen bezweckt sein kann, unterzulegen, ist weit edler und nützlicher, als das andere Bestreben, alles

---

*) S. Göttingsche Anzeigen von gelehrten Sachen 63 Stück, den 18. April 1795. S. 630.

Vorrede.

in den Ausſprüchen des N. T. auf zufällige Zeitbegriffe zu reduciren, überall eine zweideutige Accommodation zu enträthſeln und alle andere Ausbeute eher als die moraliſche aus der Schriftauslegung zu ziehen."

Man kann ja bei gewiſſen Dogmen, denen man eine ſittliche Idee unterlegt, nicht beſcheidener verfahren, als wenn man nur die Möglichkeit der Vereinigung des Moraliſchen mit dem Theoretiſchen behauptet, ohne für die Wirklichkeit zu bürgen. Wie wenn man, z. B. die Vorſtellung der jungfräulichen Geburt als Symbol der urſprünglichen und nie verwirkten Unſchuld betrachtet und dazu ſelbſt einen Wink (in Luk. 1, 35. 2c. ἅγιον 2c.) zu finden vermeint. Objektive und hiſtoriſch erwieſene Behauptung ſoll dies nicht ſein. Wo aber der moraliſche Sinn deutlich vor Augen geſtellt iſt, da ſollte man ſich doch die Aushebung deſſelben nicht gar verbitten; wie man Beiſpiele einer ſolchen Zudringlichkeit hat erfahren müſſen.

Vorrede.

Sollte aber auch auf der andern Seite der Eine oder der Andere so thörigt sein, daß er durch die moralische Auslegung alle Gelehrsamkeit entbehren und wohl gar auf sie einen spröden Blicke werfen zu können wähnte, so muß man diesen nicht zum Maaßstab der Beurtheilung aller Andern nehmen. Ich an meinem Theile weiß die gelehrten, bloß zum theoretischen Behuf unternommenen Bemühungen gar wohl zu schätzen und wüßte nicht, wie man zu einer gegründeten moralischen Auslegung gelangen könnte, wenn dazu nicht durch so vortreffliche und Erstaunen erregende Untersuchungen und Aufklärungen der Weg gebahnt wäre.

Wie nun? Laßt uns friedlich Jeder seinen Weg gehen. Im Freistaate der Denker muß jeder sprechen dürfen und jeder gehört werden. Wer dieses heilige Recht angreift, verwirkt seine Achtung in den Augen seiner Mitbürger; er mag durch Machtspruch Weisheit oder Thorheit geltend machen wollen.

Halle den 26. Sept. 1795.

Ueber

Symbolische Erkenntniß

in

Beziehung auf die Religion.

Die symbolische Erkenntniß macht einen zu wichtigen Theil der Religionslehre aus, als daß man sie nicht nach ihren Gründen und Grenzen aufs deutlichste zu bestimmen, bemüht seyn sollte. Bis auf Lambert (in seinem neuen Organon) hat man von dieser Erkenntnißart nicht viel mehr, als den Namen gebraucht, aber auch selbst Lambert, wie gründlich und unübertroffen auch seine Untersuchungen hierüber sind, hat diesen Gegenstand nur einseitig und nach der Bedeutung, die man damals nur damit zu verbinden pflegte, abgehandelt, denn er schränkt sich mehr auf die bloße Charakteristik ein und nimmt auf das Eigenthümliche in der Verstandeshandlung, wodurch sich der Symbolismus (in engerer und eigentlicher Bedeutung) von dem Charakterismus specifisch unterscheidet, wenig Rücksicht.

Nach

Nach Lamberten ist man auch nicht um einen Schritt weiter gekommen; denn die auf ihn folgenden Logiker begnügten sich damit, daß sie das Tiefgedachte des großen Mannes wiederhohlten, ausschmückten und gemein machten. So blieb die Sache, bis endlich der unsterbliche Urheber der Transscendentalphilosophie einige Winke gab, die den aufmerksamen Leser zu einem weitern und fruchtbarern Nachdenken veranlassen konnten. Man s. Kritik der Urtheilskraft (S. 251. ff. 443. ff. Prolegom. §. 58.) und in andern Stellen.

Im Fortgange meiner Untersuchungen mußte ich sehr oft auf die Anwendung der Theorie des Symbolismus gerathen, und dies bewog mich, ihm ernstlicher nachzudenken. Ich merkte gar bald, daß die gedachte Theorie ein ganz eignes Feld in der Religionslehre hatte, und man in dieser ohne sie zu keinen festen Grundsätzen kommen konnte. Indessen haben meine Anwendungen nicht immer gleiche Zustimmung erhalten und ich glaube, daß die Schuld nicht sowohl an der Theorie selbst als an mir liegt; indem ich mich nicht mit der Deutlichkeit und Bestimmtheit erklärt habe, welche zur Anwendung einer solchen nur noch wenig bearbeiteten Theorie erforderlich ist.

Ich will es daher versuchen, meinen Gang der Gedanken über die symbolische Erkenntniß und ihr Gebiet in der Religionslehre deutlicher vor Augen zu legen. In

In einer so wichtigen Angelegenheit darf ich mich wohl wiederhohlen, wenn die Wiederhohlung nur keine wörtliche Abschrift, sondern die Ausbeute eines erneuerten und angestrengtern Nachdenkens darbietet.

Die Theorie der symbolischen Erkenntniß hat die Darlegung eines ursprünglichen und eigenthümlichen Geschäfts des Verstandes zum Objekt; und greift deshalb in die allgemeine transscendentale Logik und Aesthetik ein. Sie setzt daher Kenntniß der Natur des reinen Verstandes (in engerer und weiterer Bedeutung) voraus. Da dies in der Kritik hinlänglich auseinander gesetzt ist, so halte ich mich dabei nicht auf.

Der Verstand ist die Quelle der Begriffe, Begriffe durch die Vernunft bis zum Unbedingten erweitert sind Ideen. Beide sowohl Begriffe als Ideen sind rein, wenn sie durch die bloße formale Function des Verstandes und der Vernunft erzeugt werden; nehmen sie aber die Data aus der Anschauung; und der reine Verstand thut weiter nichts, als daß er das gegebene Mannigfaltige zur Form der Einheit verbindet, so sind sie empirische Begriffe. Ob also ein Begriff oder eine Idee rein oder empirisch ist, müssen wir durch Abstraction finden; wir sondern nämlich das, was zur nothwendigen, allgemeinen und bloß formalen Function des Denkens gehört, ab; findet sich nun etwas, das den Charakter der Nothwendigkeit nicht hat, so ist dies empirisch und in wie fern der Begriff mit diesem allein besteht, ohne dies aber gänzlich verschwindet, so ist er ein bloßer empirischer Begriff. Man nehme z. B. den Begriff eines Hauses, zerlege ihn in seine Bestandtheile, so wird man, wenn man alles hinweg nimmt was die Anschauung dazu gegeben hat, nichts übrig behalten; er ist also ein empirischer Begriff und der Verstand thut zu ihm weiter nichts, als daß er das gegebene Mannigfaltige zur Einheit verbindet. Nach der Absonderung bleibt daher in Ansehung des Verstandes nichts zurück als die in ihm gegründete Möglichkeit der Verbindung zur Einheit; das ist, die allgemeine Function des Verstandes für alle Begriffe. Man nehme aber z. B. den Begriff der Ursache und erörtere ihn nach dem, was dadurch gedacht wird; so wird man in ihm weiter nichts finden als die Nothwendigkeit des A weil B gesetzt ist. Hier hat man nichts Gegebenes, als eine reine durch ein bestimmtes Denkgesetz nothwendige, allgemeine formale Function. Der Begriff ist also rein, ohne alle Beimischung durch Anschauung.

Nun mögen wir die Begriffe nehmen, wie und welche sie sind; so müssen folgende innere Verhältnisse des Denkens bemerkt werden. Bei einem Begriff, der sich selbst widerspricht (wo die Merkmale einander aufheben) wird gar nicht gedacht, (denn Denken heißt, Merkmale zur Einheit verbinden, hier fliehen sich aber die Merkmale; folglich denkt man nicht, sondern wähnt nur zu den-

denken); bei einem Begriffe welcher rein ist, wird bloß gedacht, (man stellt sich die ursprünglichbestimmte Form des Denkens vor) endlich bei einem empirischen Begriffe wird nicht bloß gedacht, sondern auch angeschaut, (man stellt sich das G e g e b e n e durch die Verstandeshandlung zur Einheit verbunden vor).

Das bloße D e n k e n muß man vom E r k e n n e n unterscheiden. - Unter dem bloßen Denken versteht man die reine formale Function des Verstandes um eine E i n‐ h e i t zu erzeugen; unter Erkennen eben dieselbe Function um ein Objekt, das ist, etwas Mannigfaltiges zur Einheit verbunden vorzustellen. Die Objekte selbst sind nun entweder solche, welche durch die bloße Erfahrung gegeben werden, und dann ist die Erkenntniß empirisch, oder solche, worauf der Verstand in seiner reinen Function nach den Gesetzen des Denkens durch Schlüsse führt; und die‐ se Erkenntniß ist rational; denn die Objekte, oder das Man‐ nigfaltige ist hier etwas durch die Denkkraft selbst hervor‐ gebrachtes, z. B. Verbindung mehrer Begriffe in einem Urtheile, mehrer Urtheile in einem höhern Urtheile. Das bloß Gedachte wird hier zum Objekt des fernern Denkens gemacht und die Bestimmungen werden ihm nach den reinen Gesetzen des Denkens beigefügt, daher ist denn diese Erkenntniß auch rein oder rational. Sie unterscheidet sich aber von bloßen Einbildungen dadurch, daß die Vernunft sich in ihnen ihrer Gesetze bewußt ist und sie nach denselben erzeugt; dahingegen die letzten Einbildungen, ohne alle Gesetzkunde des Verstandes hervorgebracht und genährt werden.

Alle unsere Kenntniß ist entweder **diskursiv** oder **intuitiv** (ästhetisch). Diskursiv ist die Erkenntniß, wenn sie durch bloße Entwickelung der Begriffe (des Allgemeinen der Merkmale) nach Verstandesgesetzen entsteht; wie wenn man z. B. der den Begriff Sittlichkeit nach den Momenten des Denkens bestimmt; daß er eine absolute Einheit sei, daß er durch die Vernunft entspringe, daß er sich auf die Persönlichkeit des Menschen (als eines absoluten Subjekts) auf seine Freiheit, (als eine absolute Kausalität) auf die Bestimmung des Verhaltens in der Gemeinschaft mit andern Menschen beziehe und s. w. oder, wenn man den Begriff des Goldes entwickelt, daß er ein Mannigfaltiges, ein gelbes Metall, welches dem Roste widerstehe, welches zu Geld geprägt werde und s. w. andeute. Intuitiv ist die Erkenntniß, wenn der logischen Entwickelung zugleich eine Anschauung untergelegt, und so der diskursiven Deutlichkeit durch Entwickelung der Begriffe auch eine ästhetische Deutlichkeit durch Vorhaltung der Objekte zur Seite geht.

Die Natur unsers Erkenntnißvermögens bringt es so mit sich, das Verstand und Anschauungsvermögen zwei specifisch verschiedene Vermögen des Gemüths sind, deren Jedes seinen eigenthümlichen Beistand hergeben muß, wenn Erkenntniß zu Stande kommen soll. Der

Ver-

Verstand schauet nicht an, die Anschauung denkt nicht. Ohne Anschauung würde uns kein Objekt gegeben, ohne Verstand nichts gedacht werden. (Bei andern Wesen mag dies anders seyn; und bei Gott ist es gewiß anders; denn diese, ob zwar ursprüngliche, Einrichtung ist eine Unvollkommenheit und Eingeschränktheit unsers Erkenntnißvermögens).

Da die Anschauungen ohne Begriffe blind, die Begriffe aber ohne Anschauung leer (wenn gleich gesetzmäßig erzeugt) sind; so folgt hieraus das unumgängliche Bedürfniß für alle Menschen, daß beide Vermögen ihre Functionen verrichten müssen, wenn eigentliche Erkenntniß zu Stande kommen soll. (Kein Vermögen ist deshalb auch zu Gunsten des Andern von dem Erzieher und Lehrer zu vernachlässigen. Man muß die Jugend zum Denken anleiten, allein man muß sie auch gewöhnen, ihren Gedanken Leben und Anschaulichkeit zu geben. Die Anschauung über Denkkraft erhoben, macht den oberflächigen Schwätzer, die Denkkraft über die Anschauung erhoben, macht den finstern Grübler — beide Arten von Menschen sind zu soliden Geschäften mehrentheils schon verdorben).

Es ist daher von eben so großer Wichtigkeit, seine Begriffe anschaulich als seine Anschauungen verständlich zu machen. (Die Anschauungen unter Begriffe zu bringen und den Begriffen Anschauung zu geben). Das Erste, ge-

geschieht durch die Reflexion über die gegebenen Objekte, Absonderung des Gemeinsamen, und Verbindung des Mannigfaltigen zur Einheit. Das zweite erfordert ein ganz anders Geschäft, und mit diesem wollen wir es eigentlich zu thun haben.

Begriffe ohne Anschauung sind leer, das ist, ohue Realität. Sie können an sich sehr wohl gegründet, den Gesetzen des Denkens gemäß erzeugt seyn, und logische Deutlichkeit und Wahrheit haben, allein, damit sie Erkenntniß werden, muß ihnen auch ein Gegenstand in der Anschauung beigefügt werden. Wäre unsere Anschauung übersinnlich, so würde sie mit dem Denken in Eins fallen und alle unsre Erkenntniß würde intuitiv, keine würde diskursiv seyn. Der anschauende Verstand würde vom Besondern zum Allgemeinen, nicht aber wie jetzt, vom Allgemeinen zum Besondern gehen. Allein von einem solchen Verstande haben wir nur einen problematischen Begriff, sehen aber die Möglichkeit desselben ganz und gar nicht ein. Unser Verstand ist ein bloßes Vermögen der Begriffe und unsere Anschauung ein bloßes Vermögen etwas Gegebenes zu empfangen Nur durch die Vereinigung beider können erst reelle Erkenntnisse entspringen.

Allein eben dieses, daß unser Anschauungsvermögen eine eigene vom Verstande wesentlich verschiedene Grundquelle des Gemüths ist, woraus Vorstellungen, entsprin-

entspringen, hat auch noch zur Folge, daß unser Gemüth afficirt werden muß, wenn es Vorstellungen empfangen soll. Es bringt nämlich die Vorstellungen nicht selbstthätig hervor, sondern ist nur der Eindrücke, wodurch sie gegeben werden, empfänglich. Diese Empfänglichkeit der Eindrücke, oder das Vermögen des Gemüths, Vorstellungen zu empfangen, wenn es auf irgend eine Weise afficirt wird, heißt Sinnlichkeit, und die Vorstellungen welche durch die Art, wie das Gemüth afficirt wird, entspringen, heißen sinnliche Vorstellungen. Unsre Anschauung ist also jederzeit sinnlich und enthält nur die Art des Eindrucks auf das Gemüth; wollen wir also Begriffe anschaulich machen, so kann dies nur durch die Sinnlichkeit geschehen. Die Affection selbst mag nun von Innen oder von Aussen geschehen; (denn auch die eigene Spontaneität des Gemüths afficirt dasselbe durch den innern Sinn) so ist sie doch Affection und das durch sie Gegebene entspringt durch Receptivität, nicht durch Spontaneität.

Wie oben die Begriffe, so auch die sinnlichen Anschauungen sind entweder rein oder empirisch. Die reinen sind nichts anders als die ursprünglich bestimmte Formen der Sinnlichkeit, das ist, die Bedingungen, unter welchen und die Arten und Weisen, in welchen allein das durch Affection Gegebene vorgestellt werden kann. Die empirischen Vorstellungen der Sinnlichkeit sind

sind also das Materielle oder das der Empfindung
Entsprechende, was vorgestellt wird.

* * *

Nach diesen Erinnerungen, welche ich um des Zusammhangs willen und um Mißdeutungen auszuweichen, voran schicken mußte, fragen wir nun: wie werden Begriffe versinnlicht? denn daß sie versinnlicht werden müssen, ist daher klar, weil sie sonst ganz leer für uns bleiben würden; ein Mangel, welcher ergänzt werden muß, wenn die Begriffe praktisch werden sollen; den aber auch zu ergänzen das Gemüth selbst unaufhörlich geneigt und wirksam ist.

Es ist also das transscendentale Geschäft des Gemüths selbst, dem wir auf die Spur zu kommen suchen, um wo möglich, die Function, wodurch es die Darstellung (oder Versinnlichung) bewirkt, in ihre Elemente aufzulösen, und systematisch vorzulegen.

Wie machen wir aber die Untersuchung systematisch? denn wenn dies nicht ist, so sind wir nicht versichert, ob wir den Gegenstand völlig erschöpft haben. Könnten wir in die innere Werkstäte des Gemüths gleichsam eindringen; so würde die Sache keine Schwierigkeiten haben; denn alsdenn dürften wir den vollständigen Proceß nur beobachten und abnehmen; allein da die innere Operation des Gemüths vor uns verschlossen ist; so müssen
wir

wir uns mit der Reflexion über die Wirkungen desselben begnügen, und können von diesen nur zu den Gründen der Möglichkeit durch Räsonnement hinaufsteigen.

Da wir aber eine systematische Eintheilung der Erzeugnisse des reinen Verstandes haben, so dürfen wir nur zu jeder Art der Begriffe die Möglichkeit der Vorstellungen derselben suchen und sind durch dies Verfahren versichert, daß wir auf alle Wege der Versinnlichung geführt werden müssen.

Der Verstand ist das Vermögen zu denken, denken heißt zur Einheit verbinden, durch Verbindung zur Einheit entstehen Begriffe, durch Vollendung der Einheit durch das Unbedingte entstehen Ideen. Alle Ideen sind Begriffe, aber nicht alle Begriffe sind Ideen, denn die Idee enthält noch die Vollendung des Begriffs durch das Absolute.

Die Begriffe sind entweder rein oder empirisch. Ein empirischer Begriff ist ein solcher, welcher durch Auffassung und Aushebung der Merkmale des in der Anschauung Gegebenen entspringt, wenn der Verstand das Besondere und Mannigfaltige zur Einheit verknüpft denkt. Hier geht der Sinneneindruck und die Anschauung vorauf und die Verstandeshandlung folgt hinterdrein. Begriffe, welche auf solche Art entspringen, werden dadurch versinnlicht, daß man ihnen ein Beispiel vorhält. - Wenn man z. B. den Kindern erst einen Begriff

vom

vom Hause macht und ihnen darauf ein wirkliches Haus weist. Die Versinnlichung empirischer Begriffe geschieht also durch Beispiele und hat keine Schwierigkeit.

Wie ist es aber mit reinen Begriffen? Ein reiner Begriff ist ein solcher, welcher durch die bloße Function des Denkens entspringt. Da alles Materiale oder Reale durch die Anschauung kommt, so ist in ihm nichts Materiales oder Reales. Er ist daher bloß etwas Formales. Da nun der Verstand an sich ein Vermögen der Verbindung zur Einheit ist, so ist ein reiner Begriff entweder die Einheit im Allgemeinen oder eine besondere Art der Einheit. Da ferner der Verstand in seiner reinen Funktion nicht gleichsam aus sich selbst herausgehen kann, so wird er an sich selbst nicht anders thätig seyn können, als wie es die ihm ursprünglich eignen Gesetze und Bedingungen der Spontaneität mit sich bringen. Reine Begriffe werden daher nichts anders seyn, als die durch die Natur des Verstandes ursprünglich bestimmte Arten, etwas (wenn es gegeben wird) zur Einheit zu verbinden; das heißt, sie sind besondere Einheiten der allgemeinen Einheit, besondere Formen der allgemeinen Form, Arten zu verbinden, der Gattung des Verbindens. Sie sind bloße Formen, mithin so lange leer, bis ihnen etwas, das sie verbinden, gegeben wird. Daß sie aber leer sind, daß sie sich als allgemeine und nothwendige Bedingungen des Denkens (oder der Verbindung zur Einheit) an-

kün-

XIII

kündigen, beweist, daß sie reine Begriffe des Verstandes sind.

Wie aber? wenn sie an sich leer sind, sollen sie es darum bleiben? Und wenn dies nicht geschehen soll, wie fängt es das Gemüth an, um ihnen Sinn und Inhalt zu geben? Denn da sie Arten der Einheit oder Formen des Denkens sind, so zeigt dieses schon an, daß etwas durch sie verbunden, sie also auf das Reale oder auf Objekte bezogen werden sollen.

Damit nun die Beziehung der reinen Begriffe auf die in der Erfahrung gegebenen Objekte möglich werde, findet im Gemüthe eine eigne vorläufige und vermittelnde Operation statt, welche man den Schematismus des reinen Erkenntnißvermögens nennen kann.

Beim Schematismus treten zwei Grundvermögen des Gemüths in Verbindung, nämlich Verstand und Einbildungskraft, um zwei an sich heterogene Produkte (Wahrnehmung und Begriffe) zu einander zu verknüpfen. Damit dies möglich werde, muß ein verbindendes Mittel da sein, welches auf der einen Seite mit den Begriffen und auf der andern Seite mit dem empirisch Gegebenen verwandt (homogen) ist. Denn ohne irgend eine Gleichartigkeit würde es die Verbindung der heterogenen Produkte nicht bewirken können. Dies Mittel muß rein, aber doch intellectuell und sinnlich zugleich seyn. In der Sinnlichkeit ist nun nichts Reines, als allein die

allge-

allgemeine Form derselben. Durch ihre Allgemeinheit und Nothwendigkeit ist sie den reinen Begriffen ähnlich, dadurch daß sie in jeder empirischen Vorstellung des Mannigfaltigen enthalten ist, ist sie mit Erscheinungen gleichartig. Nun wird auf eine in den Tiefen der menschlichen Seele verborgene Weise durch Concurrenz des allgemeinen Verfahrens der productiven Einbildungskraft mit der Spontaneität des Verstandes die allgemeine Form der Sinnlichkeit (namentlich des innern Sinnes, die Zeit) mit der allgemeinen Form des Denkens verbunden; so daß dem allgemeinen Denken (der formalen Function des Verstandes,) ein allgemeines Anschauen (Produktion der Form des Mannigfaltigen durch die Einbildungskraft) gleichsam parallel läuft und, wie dies allgemeine Anschauen mit dem allgemeinen Denken verbunden reine Versinnlichung der Verstandeseinheit überhaupt ist, so entspringt aus ihm auch die reine Versinnlichung der besondern Arten der Verstandeseinheit, oder der ursprünglichen Begriffe.

Das Product, welches durch das allgemeine Verfahren der Einbildungskraft zu Stande kommt, ist ein Schema, eine reine Synthesis der transscendentalen (nicht empirischen) Einbildungskraft; der Verstand gibt hierzu die Regel durch seine transscendentale (nicht empirische) Spontaneität, und auf solche Art werden die ursprünglichen Begriffe des Verstandes durch ein ursprüngliches Verfahren der Einbildungskraft versinnlicht.

Beim

Beim Schematismus des reinen Verstandes durch die transscendentale Synthesis der Einbildungskraft sind also zwei Stücke zu bemerken, erstlich die reine Form des Mannigfaltigen, welche die Sinnlichkeit gibt, zweitens die Regel der Synthesis desselben, welche der Verstand gibt; beide zusammen machen die Versinnlichung der Begriffe a priori.

Durch dieses transscendentale Verfahren des Gemüths werden die Bedingungen hervorgebracht, wodurch sich reine Begriffe auf empirische Objekte beziehen können. - Denn ginge diese die vermittelnde Function nicht vorauf, so wäre es unbegreiflich, wie sich so heterogene Vorstellungen, als reine Begriffe und empirische Anschauungen sind, auf einander beziehen könnten.

Noch ist zu bemerken, daß die Schemate gänzlich von Bildern unterschieden sind, denn ein Bild ist eine empirische und einzelne Vorstellung, aber ein Schema ist bloß ein durch eine allgemeine Regel (reinen Verstandesbegriff) bestimmtes Verfahren der Einbildungskraft, um erst die Beziehung der Begriffe auf einzelne Vorstellungen (Bilder) möglich zu machen.

Der Schematismus ist aber der des reinen Verstandes, weil dieser durch seine Spontaneität gemäß einer von ihm erzeugten Regel die Einbildungskraft, nicht aber diese den Verstand bestimmt.

* * *

Nun

Nun ist die obige Frage; wie können reine Begriffe Versinnlichkeit werden? beantwortet; nämlich dadurch, daß ihnen Schemate untergelegt werden.

Hiermit sind wir aber noch lange nicht zum Ziel. Denn wir fragen weiter: können alle reine Begriffe dadurch versinnlicht werden? Und wenn nicht; welche allein lassen eine solche Darstellung zu?

Wir dürfen nur nach dem Zweck des Schematismus fragen, um die Gattung der Begriffe auszufinden, zu deren Versinnlichung er allein dienen kann. — Der Zweck des Schematismus ist kein anderer, als die Beziehung der reinen Begriffe auf empirische Objekte möglich zu machen. Dies leistet er; aber auch eben dadurch schränkt er den Gebrauch der reinen Begriffe ein. Denn da die Schemate nur Mittel sind, um die Zuziehung der reinen Begriffe auf gegebene Objekte möglich zu machen, so folgt, daß sie durch diese Vermittelung auch auf weiter nichts als Erscheinungen angewandt werden können. Sie bekommen also hierdurch zwar Realität und Bedeutung, aber nicht weiter als Erfahrung reicht. (Darum streiten wir ihnen noch nicht die Möglichkeit, auch auf eine andere Art Realität zu erhalten, ab; allein nur auf diesem Wege ist es für uns möglich, von ihnen einen Gebrauch zu machen.)

Zugleich erhellet hieraus, daß das eben erörterte Geschäft des Gemüths eigentlich darauf zielte, um Erfahrung

fahrung möglich zu machen; mithin nur für alle diejenigen Begriffe gültig ist, welche nothwendige Bedingungen der Erfahrungserkenntniß sind. Aber die Zahl dieser Begriffe befaßt nicht alle mögliche Begriffe, sondern nur diejenigen, welche dazu dienen, Erscheinungen allgemeinen Regeln der Verknüpfung (zur Einheit des Bewußtseyns) zu unterwerfen. Die Begriffe, welche hierzu geeignet sind, sind, weil sie die Bestimmung der Objekte bezielen, Naturbegriffe und ihrer sind nur so viel, als es logische Funktionen in allen möglichen Urtheilen gibt. Kennt man diese, so kann man durch sie auf die ihnen zum Grunde liegenden Stammbegriffe kommen; und man ist versichert, daß es ihrer nicht mehrere gibt.

Alles dieses ist durch die Erforschung der Natur der reinen Vernunft bis zur Evidenz erörtert und ich verweise darauf.

Wir gehen also nun weiter und fragen: Wie ist es mit andern Begriffen, die ebenfalls gesetzmäßig von der Vernunft erzeugt werden? Findet bei ihnen auch die Versinnlichung durch Schemata statt, und wenn dies nicht der Fall ist, wie werden sie versinnlicht?

* * *

Zuerst also. Gibt es Begriffe, welche von dem reinen Verstande gebildet werden und sich nicht zunächst oder allein auf Objekte der Erfahrung beziehen?

Ich wiederhohle hier, was ich schon oben bemerkt habe, daß selbst die Stammbegriffe des Verstandes, welche eben so vielen Momenten des Urtheilens entsprechen, an sich gar nicht auf Erfahrung allein eingeschränkt sind; sondern, wenn es nur möglich wäre, auf eine andere als sinnliche Art zu Objekten zu gelangen, so würden auch sie gar wohl auf dieselben bezogen werden können. Wir können also nur sagen, daß wir von ihnen weiter keinen Gebrauch zu einer directen Objektsbestimmung machen können; weil uns keine andere als sinnliche Gegenstände gegeben werden.

Aber auch außer den Urbegriffen des Verstandes ist die Vernunft eine Quelle von vielen andern Begriffen, welche wegen der Unbedingtheit, die sie enthalten, gar nicht auf sinnliche Objekte gehen können. Ja selbst die reinen Verstandesbegriffe dienen der Vernunft zur Grundlage, um von ihnen, die nur eine bedingte Synthesis enthalten, zum Unbedingten hinaufzusteigen und so Ideen hervorzubringen, von deren Objekten wir zwar keine Kenntniß, aber doch einen problematischen Begriff haben. Solche Ideen sind nun 1) die von der absoluten Einheit des denkenden Subjekts. 2) Die von der absoluten Einheit der Reihe der Bedingungen der Erscheinung. 3) Die von der absoluten Einheit der Bedingung aller Gegenstände des Denkens überhaupt.

Auf diese Ideen kommt die Vernunft durch einen nothwendigen Schluß nach ihren ursprünglichen Gesetzen

und

und sie haben deshalb eine unbestrittene logische Wahrheit. Darum sind sie auch Probleme, welche die Vernunft sich selbst schaft; und, ob sie auch Realität haben, das ist eine zweite Untersuchung.

Mit den angeführten Ideen der Persönlichkeit, der Freiheit, und des Urgrundes aller Dinge hängen nun noch viele andere zusammen, welche aufzuzählen hier der Ort nicht ist. Auch befassen wir uns nicht mit der Untersuchung über ihre Realität, sondern setzen diese voraus. Aber, angenommen, die Ideen haben objektive (nicht bloß logische) Wahrheit; wie fängt es unsre Seele an, um sie zu versinnlichen? Kann dieses unmittelbar durch den Schematismus geschehen? und kann man vermittelst dieses sie auf ihr Objekt beziehen? Wir wollen sehen.

Der Zweck des Schematismus ist, die Beziehung der reinen Verstandesbegriffe auf Objekte der Sinnlichkeit zu vermitteln; er leistet dieses dadurch, daß er eine Vorstellung gleichsam in die Mitte stellt, welche durch ihre Allgemeinheit mit den Begriffen und dadurch, daß sie die ursprüngliche Form aller empirischen Vorstellungen ist, mit den gegebenen Objekten der Sinnlichkeit Gleichartigkeit hat. Dadurch also macht er die Subsumtion der empirischen Anschauungen unter die reinen Verstandesbegriffe, mithin die Anwendung Dieser auf Jene möglich. Der Zweck des Schematismus ist also, Erfahrungserkenntniß möglich zu machen; wir steigen durch ihn von reinen Begriffen zu empirischen Gegenständen herab.'

Was sind aber Ideen? sie sind nothwendige Vernunftsbegriffe, gehen auf die absolute Totalität in der Synthesis der Bedingungen und endigen niemals als bei dem Schlechthinunbedingten. Sie erheben sich dadurch über die Verstandeseinheit, welche bedingt ist, und drükken eine ihnen eigenthümliche Einheit aus, welche man Vernunfteinheit nennen kann. Dadurch aber zeigen sie zugleich an, daß sie das Gebiet der Naturbegriffe (Verstandeseinheit) und die Grenzen der Erfahrung übersteigen; daß folglich in der Erfahrung niemals ein Gegenstand vorkommen kann, welcher ihnen adäquat wäre.

Durch den Schematismus steigen wir von Verstandesbegriffen zu empirischen Objekten herab; durch die Function der Vernunft aber steigen wir von Verstandesbegriffen (von bedingtem Subjekte, bedingter Kausalität, bedingtem Grunde der Möglichkeit) zu Ideen (von unbedingtem Subjekte, unbedingter Kausalität, unbedingtem Grunde aller Möglichkeit) hinauf. Wir entfernen uns also durch sie so weit von der Erfahrung, ihrem Gebiete und ihren Grenzen, daß es gradezu widersprechend wäre, das Objekt einer Idee in der Erfahrung, mithin die Darstellung derselben vermittelst des Schematismus zu suchen. Die Idee ist also der Begriff von einem Maximum, welcher in Concreto niemals congruent gegeben werden kann. Was

Was wollen wir aber damit sagen, wenn wir von einem Objekte der Idee reden. Vorläufig nichts anders, als daß dieselbe Vernunft, welche die Idee erzeugt, ihr auch ein Objekt in der Idee setzt; wobei es noch auszumachen ist, ob sie Gründe hat, dies Objekt als wirklich anzunehmen und befugt ist, es näher zu bestimmen.

* * *

Aus dem bisher Gesagten muß es nun völlig klar seyn, daß Ideen durch Schemate gar nicht versinnlicht werden können. Die Schemate haben nicht diesen Zweck und die Ideen führen die Unmöglichkeit, auf solche Art dargestellt zu werden, schon in ihrem Begriffe mit sich.

Zugleich ist hieraus verständlich, daß man die Wirklichkeit der Objekte der Ideen eigentlich nicht demonstriren könne, weil jede Demonstration eine directe Anschauung erfordert; man kann also weiter nichts als Gründe suchen und anführen, warum ihre Wirklichkeit anzunehmen sei.

Hat man aber Gründe, das Daseyn der Objekte der Vernunftideen anzunehmen, so werden aus diesen Gründen auch die Winke hervorgehen, sie näher zu bestimmen und, wo möglich, zu versinnlichen.

Wir wollen uns nicht mit allen Vernunftideen befassen, sondern wenden uns gerade zu derjenigen, welche ein vorzügliches Objekt der Religionslehre ist. — Die Vernunft kommt auf diese Idee durch nothwendige und in den Geſetzen ihrer Spontaneität gegründete Schlüſſe, ſie iſt daher gar nicht willkührlich, ſondern nothwendig, nicht erdichtig, ſondern richtig geſchloſſen. Sie ſteigt von dem Begriffe des bedingten Grundes des Möglichen zu dem Begriffe von dem unbedingten Grunde alles Möglichen, zur Idee des Urweſens als Weſens aller Weſen.

Ein Geſetz der Vernunft bringt es mit ſich, dieſe Idee zu bilden; ein Geſetz derſelben nöthigt ſie auch dieſer Idee ein Objekt (wenn gleich zufördererſt nur im Gedanken) zu ſetzen. Nun ſucht ſie die Gründe, wodurch ſie befugt iſt, das in der Idee geſetzte Objekt auch für ein auſſer Idee daſeiendes Weſen zu halten. Dieſe Gründe verfolgt ſie durch die Transſcendentallehre, durch die Naturlehre, (teleologia naturalis) und durch die Sittenlehre (teleologia moralis). Alle vereinigen ſich, um das objektive Setzen der Vernunft zu berechtigen und die Ethik führt endlich gar einen praktiſchen Glauben herbei; der alle Zweifel durch die That niederſchlägt.

Merkwürdig iſt es nun, daß die Beſtimmungen des Begriffs von Urgrunde mit den Gründen für das Daſein deſſelben immer gleichen Schritt halten. Jeder Grund für das Daſein des Urweſens iſt auch zugleich eine Quelle für die Beſtimmung des Begriffs.

Was haben wir aber für ein Feld, worauf wir unſre Betrachtung richten und halten können, um für das erhabene Objekt, welches uns in der Idee vorſchwebt,

Be-

Bestimmungen zu finden? Nichts als die Welt selbst. Ueber diese müssen wir also reflectiren und sehen, ob und wie fern sie Objekte enthält, welche unter die Begriffe unsers Verstandes genommen werden können. Wollen wir aber dadurch jenes erhabene Objekt selbst antreffen? Nein; denn wir haben es ja schon als ein solches gedacht, welches über alle mögliche Erfahrung erhaben ist, und zu welchen in der Welt kein kongruenter Gegenstand gefunden werden kann.

Was bleibt aber noch übrig zu suchen, wenn an die directe Anschauung des gedachten Objekts gar nicht einmal zu denken ist? Nichts, als zu sehen, ob sich nicht Verhältnisse desselben zu der Welt erkennen lassen, denn wenn auch das hypostasierte Ideal in der Welt gar nicht ist, so kann es doch zu derselben in Verhältnissen stehen, und wenn dies ist, so können diese erkannt werden, wenn man gleich das Ideal selbst gar nicht erkennen und wie es an sich beschaffen sei, ergründen kann.

Nun gebe man acht auf seinen Begriff von Gott, so wird man finden, daß er aus lauter Verhältnissen, in welchen man sich sein Objekt zur Welt denkt, gebildet ist.

Gleich der oberste und transscendentale Begriff eines Unwesens ist ein reiner Verhältnißbegriff; denn er sagt nichts weiter; als daß sich Gott zur Welt verhalte wie Ursache zur Wirkung. Unter dieser Wirkung verstehen wir den Inbegriff aller Dinge und die einer solchen Wir-

Wirkung angemessene Ursache ist unbedingte, erste, allgenugsame Ursache, Urgrund; Wesen aller Wesen, Grund der Möglichkeit aller Wesen und s. w.

Wir gehen weiter und finden in der Reflexion über die Welt, daß Zwecke in derselben sind. Zweck ist etwas, welches durch den Begriff von ihm wirklich wird. In wie fern also die Welt ein System von Zwecken und Gott die Ursache derselben ist, muß er als Intelligenz gedacht werden; das heißt; Gott verhält sich zur Welt, als einem zweckmäßigen Ganzen, wie sich ein Verstand zu seinen Wirkungen verhält. Also auch der Begriff von Gott als einem verständigen Wesen ist ein reiner Verhältnißbegriff.

Ferner: Wir finden in der Reflexion über die Welt, das Endzwecke in derselben sind. Endzweck ist ein unbedingter Zweck, ein Zweck um sein selbst willen. Endzweck der Welt ist das Sittengesetz und die Wesen, in wie fern sie Subjekte dieses Gesetzes sind, sind Endzwecke der Welt. Hieraus ergibt sich die Idee von einem System der Endzwecke oder des Sittenreichs. Nun denken wir uns Gott als die Ursache dieses Reichs und fragen, wie wir seine Kausalität bestimmt denken müssen, wenn wir sie als den Grund des Moralreichs denken? die Antwort ist: durch sittliche Ideen bestimmt. das heißt: Wie sich eine durch sittliche Ideen bestimmte Ursache verhält zu ihren Wirkungen, so auch Gott zur

Welt;

Welt; das heißt: er ist moralischer Urheber derselben. Mithin ist der Begriff von Gott als moralischem Urheber auch ein reiner Verhältnißbegriff.

Nun sind die eben angeführten drei Begriffe zugleich die Grundbegriffe aller weitern Erörterung des Begriffs von Gott; denn alle übrige Lehre von Gott folgt entweder aus diesen Grundbegriffen oder bekommt doch durch sie erst seine Bedeutung und Haltung, mithin, wenn erwiesen ist, daß diese Principia der Theologie nichts als reine Verhältnißbegriffe sind, so folgt, daß alle Lehre von Gott, sie mag entspringen, woher sie will, nichts als Verhältnißbegriffe enthalten kann.

Ich darf also nur noch darthun, daß die obigen drei Begriffe die sämmtliche Grundlage der Theologie ausmachen und daß ausser ihnen kein Princip mehr hinzukommen kann. Dies ist leicht. — Das Wesen der Idee von Gott bringt es mit sich, daß Gott als die unbedingte synthetische Einheit aller Bedingungen nicht in der Reihe der Bedingungen sondern ausserhalb derselben gedacht werden müsse. Dieser Satz ist analytisch und fließt aus dem Begriffe des Unbedingten. Da aber das Unbedingte nicht in der Reihe der Bedingungen enthalten ist, so darf es mit ihm auch nicht gleichartig seyn; es kann also von dem Bedingten verschieden, mithin als etwas ganz Ungleichartiges, bloß Intelligibles vorgestellt werden. Da es aber doch als etwas Unbedingtes, mit

b 5

dem

dem Bedingten ganz Ungleichartiges, auſſer allem Bedingten nur Denkbares dennoch zu allem Bedingten gehöriges vorgeſtellt wird; ſo bedeutet dieſe Zugehörigkeit nichts weiter, als ein Verhältniß des Schlechthinunbedingten und Intelligiblen zu allem möglichen Bedingten. — Dieſes Verhältniß iſt nur auf dreierlei Art anzugeben möglich. Denn das Bedingte iſt entweder beſtimmt oder unbeſtimmt; das Beſtimmte iſt entweder das Reich der Natur oder das Reich der Sitten. Hierdurch iſt die Eintheilung erſchöpft und dieſem gemäß ergeben ſich folgende Beſtimmungen des Verhältniſſes. Erſtlich das Verhältniß des Schlechthinunbedingten (oder Gottes) zur Welt überhaupt als Urgrund derſelben; zweitens zur Welt in wie fern ſie beſtimmt iſt a. als ein zweckmäßiges Naturſyſtem (nicht bloß als etwas nach mechaniſchen Geſetzen ſondern als etwas durch Zweckverbindung exiſtirendes) — verſtändiger Urgrund derſelben b. als ein an ſich ſelbſt Zweck ſeiendes Sittenſyſtem, moraliſcher Urheber derſelben.

Das Erſte iſt alſo ein unbeſtimmtes Kauſalverhältniß, das Zweite ein beſtimmtes durch Begriffe, das dritte durch ſittliche Begriffe. Gott iſt alſo Urſache der Welt, er iſt Urſache durch Verſtand; er iſt Urſache durch einen der moraliſchen Ideen mächtigen Verſtand.

Sämmtliche Beſtimmungen aber fließen nicht aus der Idee allein, oder gar aus dem Anſchauen des Objekts

jekts

jekts derselben, sondern allein aus dem Verhältniß desselben zur Welt und dem Befugniß, dies Verhältniß so
und nicht anders zu bestimmen.

Woher aber die Befugniß, das Verhältniß des
Schlechthinunbedigten zum Bedingten zu bestimmen?
Da nur die Welt für uns Objekt der Erkenntniß ist, so
kann auch sie allein zur Bestimmug unserer Begriffe berechtigen und alle andere Erweiterung *) des Begriffs ist
Anmaaßung und Illusion. Wir wenden uns also zur
Welt, als den Inbegriff aller Dinge, und reflectiren
über sie; und da ergibt sich zuerst; daß die Welt von
uns nicht anders erkannt wird, als eine Reihe bedingt
existirender Wesen, wir subsumiren sie also unter den
Begriff des Zufälligen; da aber das Bedingte auf seine
Bedingung und alles Bedingte endlich auf etwas Schlecht-
hinunbedingtes hinweist, so weist auch das zufällige Dasein auf ein nothwendiges Dasein hin. Nun haben wir
aber schon der Idee des Schlechthinunbedingten ein Objekt gesetzt und da es ausser der Reihe des Bedingten angenommen werden mußte, so fand bloß noch ein Verhältniß desselben zu allem Bedingten statt; und so dient
uns nun die durchgängige Zufälligkeit aller erkennbaren
Dinge

---

*) Bestimmung oder Erweiterung, nicht Zergliederung; wo also
mit dem Begriffe oder der Idee ein Merkmal verknüpft wird,
das nicht schon in ihr liegt, sondern zu ihr hinzukommt. Wie
wenn wir sagen, das Schlechthinunbedingte ist: 1. Ursache,
2 Ursache durch Begriffe, 3. Ursache durch sittliche Ideen.
Alle drei Merkmale liegen nicht schon im Begriff des Unbedingten.

Dinge zum Grunde der Bestimmung des Verhältnisses des Schlechthinunbedingten zur Welt durch den Begriff der Kausalität. Gott (bis dahin bloß als das Schlechthin unbedingte gedacht) steht nicht bloß in einem Verhältnisse zur Welt, sondern im Kausalverhältnisse; das ist, er verhält sich zur Welt wie Ursache zur Wirkung. — Dies ist die erste Bestimmung, wozu die Reflexion über die Welt und die dadurch erworbene Erkenntniß, daß alles, was wir erkennen, zufällig ist, berechtigt.

Nun ist zwar das Verhältniß in so weit bestimmt, daß wir es für ein ursachliches halten müssen; allein die Ursache selbst oder der Charakter der Kausalität ist noch nicht bestimmt. Gott kann Ursache der Welt durch die Nothwendigkeit seiner Natur (durch bloßen Mechanismus, nach dem Gesetz der wirkenden Ursachen, nexu effectivo) oder auch auf eine andere Art seyn. Wir reflectiren also weiter über die Welt, und nun finden wir nicht bloß, daß alles was geschieht auf eine höhere und endlich auf eine höchste (schlechthin unbedingte) Ursache hinweist, sondern wir entdecken auch Wesen, die eine Eigenschaft haben, wozu uns der bloße Mechanismus nicht hinreichender Grund ist; nämlich die Organisation, wodurch ein Ding von sich selbst Ursach und Wirkung ist und ein jeder Theil, wie er durch alle übrige, so auch um aller übrigen und des Ganzen Willen da ist. Ein solches Wesen ist nicht bloß Maschine und hat nicht bloß bewegende Kraft, sondern besitzt in sich bildende

Kraft

Kraft und zwar eine solche, welche sie den Materien mittheilt (die sie nicht haben und die sie erst durch Aufnahme, z. B. Einsaugung, Einathmung, Verdauung erhalten.) Eine solche fortpflanzende bildende Kraft, wodurch sich die Wesen selbst organisiren, ist durch das bloße Bewegungsvermögen (Mechanismus) nicht zu erklären; wir können sie nicht anders, denn als Zwecke beurtheilen; Zwecke aber sind Wirkungen, wozu der Begriff von ihnen die Ursache ist. In sofern also die Welt Zwecke enthält und Gott die Ursache davon ist, kann die Kausalität nicht anders als durch Begriffe bestimmt gedacht werden; das heißt: Gott verhält sich zur Welt, nicht bloß wie Ursache, sondern wie eine durch Begriffe wirkende Ursache zu ihren Wirkungen. — Dies ist die zwette Bestimmung, wozu uns die Reflexion über die Welt und die dadurch erworbene Erkenntniß, daß die Naturwesen in derselben als Zwekke beurtheilt werden müssen, berechtigt.

Da sich aber die Vernunft bei keinem Bedingten beruhigt; die Naturzwecke aber selbst, wenn wir die Natur als ein zweckmäßiges Ganze betrachten, wohl einen letzten Zweck innerhalb ihrer Grenzen aber doch keinen unbedingten Zweck oder Endzweck der Welt aufstellen, so reflectiren wir weiter und entdecken in uns ein Gesetz, welches an sich selbst unbedingt ist; die Realisirung Seiner als das oberste Gut und die Subjekte, in

wie

wie fern sie durch dasselbe Kausalität haben, als Zwekke an sich und die Verbindung derselben zu einem System als ein Reich der Zwekke an sich oder ein unter sittlichen Gesetzen zum sittlichen Endzweck existirendes Reich vorstellt. In wie fern also die Welt ein Reich der Sitten, das ist, ein Reich freier und vernünftiger Wesen und Gott Ursache derselben ist, muß seine Kausalität nicht bloß durch Begriffe sondern durch moralische Begriffe bestimmt gedacht werden; das heißt: Gott verhält sich zur Welt, wie ein durch moralische Ideen handelndes Wesen zu seinen Wirkungen. Dies ist also die dritte und letzte Bestimmung, wozu uns die Reflexion über die Welt (nicht bloß nach dem Princip der wirkenden Ursachen, nexus effectivus, auch nicht bloß der absichtlichen Wirkung, nexus finalis naturae, sondern der endabsichtlichen Wirkung, der moralischen Ideen) und die daraus erworbene Erkenntniß, daß die Weltwesen auch als absolute Zwecke beurtheilt werden müssen, berechtigt.

Bei jeder Bestimmung kommt etwas zum Begriffe hinzu; er wird also erweitert und deshalb mußten wir auch für jeden Zusatz den Grund der Befugniß aufweisen; wie geschehen ist.

Durch die drei angegebenen Wege den Begriff des Schlechthinunbedingten zu bestimmen, sind auch alle mögliche Wege zur Theologie eingeschlagen; denn der

erste

erste Verhältnißbegriff ist das Princip der Transscendentaltheologie; der zweite das Princip der naturzwecklichen *) Theologie (theologia naturae telologica) der dritte ist das Princip der Moraltheologie. Mehr Arten der Theologie gibt es nicht; aber auch nicht weniger; denn um die Lehre von Gott zu vollenden, muß sie durch alle drei Principe durchgeführt werden.

* * *

Jetzt können wir auch die Frage beantworten, wie eine Versinnlichung der Ideen möglich ist, ungeachtet denselben kein Objekt der Erfahrung angemessen seyn kann.

Es ist nicht möglich aber es ist uns auch gar nicht nothwendig, die Objekte der Ideen und namentlich das Ideal der Vernunft unmittelbar darzustellen; sondern es liegt uns bloß daran, das Verhältniß desselben zu uns und der Welt überhaupt verständlich und anschaulich zu machen.

Zu diesem Behuf verrichtet das Gemüth eine eigne Operation, welche auf folgenden Gesetzen beruht. Zuerst bildet es die Idee, und setzt ihm ein Objekt; dann reflectirt es über die Welt, welche als das Bedingte jenes Unbedingten, mithin 1) als Wirkung, 2) als Wirkung durch Begriffe, 3) als Wirkung durch moralische

---

*) So möchte ich sie nennen; denn eine natürliche Theologie gibt es eigentlich nicht; weil man erst über die Natur nach einen reinen Princip reflectiren muß, um sie für ein zweckmäßiges Ganze zu halten.

sche Ideen gedacht wird. In dem Actus dieser Reflexion trägt die Urtheilskraft einen Exponenten des Verhältnisses, welches zwischen empirischen Objekten statt findet, auf ein Verhältniß über, welches zwischen der Welt und Gott gedacht werden muß, weil die Wirkung, die sie für göttliche Wirkung hält, mit der im empirischen Verhältnisse gesetzten Wirkung Aehnlichkeit hat.

In diesem Actus werden also Verhältnisse mit Verhältnissen (nicht die sich verhaltenden Dinge, oder Objekte mit Objekten) verglichen; man prüft nämlich, ob gewisse Regeln der Reflexion oder Exponenten der Verhältnisse, die in unsrer Erfahrung Anwendung und Realität haben, auch die Regeln oder Exponenten des Verhältnisses eines an sich unerkennbaren Objekts zur Welt abgeben können.

Um dieses zu finden muß zuförderst festgesetzt seyn, daß das unerkennbare Objekt, äqual X, überhaupt in einem Verhältnisse zu Etwas stehe. Dieses Etwas, äqual D, muß uns aber zur Erkenntniß gegeben seyn, und dies ist die Welt. Nun reflectiren wir über sie nach jenen Regeln oder Exponenten und finden wir, daß sie unter jene Regeln subsumirt werden müsse; z. B. daß sie als Wirkung, als Zweck, als Endzweck gedacht werden müsse; so ist dies ein evidenter Grund; eben diese Regeln oder Exponenten auf das Verhältniß der Welt, D, zu dem sich zu ihr verhaltenden, X, überzutragen,

mit-

mithin zu sagen X verhalte sich zu D, wie Ursach zur Wirkung, wie eine verständige Ursache zu Zwecken, wie eine moralische Ursache zu ihrem Endzwecke. Die Regeln oder Exponenten sind hier Kausalität, Kausalität durch Begriffe, Kausalität durch sittliche Ideen; also eben dieselben, deren Anwendung in unsrer Erfahrung Realität hat. Denn ein jeder Mensch weiß aus der Erfahrung, daß A die Ursache von B sey, daß der bloße Begriff die Ursache von einer Wirkung (Zweck genannt) sey, daß die sittlichen Ideen bestimmende Gründe des Willens und Verhaltens sind. Dadurch daß ihm die Beziehung dieser Begriffe auf Objekte möglich ist, sind sie ihm zugleich versinnlicht; folglich wenn er sie auf die göttlichen Verhältnisse überträgt, so sind ihm auch diese dadurch versinnlicht, das heißt, er verbindet mit ihnen nicht allein einen bestimmten Begriff, sondern auch eine Anschauung, welche ihm die Erfahrung ohne Schwierigkeit gewährt.

Dadurch aber, daß dieselben Regeln, welche die Exponenten für die sich verhaltenden empirischen Objekte abgeben, auf die Verhältnisse Gottes zur Welt übergetragen werden, entspringt eine völlige Identität der Verhältnisse. Aber wohl verstanden, eine Identität der Verhältnisse, nicht der sich verhaltenden Dinge. Denn, wenn auch das Verhältniß gleich ist, so folgt noch nicht, daß die Gründe der Möglichkeit des Verhältnisses in X eben dieselben seyn müssen, welche sie in A sind.

sind. Diese Gründe können der Quantität und Qualität nach ganz verschieden sein. Denn erstlich: führen Ursach und Wirkung an sich schon gar keine Gleichartigkeit mit sich; sie können gleichartig sein, aber es ist nicht nothwendig, daß sie es sind; deshalb kann zweitens eine und dieselbe Wirkung verschiedene Ursachen haben, z. B. ein hingestreckter Baum kann vom Winde, vom Wasser, von Menschen, von Thieren und s. w. hingestreckt seyn; alle diese Ursachen sind der Qualität nach sehr verschieden; aber das Verhältniß zur Wirkung bleibt dasselbe; weil die Wirkung dieselbe ist. Z. B. Ich sah im vorigen Jahr eine schlanke Fichte hoch in die Luft empor ragen, dies Jahr erblicke ich sie an demselben Ort, aber hingestreckt; die Spuren, wodurch sie umgestürzt sein mag, sind schon durch Hinwegnahme des untern Stammes und Wurzelwerks, durch Bepflügung und Ebnung der Stäte vertilgt; die Ursache ihrer Umstürzung ist mir an sich äqual X. Dennoch aber kann ich das Verhältniß derselben bestimmen, weil ich die Wirkung (den Sturz des Baums) erkenne; ich werde also den Exponenten eines andern Verhältnisses, in welchem die Wirkung mit der vorliegenden Wirkung auf dieselbe Regel der Reflexion hinführt, auf dieses Verhältniß übertragen und sagen: Wie sich verhält ein Orkan, ein Wasserstrom ꝛc. zur Umstürzung eines Baums, so verhält sich die Ursache X zur hingestreckten Fichte. Dadurch ist mir nun die Qualität des X nicht im mindesten bekannter, aber

aber sein Verhältniß zu der erkannten Wirkung durch einen Exponenten bestimmt, identificirt und versinnlicht.

Erstlich das Verhältniß ist bestimmt; denn ich denke mir das X zu der hingestreckten Fichte nicht bloß in einem Verhältnisse, sondern in einem Kausalverhältnisse. Zweitens das Verhältniß ist identisch; denn derselbe Exponent, dieselbe Regel, welche bei der Reflexion über einen Baum, welchen ein Sturm vor meinen Augen hinstreckte, gültig ist, gilt auch bei dem Verhältnisse des X zu seiner Wirkung. Drittens das Verhältniß ist versinnlicht, weil ich mir die Gültigkeit des Exponenten in der Erfahrung bewußt bin, und sie an Beispielen darthun kann.

* * *

Auf solche Art entspringt eine Erkenntniß; denn der Begriff wird durch so viele Merkmale bereichert, als neue Exponenten des Verhältnisses X : D gefunden und rechtlich angewandt werden.

Wie wollen wir diese Erkenntniß nennen? Der Name muß von der Art der Darstellung, die den Begriffen gegeben wird, hergenommen werden; nun aber haben wir oben gesehen, daß der Idee von Gott (denn mit dieser haben wir es hier nur zunächst zu thun) an sich kein Objekt in der Erfahrung gegeben werden konnte, ihr entspricht also weder ein Beispiel, welches die empirische Anschauung giebt, noch ein Schema, welches die reine Einbildungskraft, gemäß einer Regel des Verstandes, hervorbringt. Da nun also keine directe Darstellung der Ideen überall

überall nicht statt findet; so bleibt dem Verstande nichts übrig, als das Objekt der Idee in Verhältnissen zu denken und diese wo möglich zu bestimmen. Zu dieser Bestimmung bleibt wiederum nichts übrig, als eine oder mehrere Regeln, die zu Exponenten der Verhältnisse dienen. Will aber der Verstand solche Regeln anwenden, so muß er erstlich wissen, ob sie auch überall anwendbar sind; dies zeigt ihm die Erfahrung. Zweitens muß er einen Grund haben, dieselbe Regel, deren Realität ihm aus der Erfahrung bekannt ist, auf ein Verhältniß des in der Idee gesetzten Objekts überzutragen; dazu nun muß ihm wenigstens ein Glied des Verhältnisses, was er bestimmen will gegeben seyn. Ist dieses, (und in Ansehung der Idee von Gott ist es die Welt) so reflectirt er über das gegebene Glied des Verhältnisses; findet sich nun, daß die Qualität des Gliedes (z. B. Zweckmäßigkeit der Natur, moralische Ordnung der Welt) zur Subsumtion unter die Regel geeignet ist, so vollbringt sie die Urtheilskraft und das Verhältniß X : D ist durch die Regel bestimmt.

Die Bestimmung besteht nun in der Identität des Verhältnisses; und zur Verständlichkeit und Erläuterung desselben liegen zwei sich verhaltende Dinge A und B zum Grunde. Diese, in wie fern sie zur Darstellung des gedachten Verhältnisses dienen, heißen ein Symbol; die Erkenntniß, welche durch sie zu Stande kommt, heißt symbolische Erkenntniß; die zu diesem Behufe

hufe erforderliche Operation des Verstandes in Verbindung mit der Function der Einbildungskraft heißt Symbolismus.

Was nun die Objekte A: B als Bestandtheile des Symbols anbetrifft, so können diese reine aber auch empirische Vorstellungen sein; denn dies ist hier ganz gleichgültig; da es nicht auf die Beschaffenheit der sich verhaltenden Dinge, sondern nur auf ihr Verhältniß und die Exponenten derselben angesehen ist. Wenn nur das Verhältniß oder die Regel desselben identisch ist, so mögen A: B an sich immer verschieden seyn. — Das Verhältniß 1 : 2 ist gleich dem 50 : 100 und doch sind die Glieder 1,50 und 2,100 an sich von verschiedener Größe. (Dies ist quantitative Verschiedenheit,) — Der Orkan verwüstet einen Wald; der rachsüchtige Feind steckt einen andern in Flammen. Beide verhalten sich wie Ursache zur Wirkung und doch sind Orkan und Feindesrache an sich sehr verschieden (dies ist qualitative Verschiedenheit.) Also: das Verhältniß kann identisch seyn, ungeachtet der quantitativen oder qualitativen Verschiedenheit der sich verhaltenden Dinge. Daher können selbst empirische Objekte zur Versinnlichung des Verhältnisses eines Vernunftideals gebraucht werden.

Die Identität des Verhältnisses zwischen Gründen und Folgen heißt Analogie; denn wir abstrahiren hierbei von allem, was die Dinge ausser dem Verhältnisse sind, selbst von dem, was innerer, uns nicht erkennbarer

Grund in dem Objekte zur Möglichkeit des Verhältnisses sein mag und begnügen uns bloß mit dem, daß eine und dieselbe Regel den Exponenten zu zwei (oder mehrern) Verhältnissen abgibt. Das was in einem Objekte (äqual X) als Grund der Möglichkeit, daß die Regel den Exponenten seines Verhältnisses zu D ausmacht, gedacht wird, ist das Analogon dieser Regel oder des Exponenten. So ist der Grund des thierischen Kunstvermögens (der Instinkt) ein Analogon der menschlichen Vernunft; so euch das in Gott, wodurch er Ursache der Naturzwecke ist, ein Analogon des menschlichen Verstandes oder das, wodurch er Ursache der moralischen Wesen, der moralischen Ordnung des höchsten Guts u. s. w. ist, ein Analogon der menschlichen praktischen Vernunft; denn Verstand, Vernunft, praktische Vernunft sind hier Exponenten des Verhältnisses. Die auf solche Art erworbene Erkenntniß heißt analogisch und ist der symbolischen gleich.

* * *

Hiermit hätten wir das Verfahren des Gemüths, wodurch es Vernunftideen versinnlicht, nach allen seinen Theilen erörtert und vor Augen gestellt. Ehe ich weiter gehe, bemerke ich noch Folgendes:

Der Symbolismus ist eine wesentliche und sehr zusammengesetzte Function der Seele und erstreckt sich sehr weit. Er findet nämlich durchaus bei allen Be-

Begriffen statt, denen keine directe Anschauung gegeben werden kann; und solche sind alle reine intellectuelle Vorstellungen. Das Gemüth verrichtet dieses Geschäft auf eine unwillkührliche, in den Gesetzen seiner Operation gegründete Art, wie bei den Erwachsenen, so bei den Kleinen, wie bei den Gelehrten, so bei den Ungelehrten; und der Philosoph kann weiter nichts, als daß er versucht, ob er der Natur der Seele diese ihre verborgene Handgriffe ablauscht, auf Begriffe bringt und unverdeckt vor Augen legt. — Es ist also gar nicht die Frage, ob sich ein Mensch, wenn er mit intellectuellen Vorstellungen umgeht (z. B. in der Logik, Moral, Religionslehre) und sie verständlich machen will, ob er alsdenn nur symbolische Erkenntniß zu Stande bringe; denn es gibt keine andere Art der Versinnlichung und Erläuterung für intellectuelle Vorstellungen. Selbst wenn sie der Lehrer für etwas anders hielte oder ausgäbe, so würde er sich nur täuschen, und die Beihülfe, welche die Sinnlichkeit (namentlich die Einbildungskraft) hier leistet, mißverstehen.

Betrachtet man alle Sprachen auf dem Erdboden, so wird man finden, daß sie (die willkührliche Bezeichnung, als Mittel der Reproduction durch die Einbildungskraft abgerechnet) voll von Symbolen sind; welche der natürliche Symbolismus so sehr in sie verwebt hat und uns mit der Zeit so geläufig geworden sind, daß wir an ihre eigentliche Abstammung nicht mehr denken. Wir reden von

von Grundsätzen, obersten Grundsätzen, klaren oder dunkeln Begriffen, von abgeleiteten Wahrheiten und tausend Dingen, die an sich ganz intellectuell sind; denen auch nie eine directe Anschauung gegeben werden kann, und doch werden sinnliche Vorstellungen mit ihnen, zur Erläuterung verknüpft. Was ist dies anders als eine Frucht des vom Gemüthe verrichteten Symbolismus? Ein Satz ist etwas Empirisches, das Jedem durch die Anschauung vernehmlich ist. Z. B. einen Baum setzen; so auch ein Grundsatz; etwas das unten steht und dem, was über ihm ist, zur Haltung dient, und so fort. Nicht aber diese empirische Vorstellungen sind Objekte oder Anschauungen dessen, was wir mit dem Intellectuellen (Satz, Grundsatz) sagen wollen, sondern bei dem Empirischen findet eine Regel der Reflexion, ein ein Exponent des Verhältnisses statt; welcher auf das Intellectuelle übergetragen wird; hieraus entspringt eine Identität des Verhältnisses und dies ist der Grund, warum wir solche Ausdrücke gebrauchen und sie auch verstehen. Jeder versteht mich, wenn ich sage: Aus dem, daß Gott ein Objekt der Idee ist, folgt oder fließt, daß er an sich von uns nicht angeschaut werden könne; und doch ist die Vorstellung folgt oder fließt, ursprünglich und eigentlich empirisch und gilt von Objekten der Erfahrung. Aber zwischen den Objekten, wovon sie gilt, ist ein Verhältniß, dessen Exponent zugleich für das Verhältniß obiger zweier an sich ganz intellectueller

Sätze

Sätze gültig ist. Schulgerecht vorgetragen würde man sagen müssen, wie sich verhält das Wasser zur Quelle, indem es aus derselben fließt; so verhalten sich auch jene beiden Gedanken zu einander. Die Sprache kürzt dies ab, und da jener Symbolismus dem Gemüthe eben so natürlich ist als er häufige Anwendung in dem Gebiete des Erkenntnißvermögens findet; so führen dergleichen symbolische Ausdrücke auch eine Deutlichkeit bei sich, welche selbst für die gemeine Fassungskraft zureicht.

Es ist aber der Symbolismus ein sehr nothwendiges Geschäft unseres Gemüths. Denn da alle Begriffe, so lange sie rein und bloß intellectuell bleiben, für uns ohne Sinn*) und Haltung sind, so würden diejenigen, welchen gar keine directe Anschauung entspricht, aller praktischen Beziehung beraubt seyn, wenn nicht durch eine besondere Function des Gemüths für ihre Versinnlichung auf eine indirecte Weise gesorgt wäre. — Das Ziel aller intellectuellen Vorstellungen ist, daß sie verständlich seyn;

---

*) Das heißt nicht so viel als: unsinnig oder widersinnig, sondern: ohne sinnliche Darstellung — und weil sie nur dadurch für uns fixirt werden, so sind sie ohne dieselbe auch ohne Haltung. Was sind z. B. die reinen Verstandesbegriffe an sich anders, als bloße Formen oder Arten der Verbindung zur Einheit? Und die Ideen anders als die bis zum Unbedingten erweiterte Formen der Synthesis des Verstandes? Jene bekommen dadurch Inhalt, daß sie vermittelst des Schematismus auf empirische Objekte bezogen werden. Diese dadurch, daß ihr Objekt im Verhältniß zur Welt gedacht und das Verhältniß durch Regeln bestimmt wird, welche Bedeutung in der Welt (als dem Objekte unserer Erfahrung) haben. Abstrahiren wir von diesem, so bleiben sie reine Begriffe und reine Ideen, mit welchen wir weiter nichts anfangen können.

sein; verständlich werden sie allein durch den Symbolismus. Denn dieser gibt ihnen die für Wesen, welche an sinnliche Bedingungen gebunden sind, erforderliche Erläuterung und Darstellung; aber aus eben diesem Grunde ist die Erkenntniß intelligibler Objekte auch bloß symbolische oder analogische Vorstellungsart.

* * *

Ich gehe nun weiter und behaupte; daß alle unsere Erkenntniß, welche wir von Gott haben, bloß symbolisch oder analogisch ist; sie mag durch Vernunft erworben oder durch Offenbarung gegeben seyn. Wenn das Erste klar ist, so ergibt sich das Zweite von selbst. Denn die Offenbarung, es mag uns auch die Art, wie Gott dabei wirksam ist, unbegreiflich bleiben, geschieht doch durch Menschen an Menschen. Nun gehört zur Möglichkeit einer menschlichen Natur das Vermögen der Empfindung, der Erkenntniß und der Begehrung. Jedes dieser Vermögen beruht auf seinen Gesetzen und kann nicht geändert werden, wenn die Natur der Menschen nicht aufhören soll, menschliche Natur zu seyn. So ist das Erkenntnißvermögen das Vermögen der Begriffe und wenn dem Menschen Begriffe mitgetheilt werden sollen, so kann es nur vermittelst dieses seines ursprünglichen Vermögens geschehen. Das Empfindungsvermögen ist das Vermögen der Eindrücke und Anschauung und sollen Begriffe dargestellt gewerden, so kann es nur vermittelst der Sinnlichkeit geschehen. Wenn also Gott dem Menschen Begriffe und

und durch sie Gefühle mittheilen will, so kann es nur durch Ansprache an die Spontaneität durch die Receptivität geschehen, weil ausser diesem Mittel kein Weg zu dem Gemüthe führt und ohne diese Mittel, gerade in der Qualität; wie sie sich bei allen Menschen befinden, der Mensch aufhörte Mensch zu sein.

Ohne also der Wirkung Gottes Gesetze vorzuschreiben oder die Art, wie er an sich selbst Ursache von etwas ist, auszugrübeln zu wollen (denn davon verstehen wir überall nichts) können wir mit Gewißheit behaupten, daß von Seiten des Menschen kein anderer Weg zu seinem Gemüthe ist, als die ihm ursprünglich verliehenen Anlagen zur Anschauung, zum Denken und Wollen; weil ohne diese zu berühren und durch sie die Thätigkeit zu eröffnen; durchaus nichts mit dem Menschen anzufangen ist. Denn was bleibt übrig, wenn wir das Vermögen der Anschauung, des Denkens, des Wollens wegnehmen? Nichts; der ganze Mensch fällt weg. Was würde es heißen: dem Menschen Begriffe mittheilen, ohne an sein Vermögen zu Begreifen ansprechen? Was; ihm Gefühle erregen, ohne auf sein Vermögen der Gefühle zu wirken? Was; in ihm eine Willensbestimmung veranlassen; ohne auf sein Vermögen zu Wollen zu wirken? Diese Sache ist freilich so evident, daß es kaum der Mühe werth zu seyn scheint, sie auseinander zu setzen; allein die Geschichte lehrt, daß Menschen mit der Offenbarung Begriffe verknüpft haben, welche jenen

lichten

lichten Wahrheiten schnur gerade widersprechen, und um dieser Verirrung willen muß man Sätze erörtern, die an sich jedem schon klar seyn sollten.

Auch haben sich die Personen, welche unter der göttlichen Auctorität lehrten, ganz jenen Gesetzen gemäß betragen und es ist nicht der geringste Grund da, auch nur zu vermuthen, daß sie nicht durch dieselben Gemüths- vermögen thätig gewesen wären, wodurch es alle Men- schen sind.

Jesus stellt sich seinen Zeitgenossen als wahrer Mensch dar, mit allen Anlagen oder Vermögen, die das Wesen der Menschheit ausmachen. Er zeigt sich durch Gefühl, Verstand und Willen, und wirkt in den Gesetzen derselben vollkommen gemäß; so, daß seine Ver- bindung mit Gott und alles Außerordentliche in seiner Denkungsart und seinen Thaten in Ansehung jener ur- sprünglichen Vermögen und ihrer Gesetze nicht den ge- ringsten Unterschied macht. So ists mit den Aposteln und allen andern außerordentlichen Menschen.

Auch darf von den Grundvermögen kein Einziges fehlen oder anders eingerichtet seyn, wenn die menschliche Natur bleiben soll. Denn sie stehen alle in einer innigen Verbindung und durch die gemeinschaftliche Wirksamkeit derselben entspringt erst das, was menschliche Wirkung heißen kann. Begriffe ohne Sinnlichkeit sind leer; Anschauungen ohne Begriffe sind blind; anschauliche

Be-

Begriffe ohne Begehrungsvermögen sind müßig, ohne Wirkung und Erfolg im Subjekte. Das Begehrungsvermögen ohne Gefühl hat keine Triebfeder, das Begehrungsvermögen mit Gefühl aber ohne Verstand hat keine Leitung. Kurz man mag entfernen welches man will, so hört der Mensch auf Mensch zu seyn.

Was also nur durch die ursprünglichen und wesentlichen Bestandtheile der Menschheit dem Menschen gegeben werden kann, das muß ihm auch, wenn es ihm gegeben ist, nur vermittelst dieser Grundvermögen gegeben seyn. Nun bezielt die Offenbarung nichts anders, als Begriffe zu geben, durch sie auf die Empfindung und dadurch auf den Willen zu wirken; mithin muß sie auch den Weg, welcher der einzigmögliche dazu ist, nehmen.

Aber aus eben diesem Grunde kann nun auch die Erkenntniß, welche der Mensch durch Offenbarung erlangt, keine andere Beschaffenheit haben, als welche das Wesen und die Gesetze des menschlichen Erkenntnißvermögens zulassen; das heißt, sie sind denselben Bedingungen des Denkens und der Versinnlichung unterworfen, als jede andere selbsterworbene Erkenntniß. Wir finden aber auch nichts in der (z. B. christlichen) Offenbarung, welches mit dieser Forderung nicht aufs genaueste übereinstimmte.

Ich lenke nun wieder ein, und behaupte, daß alle mögliche Erkenntniß von Gott keine andere als symbolische

bolische seyn und werden könne: das ist, daß alle Begriffe von ihm reine Vernunftideen sind und ihre Versinnlichung auf der Identität des göttlichen Verhältnisses zur Welt mit einem zwischen gegebenen Objekten gültigen Verhältnisse beruhe.

Ich habe dieses oben schon systematisch vorgestellt und berühre es nur nochmals wegen des Uebergangs zu dem Folgenden.

Die Erkenntniß von Gott ist entweder transscendental oder teleologisch; die letztere entweder physisch oder moralisch; je nachdem die Quellen sind, woraus der Begriff entspringt. Mehr Arten der Erkenntniß von Gott gibt es nicht.

In der transscendentalen Erkenntniß wird der Vernunftbegriff des Schlechthinunbedingten auf den Inbegriff alles Möglichen (auf die Welt überhaupt) bezogen. In der Reflexion wird die Welt, unter den Begriff der Wirkung genommen; die Wirkung aber weißt auf eine Ursache hin; folglich wird das Schlechthinunbedingte dadurch unter den Begriff der Ursache genommen. Wirkung und Ursache sind Verhältnißbegriffe; es entspringt also der Satz: das Schlechthinunbedingte verhält sich zur Welt wie Ursach zur Wirkung; das heißt, Gott ist Urgrund der Welt. Hieraus entspinnt sich die ganze Transscendentaltheologie.

In

In der Teleologie wird der eben gebildete Begriff eines Urwesens auf die Welt als ein System von Zwekken bezogen; die Zwecke sind entweder physisch oder moralisch. Beide sind nur durch den Begriff von ihnen möglich. Das Vermögen der Begriffe ist der Verstand. Da also gesetzt war, daß sich Gott zur Welt verhalte wie Ursache zur Wirkung; so folgt, daß er sich zur Zweckmäßigkeit der Natur verhalte, wie ein Verstand zu den durch ihn möglichen Wirkungen, das heißt: Gott ist **verständiger Urheber der Welt**, (eigentlich nur verständiger Baumeister der Welt, in wie fern die, in Ansehung des Mechanismus, zufälligen Formen der Dinge durch ihn eine Gesetzlichkeit haben, welche Zweckmäßigkeit heißt.)

Die Natur enthält nur bedingte Zwecke; aber die Vernunft sucht auch in Ansehung der Zwecke Unbedingtheit. Diese findet sie in den sittlichen Ideen und den Subjekten derselben, in den Menschen, wie fern die Vernunft in ihnen durch sich selbst *) praktisch ist und sie ein Vermögen haben, sich darnach zu bestimmen (Freiheit.) Hierdurch ergiebt sich der Begriff von einer ganz andern als bloß mechanischen oder doch nur naturzwecklichen Beschaffenheit der Welt; sie wird als ein System nach sittlichen Ideen, als eine moralische Ordnung, Sittenreich und s. w. vorgestellt. Da wir nun oben setzten, daß sich

Gott

---

*) Mithin durch ein schlechthin unbedingtes Gesetz, — wovon wir nicht weiter fragen können, wozu? zu welchem Zwecke?

Gott zur Welt verhalte, wie Ursache zur Wirkung, so folgt daß er sich zur moralischen Ordnung verhalte wie eine durch sittliche Ideen bestimmte und handelnde Freiheit; das heißt: Gott ist moralischer Urheber der Welt, (nun nicht bloß mechanische Ursache, auch nicht bloß Bildner oder Ursache der Zweckmäßigkeit der Formen; sondern beides, Materie und Form der Welt stammt von ihm; er ist Schöpfer, Gesetzgeber u. s. w.)

Hiermit sind die Principien der Theologie (der Lehre des Schlechthinunbedingten alles Bedingten) erschöpft und da hieraus nichts als Verhältnißbestimmung resultirt, so folgt, daß dem Menschen auch überall keine andere als symbolische Erkenntniß von Gott vergönnet ist.

Das allgemeine Verhältniß ist das des Schlechthinunbedingten zu allem Bedingten; Ursache, Verstand, unbedingtgesetzgebende Vernunft sind Exponenten desselben. Der Grund der Befugniß sie zu Exponenten aufzunehmen liegt in der Beschaffenheit der Welt, wie sie von uns in der Reflexion nach jenen Exponenten (Regeln, Begriffen) beurtheilt werden muß. Kein Mensch kann sie anders beurtheilen, laut der Einrichtung seines Erkenntnißvermögens; folglich muß er den genannten Exponenten ihre Gültigkeit zugestehen.

* * *

Ich bleibe bei der moralischen Reflexion stehen und gehe durch sie zur Religion über.

Eine

Eine allgemeine (mithin nicht empirische, sondern rationale) Offenbarung; die sich in aller Menschen Gemüth ankündige sittliche Gesetzgebung ist der Grund, das Verhältniß Gottes zur Welt als das eines moralischen Schöpfers und Regierers zu denken. Aus diesem werden nun eine Menge anderer Begriffe abgeleitet, die außer dem Spezifischen sämmtlich das Gemeinsame haben, daß sie m o r a l i s c h e Verhältnisse anzeigen.

Wenn wir die Welt überhaupt als ein moralisches System ansehen, so kann auch jeder Mensch (oder jedes moralische Individuum) als ein solcher betrachtet werden, in welchem sich die moralische Ordnung erweist, und an welchem sie in einem unendlichen Progressus realisirt werden soll. Wir können daher eben das von einem Menschen insbesondere sagen, was von der ganzen Gattung moralischer Wesen im Allgemeinen gilt. (Es versteht sich, daß man denn von dem individuellen Unterschiede abstrahirt.)

Der Mensch also als moralisches Wesen befindet sich gegen Gott in einem moralischen Verhältnisse. Gott wird hier als das hypostasirte und personificirte Sittengesetz gedacht, mit allen den Eigenschaften, welche die Bewirkung des Zwecks erfordert, den wir als Zweck Gottes denken. Aus dem allgemeinen moralischen Verhältnisse fließen viele besondere Bestimmungen, welche sich durch moralische Reflexion ergeben.

Wenn

Wenn wir uns nämlich nach moralischen Principien beurtheilen; so ist es ein Anderes, dem Gesetze der Sittlichkeit gemäß seyn, ein Anderes demselben zuwider handeln. Da das Sittengesetz oder die gesetzgebende Vernunft unsre Sinnlichkeit afficirt, so bewirkt sie, indem sie die Neigungen einschränkt, Unlust und Demüthigung, dadurch aber für sich selbst Achtung, als eine indirecte und positive Wirkung aufs Gefühl. — Das Subjekt, in wie fern es sich nach dem moralischen Gesetze schätzt, erkennt sich nur so viel Werth zu, als es Angemessenheit mit dem Gesetze hat, und in wie fern es demselben nicht angemessen ist, hat es auch keinen Werth. Der Ausschlag der eignen moralischen Beurtheilung ist also immer entweder würdig oder unwürdig, angenommen oder verworfen und so w.

Da nun Gott als die selbstständige moralische Gesetzgebung gedacht wird, so muß die Verschiedenheit in der eignen moralischen Beurtheilung auch eine Verschiedenheit im Verhältnisse zu Gott nach sich ziehen. Es frägt sich also, wie machen wir uns diese Verschiedenheit verständlich? Aus der göttlichen Natur selbst können wir sie nicht abnehmen, denn die ist uns gar nicht zur Einsicht gegeben; wir müssen also untersuchen, ob nicht selbst in unserm Subjekte Bestimmungsgründe für das Verhältniß zu finden sind. Und dies ist der Fall; denn das Sittengesetz auf unsern Willen bezogen gibt viele Exponenten seines Verhältnisses an die Hand. Die gesetzgebende

setzgebende und ihre Gesetzgebung zum Maaßstabe der Beurtheilung auctorisirende Vernunft, (wie einem Jeden sein eignes Bewußtseyn sagt) billigt und verwirft, lobt und tabelt, belohnt und straft, verheißt und droht, beseligt und verdammt, sie achtet und verachtet, gibt Hoffnung und erregt Furcht, bestimmt Recht und Pflicht, züchtigt den Uebertreter und nimmt den Reuigen an, erklärt ihr Wohlgefallen und Mißfallen, sie erklärt sich für beleidigt aber sie verzeiht auch; sie erklärt den Uebelthäter ihrer Verheißungen und der Güte für verlustig, aber sie begnadigt auch und so w. Alles dieses sind Bestimmungen des Verhältnisses der gesetzgebenden Vernunft zu dem Menschen als ihrem Subjekte.

Da nun Gott als die selbstständige Gesetzgebung gedacht wird, so sind die angeführten Erklärungen (und alle, welche mit ihnen aus demselben Princip fließen) auch eben so viel Exponenten seines moralischen Verhältnisses zu den Menschen. Wenn wir sagen: Gott billigt oder verwirft, lobt oder tabelt, belohnt oder straft, verheißt oder droht, begnadigt oder verstößt, versöhnt oder zürnt u. s. w. so heißt dies nichts anders, als wie sich verhält ein Mensch zum andern (oder unser eignes Gewissen zu uns selbst,) wenn er, durch moralische Ideen und Zwecke bestimmt, ihn lobt oder tabelt, belohnt oder straft (die sittlichguten Handlungen mit Wohlseyn, die sitt-

sittlichbösen mit üblen Folgen verbindet) begnadigt (ungeachtet der Beleidigungen doch die Strafe aufhebt und Gutes erweist), versöhnt (ungeachtet der Uebertretung seines Gebots doch sein Wohlwollen und Wohlgefallen bezeigt, wenn und weil der Uebertreter sich herzlich bessert) — eben so verhält sich auch Gott zu den Menschen. Ich sage: eben so, das heißt: Alle neue Ausdrücke sind nichts als Regeln der Reflexion, Exponenten des Verhältnisses; wodurch Identität angezeigt wird.

Aber wie weit kann man mit dieser Analogie gehen und welche Exponenten dürfen übertragen werden? Ich antworte: man kann die Analogie so weit treiben, als sich dazu Gründe in der Reflexion finden; und man darf alle Exponenten aufnehmen, welche durch die sittliche Gesetzgebung erprobt sind. Was sich nicht vor der sittlichen Beurtheilung, wozu jeder Mensch die Principia in sich selbst hat, rechtfertigt, daß kann auch nicht als Regel der Bestimmung des moralischen Verhältnisses Gottes zur Menschheit aufgenommen werden. Man sagt z. B. Menschen, üben Rache aus, aber nicht Gott. Warum aber Gott nicht? Weil auch die Menschen nicht Böses mit Bösen vergelten sollen. (Wenn es daher in der Schrift heißt: „die Rache ist mein, spricht der Herr, ich will vergelten" so muß der Ausdruck nicht anthropopatisch sondern moralisch verstanden werden; und Rache ist so viel als Bestrafung oder Verbindung des Uebeln

mit

mit dem Bösen nach Principien und Zwecken einer reinsittlichen Gesetzgebung.)

Das Princip der Analogie in der Moral (denn mit
dieser haben wir es hier nur zunächst zu thun) ist also:
daß die Exponenten der Verhältnisse dem Ideal der Sitt=
lichkeit, das Jeder in seiner Vernunft hat, gemäß seien.

Wenn wir aber, möchte ein Anderer einwenden,
auch nur alle die Begriffe, welche das moralische Verhältniß zwischen den Menschen bestimmen, auf das Verhältnisses Gottes zum Sittenreiche übertragen, so ist
dies doch der wahre Anthropomorphismus, auch
dann noch, wenn wir gleich den groben und unanständi-
gen (unsittlichen) vermeiden.

Ich antworte: Ob der Anthropomorphismus fein
oder grob ist, das entscheidet noch nichts; so bald man
unter demselben ein Uebertragen menschlicher Eigenschaften auf Gott an sich versteht. Denn es ist dadurch noch
nicht viel gebessert, wenn Einer lehrt: Gott sei nicht
grausam, sondern liebreich; wenn beides als Erkenntniß Gottes an sich genommen wird. Daß er nicht grausam sei, erhellet daraus, weil Grausamkeit unsittlich
ist; und auch kein Mensch grausam seyn soll. Aber woher weiß man, daß er an sich liebreich sei? Die Liebe
ist pathologisch und moralisch. Jene entspringt aus der
Sinnenneigung und setzt in dem Subjekte ein Bedürfniß
und im Objekte etwas voraus, wodurch dasselbe befriedigt

digt wird; es sei nun durch Genuß des Sinnlichen oder Intellectuellen.*) Beides beruht aber auf der Vorstellung der Uebereinstimmung des Gegenstandes mit den subjektiven Bedingungen des Lebens. Eben dies Verhältniß zum Moralgesetz gedacht macht die praktische oder moralische Liebe. In ihr wird die Uebereinstimmung des Willens mit der sittlichen Vorschrift als Bedingung der Befriedigung eines subjektiven Bedürfnisses vorgestellt. — Der höchste Grad der Stimmung welchen das Gesetz in uns nur immer hervorbringen kann und da diese Uebereinstimmung durch die Pflicht selbst geboten wird, so ist daraus zugleich klar, wie die moralische Liebe geboten werden kann; welches bei der sinnlichen unstatthaft ist; da das Objekt derselben nicht in uns ist und die Uebereinstimmung nicht von uns selbst bewirket werden kann. — Aus diesem ist aber klar, daß Liebe keine Eigenschaft Gottes an sich seyn kann, denn da er allgenugsam ist, so hängt seine Zufriedenheit nicht von der Existenz eines Objekts ausser ihm ab. Nehmen wir aber die in unserm Subjekte nothwendigen Bedingungen und Bestandtheile der Liebe weg, so bleibt uns überall kein Begriff von derselben mehr übrig. — Hiermit will ich die tröstliche Lehre von der Liebe Gottes gar nicht in Zweifel ziehen, denn sie ist sehr wohl-

---

*) Wenn der bloß sinnliche Genuß bezielt wird, so heißt sie Geschlechtstrieb; ist aber auf den Genuß intellectueller Eigenschaften, Schönheit, Geistesstärke und s. w. angesehen, so nennt man sie platonische Liebe. Ein Ausdruck, wohinter sich die Empfindler auch gern verstecken.

wohlgegründet, wenn man den Ausdruck nur symbolisch nimmt; denn da kann er uns allerdings zur Verständigung des göttlichen Verhältnisses zu den Menschen dienen.

Was ich also sagen wollte, war dieses; wir müssen nicht allein die unmoralischen Begriffe aus dem Begriff von Gott entfernen; sondern auch noch bemerken daß selbst die sittlich erprobten Begriffe (von dem Wohlwollen, der Liebe, der Güte, Gnade, Verzeihung und s. w.) nicht Bestimmungen des Objekts an sich, sondern des Verhältnisses desselben zur Menschheit sind. — Hierin ist nun aber gar kein Anthropomorphismus in der hergebrachten Bedeutung. Denn wir tragen nicht eine einzige menschliche Eigenschaft directe auf die göttliche Natur über.

Da es aber hier nicht sowohl auf den Ausdruck als auf den Begriff ankommt, so können wir den Begriff des Anthropomorphismus näher bestimmen, wenn wir uns desselben bedienen wollen. — Der Anthropomorphismus ist nämlich entweder ein symbolischer oder schematischer. Jener beruht auf der Identität der Verhältnisse zwischen den Objekten A. B. und X. D. Dieser auf der Identität (Uebereinstimmung) der Vorstellung mit X an sich. Jener ist zulässig und die einzige Art, wie wir unsern Begriff von Gott verständlich und praktisch machen können, dieser ist anmaaßlich und führt auf Aberglauben und Religionswahn. (Wie sehr sich auch die aufgeklärten Dogmatiker dagegen verwahren; denn was heißt alle Protestation und rhapsodische Säuberung, wenn das Princip irrig ist?)

Die Arbeit, von allen Begriffen, die wir von Gott haben, zu zeigen, daß sie nur Verhältnißbegriffe nicht unmittelbare Objektsbestimmungen *) sind, wird man mir hoffentlich erlassen. Sie ist auch an sich leicht und wenn man sie für die drei Quellen der Theologie (den transscendentalen, physioteleologischen und ethioteleologischen Begriff) verrichtet hat, so ist sie zugleich für alle abgeleitete Begriffe gewiesen.

Wenn aber auch die Grundlage unserer Erkenntniß nur auf der Gleichheit der Verhältnisse beruht, indem gewisse Regeln der Reflexion, welche zwischen uns bekannten Objecten statt finden, auf das Verhältniß Gottes zur Welt angewandt werden; sollten wir nun nicht von dieser Analogie auf die Beschaffenheit Gottes an sich schließen können? Wir wollen sehen.

Analo-

---

*) Das Mittel der directen Bestimmung des Objekts ist der Schematismus. Auch über diesen Ausdruck wollen wir nicht hadern. Da nämlich durch den Symbolismus auch eine Versinnlichung zu Stande kommt, mithin auch hier die Einbildungskraft geschäftig ist, so könnte man auch dieses Geschäft Schematismus nennen; aber dann bezieht er sich auf die Analogie; er giebt der Regel (dem Exponenten des Verhältnisses) Versinnlichung; stellt aber nicht das Objekt selbst dar. Um ihn von dem Vorigen zu unterscheiden; könnte man diesen den Schematismus der Analogie, (zur Erläuterung) jenen den Schematismus der Objektsbestimmung (zur Erweiterung der Erkenntnisse) nennen.

Analogische Schlüsse sind Schlüsse der Urtheilskraft. Urtheilskraft ist das Vermögen, das Besondere als im Allgemeinen enthalten zu denken. Ist das Allgemeine gegeben, so nimmt sie das Besondere unter dasselbe, ist bestimmend oder subsumirend. Ist das Allgemeine nicht gegeben, so sucht sie es, ist betrachtend, überlegend; vergleichend oder reflectirend.

Die bestimmende Urtheilskraft kann nicht eher thätig seyn, bis ihr das Allgemeine gegeben ist, wenn es ihr also nicht gegeben ist, so muß sie es aufsuchen. Dies bewirkt sie durch Reflexion. Zur Reflexion (als formaler Function) muß ihr aber die Materie gegeben werden; nun ist aber Gott kein gebliches Objekt (res dabilis) mithin kann die Urtheilskraft nicht über Gott an sich reflectiren. Das, was die Urtheilskraft sucht, ist etwas Allgemeines, eine Regel ein Begriff oder Merkmal. Um das Besondere darunter zu nehmen, muß zuvor ausgemacht seyn, daß das Besondere zu dem Allgemeinen wie Art zur Gattung gehört. Gehört nun ein Individuum zu einer Gattung, so kommen ihm auch die Prädikate der Gattung zu. Woraus erkennen wir aber, daß ein Individuum zu einer Gattung gehört? Aus der Einerleiheit der Merkmale. Z. B. wenn wir über die Thiere reflectiren, so finden wir, daß ihre Wirkungsart mit der der Menschen in so fern identisch ist, als sie wie Menschen Leben haben, und nach Gesetzen des Begehrungsvermögens (nach einem **innern***) Princip) handeln. Nun ist der innere Grund menschlicher Wirkung die Vorstellung; da nun die an den Thieren erkannte Wirkungsart mit der der Menschen einerlei ist, so gehören sie in dieser Hinsicht zu einer und derselben Gattung mit dem Menschen; sie sind also vorstellende Wesen.

Die Befugniß, so zu schließen liegt in der Identität des Grundes, Thiere und Menschen zu einer Gattung zu zählen. Und dies beruht wiederum auf der Einerleiheit der Wirkungsart, die uns gegeben ist; denn wir sehen die Thiere leben, begehren und handeln. Wäre uns das Gesetz (die Art) der Wirkung nicht von beiden gegeben; und zeigte sich nicht in der Reflexion eine vollkommene Gleichheit, so würden wir gar nicht schließen können; so aber ist die Identität der Wirkungsart gegeben; und in uns selbst ist der einzigmögliche Grund dazu das Vorstellungsvermögen; daher sind wir angewiesen, auch denselben Grund der Wirkungsart in den Thieren zu denken.

Freilich geht dieser Schluß nicht weiter, als es der Gattungsbegriff erlaubt. Darum kann der Grund in den Thieren von dem Grunde in den Menschen auch spezifisch verschieden seyn. Denn in dem Menschen ist dies Vorstellungsvermögen noch durch Verstand und Vernunft ausgezeichnet; allein wir können nun nicht schließen, daß

auch

---

*) Nicht bloß nach einem äussern Princip, nach bloß mechanischen Gesetzen, wie die todte Körperwelt.

auch die Thiere Verstand und Vernunft haben, weil dies Spezifische sich nicht aus ihrer Wirkungsart ergibt. Aber dennoch können wir sagen, daß sich der Grund der Handlung in den Thieren zu ihren Wirkungen verhält, wie die menschliche Vernunft zu den Ihrigen; das heißt, das Vorstellungsvermögen der Thiere, als Grund ihrer Wirkungsart, (der Instinkt) ist ein Analogon der menschlichen Vernunft.

Das Princip der Befugniß einer analogischen Schlußart beruht also auf der Identität der Gattung. Thiere leben, Menschen leben. Leben heißt durch Vorstellungen zu Handlungen bestimmt werden. Die Thiere begehren, die Menschen begehren; Begehren heißt durch die Vorstellung eines Objekts zu Bewirkung desselben bestimmt werden. Mithin haben die Thiere Vorstellungen, und gehören in dieser Hinsicht mit den Menschen zu einerlei Gattung; (ungeachtet des spezifischen Unterschiedes zwischen der Vorstellungsart der Thiere und der der Menschen.)

Auf Gott kann aber diese Schlußart nicht angewandt werden, weil er unter keinem Gattungsbegriffe steht; denn er ist ein absolutes Individuum.

Es ist uns gar nicht einmal möglich den Versuch zu machen, ob wir einen Gattungsbegriff von ihm bilden können; denn wir kennen wohl seine Wirkung, aber nicht seine Wirkungsart. Um die letztere zu kennen, müßte

müßte uns das Objekt zur Reflexion gegeben seyn, wie z. B. die Thiere; deren Wirkung wir nicht bloß kennen, sondern die wir auch selbst wirken sehen, mithin die Art oder Gesetze ihrer Handlungen abnehmen können. Wir sehen nicht bloß den Biberbau, sondern auch die Biber selbst, wie sie handeln, indem sie den Bau zu Stande bringen. Der Vogel fliegt umher, sammelt Futter, um seine Jungen zu speisen. Der Grund der Thiere zu solchen Handlungen muß mit dem Grunde im Menschen zu eben dergleichen Wirkungen in so fern identisch seyn, als die Thiere mit den Menschen zu einerlei Gattung gehören; und sich die Identität durch Reflexion über sie als gegebene Objekte hervorthut; aber, Gott an sich, mithin auch seine Wirkungsart ist uns gar nicht zur Betrachtung gegeben; mithin können wir kein Merkmal (Art, Gesetz) von ihm abnehmen, folglich nichts Allgemeines oder einen Gattungsbegriff bilden, mithin auch nicht aus demselben schließen.

Da uns aber hier alle Erfordernisse zu einer analogischen Schlußart mangeln, so bleibt uns nichts übrig, als die Analogie selbst. In dieser aber sind wir nicht abhängig von dem Objekte an sich, von seiner Wirkungsart an sich, von einer Reflexion über dasselbe an sich; sondern wir nehmen die Wirkung, wie sie ist, reflectiren über diese und sehen zu, welche Exponenten des Verhältnisses der Wirkung zu ihrer Ursache (die an sich unbekannt und $= X$ ist) wir nach Beschaffenheit unsers Er-

kennt-

kenntnißvermögens zu denken Anweisung bekommen. Dann sind diese Analogien nichts als Mittel, um uns das Verhältniß Gottes zur Welt faßlich zu machen und wir bescheiden uns, daß die Bedingungen einer uns möglichen, erforderlichen und zu allen uns möglichen Zwecken hinreichenden Faßlichkeit, (Erläuterung, Versinnlichung) nicht Bedingungen des Objekts an sich sind.

Ja wollte Jemand hier nach der Analogie schließen, so würde er ganz irrig verfahren, weil erstlich der Schluß wider alle Analogie ist; denn daraus, daß wir es nöthig haben, uns den Begriff von Gott durch eine Analogie mit etwas Sinnlichen faßlich zu machen, folgt ja nicht, daß die Art dieser Verständlichmachung eine Eigenschaft in dem Objekte selbst sein müsse. Zweitens fehlt es dem Schluß gänzlich am Obersatze, welcher heißen müßte: alle A sind b; X ist A, folglich ist X auch b. Der Obersatz kann aber zu X gar nicht gefunden werden, weil es ein absolutes Individuum ist.

* * *

Das Resultat der ganzen Untersuchung ist also folgendes; Alle unsere Erkenntniß ist entweder diskursiv oder intuitiv. Die intuitive ist entweder unmittelbar oder mittelbar. In der unmittelbaren Erkenntniß ist das Objekt dem Begriffe gegeben; in der mittelbaren ist es nicht gegeben, sondern bloß im Verhältniß auf etwas gedacht; aber so daß die Verhältnißbegriffe durch Beispiele

spiele belegt und dadurch veranschaulicht sind. Ein den Exponenten des Verhältnisses versinnlichendes Beispiel ist ein Symbol. Da nun Gott bloß gedacht und nur seine Wirkungen erkannt werden; so können wir die Gründe seines Verhaltens zu den Wirkungen nicht aus ihm selbst nehmen; sondern allein aus uns; das heißt, wir können bloß erkennen, was die Wirkungen verglichen mit unsern Wirkungen für Gründe erfordern, in wie fern sie den Unsrigen ähnlich sind, mithin für uns eine und dieselben Exponenten zulassen. Hieraus wird alsdenn nur Identität des Verhältnisses nicht Identität der Gründe folgen. Eine solche Erkenntniß ist nun aber symbolisch; folglich haben wir von Gott keine andere als symbolische Erkenntniß. Diese ist denn auch für uns zureichend; denn es ist uns dadurch vollkommen deutlich, wie wir uns gegen Gott verhalten, was wir zu thun und zu lassen, zu hoffen und zu fürchten haben.

Da diese Erkenntnißart von Gott das Resultat der ursprünglichen Einrichtung unsers Erkenntnißvermögens ist, so hat es ihm selbst gefallen, uns nur bis dahin und nicht weiter kommen zu lassen. Ob wir einst eine andere Erkenntniß erlangen werden, wird davon abhängen, ob die Natur unsers Erkenntnißvermögens umgeändert werden wird, welches Gott allein kann und vielleicht dann geschieht, wenn der Mensch aufhört Mensch zu seyn und in eine andere Epoche seines Daseyns übergeht. Aber

alles

alles dieses ist für uns in einen undurchdringlichen Schleier gehüllt.

Ausser der unmittelbaren und mittelbaren Hypotypose gibt es noch eine Bezeichnung (Characterismus). Sie unterscheidet sich von Jenen dadurch; daß Jene auf nothwendigen Gesetzen des Gemüths beruhen; diese aber eine bloß willführliche Verbindung gewisser sinnlicher Zeichen mit Begriffen ist; (wodurch also gar nichts zur Anschauung eines Objekts oder Versinnlichung eines Begriffs geleistet wird, sondern welche bloß als Mittel zur Reproduction durch die Einbildungskraft nach den Gesetzen der Association dient; hörbare oder sichtbare Zeichen; z. B. Worte, algebraische, mimische Zeichen). Diesen Characterismus hat man oft mit dem Symbolismus verwechselt; daher ich seiner hier erwähne. (Auch erinnere ich mich irgendwo den Einwand gegen die Zulänglichkeit der symbolischen Erkenntniß zur Religion gelesen zu haben, daß durch ihn alle Erkenntniß auf eine bloße Bezeichnung herabgesetzt würde. Wer den Unterschied zwischen willführlicher Bezeichnung und natürlichem Symbolismus bemerkt, wird diesen Einwand nicht machen.)

* * *

Was ich hier im Allgemeinen und für die gesammte Theologie das habe ich im vorigen Theile dieser Censur insbesondere für die Lehre von der Versöhnung darzuthun gesucht; und bei der festen Ueberzeugung, daß allein

kein auf diese Art die obwaltenden Streitigkeiten über die=
se wie über viele andere Lehrsätze der Religion beigelegt
werden können.

Einige öffentliche Beurtheilungen, die mir zu Ge=
ficht gekommen find, und einige Erinnerungen, die man
mir gegeben hat, veranlaſſen mich, über die Lehre von
der Verſöhnung noch Folgendes nachzuhohlen.

Ich behaupte, daß alles, was in der heiligen
Schrift von Gott gesagt wird, es betreffe allgemein mit=
theilbare Lehren oder heilige Geheimniſſe, z. B. von der
Berufung, Versöhnung, Heiligung, Erwählung und
ſ. w. für uns nichts weiter seyn kann und soll, als ſym=
boliſche Darſtellung praktischer Ideen.

Hierbei bin ich darüber unbekümmert, ob die heili=
gen Schriftsteller, z. B. ein Johannes oder Paulus,
ſich der Geſetze des Verſtandes, nach welchen er ſich in=
tellectuelle Begriffe faßlich macht, bewußt waren oder
nicht: ja ich räume es sogar ein; daß sie an die ſchul=
gerechte Erörterungen, welche wir hinterdrein, ihren
Belehrungen unterfügen, nicht einmal gedacht haben.
Denn die Operation des Gemüths, wodurch es ſittliche
Ideen verſinnlicht, auf Begriffe zu bringen und die
Seele gleichſam in ihrer innern Werkſtätte zu belau=
ſchen, iſt Angelegenheit des ſcientiven und theoretiſchen
nicht despopulären und praktiſchen Lehrers. Die
Gründe meiner Behauptung liegen weit tiefer und beru=
hen darauf, daß die urſprüngliche Einrichtung des Ge=
müths

muths keine andere Erläuterung und keine andere Sprache zuläßt und daß sich jeder Lehrer so ausdrücken müsse, er mag seine Weisheit vom Himmel oder aus sich selbst haben.

Der Begriff von der Versöhnung ist moralisch und erweist seine Realität im Bewußtsein eines jeden Menschen. Wenn zwei Menschen sich einander beleidigt haben und darüber in Feindschaft leben, so können sie sich gegenseitig verzeihen oder versöhnen. Der Beleidigte kann seinem Beleidiger verzeihen, entweder bedingt (wenn er Ersatz oder Genugthuung erhält) oder unbedingt, bloß weil er sich durch das Sittengesetz für verpflichtet hält. Die Möglichkeit der Verzeihung aus Pflicht ist nicht weiter einzusehen, weil sie Handlung der Freiheit ist.

Die Art der Versöhnung ist durch das Sittengesetz vollkommen bestimmt. Sie soll nämlich aus reinem Herzen und ohne alle selbstsüchtige Absichten geschehen. Der Mensch darf daher wohl Genugthuung fordern (er hat ein Recht dazu); allein er muß dabei erwägen, ob nicht eine Gewissenspflicht ihm gebietet, auf die Erstattung Verzicht zu thun. Da nun die Beleidigung nur dann eine wahre Beleidigung ist, wenn durch sie eine Pflicht übertreten wird; wenn also die Gesinnung des Beleidigers unsittlich ist; so besteht die wahre und oberste Genugthuung auch eigentlich in der Sinnesänderung und die Versöhnung des Beleidigten

ten mit dem Beleidiger bestehet in der durch Pflicht bestimmten Identificirung der gegenseitigen Denkungsart (beide haben nun eine und dieselbe Maxime). Der Ausgang vom Bösen zum Guten*), auf der Seite des Beleidigers, und die Ueberzeugung, daß diese Umwandlung der Denkungsart statt gefunden, von Seiten des Beleidigten, bringen die Gemüther in Einstimmung und der Actus der Freiheit, wodurch dies gegenseitig innerlich geschieht und äusserlich erklärt wird, heißt Versöhnung. Sie beruht also von beiden Seiten auf einem Glauben; denn die Partheien können sich nicht unmittelbar ins Herz sehen. Der Beleidigte glaubt, daß sein Beleidiger mit ihm gleich gesinnt ist und eben das auch Jener. Man schließt von der (äussern) Gesetzmäßigkeit auf die (innere) Sittlichkeit.

Da nun Gott als das personificirte Moralgesetz gedacht wird, so muß die Nichtbeobachtung des Gesetzes ein anderes Verhältniß gegen Gott bewirken, als die Beobachtung. Wie wollen wir uns dies Verhältniß faßlich machen? Nicht anders als durch eine Regel oder einen Exponenten, welcher durch Beispiele belegt werden kann. Nun ist die Wirkung, wodurch gegen einen andern Menschen eine vollkommene Pflicht übertreten wird, relativ auf diesen eine Beleidigung, mithin wird

---

*) Verbunden mit der Reue über das gethane Unrecht; welche eine nothwendige Folge der Anerkennung der Pflicht ist, wie auch das Bestreben, seine Unthat, so viel möglich, zu ersetzen.

wird eben dieser Begriff der Beleidigung zur Erläuterung des Verhältnisses zu Gott gebraucht werden können. Wir werden sagen; durch Uebertretung des Sittengesetzes wird Gott beleidigt, das ist: wie sich verhält ein Mensch zum Andern, wenn er dessen Recht verletzt, eben so verhält sich der Uebertreter des göttlichen Gebots gegen Gott. Der Ausdruck ist also bloß symbolisch; denn Gott an sich kann von keinem Menschen beleidigt werden. Diese Analogie wird nun weiter durchgeführt. Auf Beleidigung folgt Unwillen in dem Beleidigten, mithin Verwerfung und Verlust der Geneigtheit. Da nun Gott als Verwalter seines Willens dasjenige verfügen kann, was der sittlichen Gesetzgebung gemäß ist, so hat der Uebertreter von ihm Strafe zu erwarten. Es entsteht daher die Frage, ob der Mensch das Mißverhältniß zwischen sich und Gott umzuändern vermag? Da aber das Geschehene nicht ungeschehen gemacht werden kann, so bleibt ihm weiter nichts übrig, als Reue und Besserung. Denn dies ist das Einzige, was der Uebertreter noch thun kann und was er auch thun soll. Aber eben dadurch bewirkt er auch Uebereinstimmung seiner Denkungsart mit dem Willen Gottes; das heißt, er hebt das Mißverhältniß auf.

Diesen Gang hat auch das menschliche Gemüth von je her genommen; nur mengte sich eine gewisse Unlauterkeit in die Maxime; und das, was eigentlich nur durch eine intelligible That, (Umwandlung der Denkungsart) bewirkt werden kann und soll, suchte man durch solche Thaten, die der Gemächlichkeit schmeichelten, zu erreichen. Man opferte und unterzog sich gewissen äussern Observanzen; um dadurch den Unwillen der Gottheit zu besänftigen und sich der Güte und Geneigtheit derselben zu versichern.

Sehr richtig bemerkten alle Moralisten, daß dergleichen äussere Verrichtungen, selbst wenn sie mit Schenkungen verknüpft sind, Gott nicht begütigen können. Der Grund dieser Behauptung liegt aber nicht in einer objectiven Einsicht, sondern in der Gesetzgebung der Vernunft; weil kein Mensch seine Unthat gegen den Andern dadurch gut machen kann und soll, daß er gewisse äussere Thaten dagegen verrichtet; denn dadurch würde der Sittlichkeit gleichsam ein Preis gesetzt und wer sich entschlösse das beliebige und an sich indifferente Geschäft zu verrichten oder eine Gabe zu bringen, dürfte das Gesetz übertreten.

Weil nun ein Mensch seine Unthat gegen das Sittengesetz nur dadurch vergüten kann, daß er zum Gehorsam gegen dasselbe zurück kehrt, Gott aber die selbstständige Sittlichkeit ist, so findet auch keine andere Genugthuung vor ihm statt, als Herzensbesserung. Aber eben dadurch wird der Wille des Menschen mit dem Willen Gottes übereinstimmend und das gute Vernehmen wieder

der hergestellt, mithin auch ein Vertrauen zu Gott moralisch möglich.

Aus der Verschiedenheit des Betragens der Menschen entspringt demnach auch eine Verschiedenheit seines moralischen Verhältnisses zu Gott. Die Verschiedenheit selbst aber können wir uns nicht anders, als durch Symbole verständlich machen. Das heißt, durch Begriffe, welche wir mit Beispielen belegen können. — Die Uebereinstimmung des Willens mit dem Sittengesetze ist der Grund der Wohlgefälligkeit vor Gott; die Uebertretung desselben der Grund des Mißfallens vor ihm, mithin der Verwerflichkeit und Bestrafung. Der Ausgang aus der bösen Denkungsart zur guten, der Grund der Wiederherstellung der Einstimmung, mithin der Versöhnung oder der Begnadigung. In allem wird aber eine Aenderung gedacht; Gott an sich ist keinem Wechsel unterworfen, folglich kann dadurch nicht etwas was in Gott vorgeht, sondern nur etwas, was in Menschen vorgeht, gedacht werden und die Ausdrücke sind für uns nichts weiter als Erläuterungen sittlicher Ideen und ihres Verhältnisses zu unserm Willen; hierdurch aber auch Expositionen unsers Verhältnisses gegen Gott, ohne zu begreifen, wie dies in Gott an sich gegründet sein möge.

Es mag also wohl geschehen, daß man alles Unstatthafte der Versöhnungslehre angreift und entfernt; aber die Lehre selbst kann dadurch nicht gänzlich verworfen sen werden; denn der Begriff der Versöhnung drückt ein moralisches Verhältniß aus, das durch die sittliche Gesetzgebung außer allem Zweifel ist. Jedermann muß gestehen, daß er durch Uebertretung des Sittengesetzes ein Anderer in den Augen der selbstständigen Heiligkeit ist, als wenn er demselben gehorsamet; ferner, daß er, indem er sich bessert, wiederum ein Anderer wird, als er vorher war. Der Bösewicht kann nicht, in wie fern er böse ist, Herz und Vertrauen zu Gott haben; doch aber darf er es wieder umfassen, wenn er sich bessert. — Zu diesen verschiedenen Verhältnissen müssen wir bestimmte Begriffe haben, wenn wir sie uns faßlich machen wollen. Wodurch wollen wir es aber anders verständlich machen, als durch die Wirkung des Sittengesetzes auf unser Subjekt, in wie fern es unser Verhalten gegen einander bestimmt. Nun nennen wir die Wiederherstellung der Identität der Denkungsart zwischen den Menschen, Versöhnung derselben zu einander und geschieht die Wiederherstellung durch Pflichtgeheiß, so ist sie eine moralische Aussöhnung. Eben dies tragen wir auf unser Verhältniß gegen Gott über und machen uns dasselbe dadurch faßlich und anschaulich. Auf solche Art erhalten die Begriffe, der Vergebung, Begnadigung, Versöhnung und alle damit verwandte Vorstellungen Sinn und praktische Kraft.

* * *

Die Bedingungen der Versöhnung ergeben sich aus dem Principe der sittlichen Gesetzgebung von selbst. Sie

sind

sind von Seiten der Menschen keine andere, als eine aufrichtige Besserung des Herzens; denn dies ist alles, was wir thun können. Die Folge davon ist die Versicherung, daß wir nun Gott wieder vertrauen dürfen. Da aber alle äußere und an sich gleichgültige Handlungen den sittlichen Unwerth nicht ergänzen können, so fallen alle Opfer, Büßungen und Kasteiungen weg; um so mehr, da sich hinter ihnen leicht eine unlautere Gesinnung versteckt und die ganze Operation einer unheiligen Gunsterschleichung ähnelt. Daher wird die Versöhnung im Christenthum allein auf den Glauben zurückgeführt; nämlich auf den praktischen Glauben, „welcher durch die Liebe thätig ist." Das will so viel sagen: Wer sich durch seine Sünden verwerflich und strafwürdig erkennt und wünscht an Gott einen versöhnten Oberherrn zu haben, der kann dies nicht anders, als durch eine ganz geistige That (durch Herzensbesserung) erreichen; ist er sich einer gebesserten Gesinnung bewußt, so führt diese auch die Versicherung mit sich, daß ihm Gott nunmehro gewogen sey.

Um dies noch faßlicher und lebhafter zu machen, wird der Gedanke der Christen auf die Gesinnung Jesu geheftet, und zwar durch diejenige That, worin sie am lautersten zu erkennen gegeben ist; durch seine Aufopferung zum Weltbesten. Dieselbe moralische Gesinnung, welche Jesus durch sein Leiden und Sterben an den Tag gelegt

gelegt hat, sollen wir uns auch in Gott benken: das heißt: die Gesinnung des für das Wohl der Menschheit sterbenden Jesus ist ein Symbol der göttlichen Gesinnung. Wie diesen Jesum zu allen seinen Handlungen nichts bewog, als das, was Zweck der Heiligkeit ist, so will auch Gott nichts anders, als der Menschen Heiligung; wie der Mensch mit der verletzten Pflicht nicht anders ausgesöhnt werden kann, als dadurch; daß er zu ihr zurück kehrt, so hat Gott auch keine andere Bedingung der Aussöhnung mit sich, als daß man seinem heiligen Willen huldigt.

Damit nun, dieser Gedanke noch mehr Leben und Gewicht erhalte, so wird die ganze Geschichte Jesu und insbesondere seine Hingebung in den Tod als etwas, daß von Gott selbst veranstaltet, beliebt und erwählt sei, vorgestellt. Gott sandte ihn in die Welt, er gab ihm seinen Beruf, er forderte einen solchen Gehorsam, eine solche Aufopferung und Verdienstlichkeit von ihm. Er giebt ihn dahin. Ja noch mehr, um auch den Grad der göttlichen Liebe zu dem Menschengeschlechte zu versinnlichen; so wird der moralische Werth Jesu, seine über alles Beispiel erhabene Wohlgefälligkeit vor Gott, seine Einzigkeit ausgehoben und es heißt: „Also hat Gott die Welt geliebt, daß er seinen eingebohrnen Sohn gab, auf das alle, die an ihn glauben, nicht verlohren werden, sondern das ewige Leben haben."

Um

Um endlich die Aufmerksamkeit aufs höchste zu spannen, werden die Menschen als solche vorgestellt, die der göttlichen Liebe, noch mehr aber einer so überschwenglichen Liebe unwürdig sind. Sie sind Sünder, sind strafwürdig. Aber ungeachtet ihrer Sündigkeit und moralischen Unwürdigkeit, ungeachtet sie sich selbst nichts als Strafe zuerkennen können; will Gott doch, daß der Zweck seiner Weisheit (Heiligung und Beseligung) an ihm befördert werden soll. „Daher werden die Leiden Jesu als göttliche Strafen*) und sein Tod als stellvertretend vorgestellt."

„Nicht die Gesunden bedürfen des Arztes, heißt es, sondern die Kranken." Es waren die Moralisch-Unwürdigen und Strafwürdigen, welchen Jesus zu Hülfe kommen wollte. Er vertrat ihre Stelle und lud auf sich ihre Sünden. Jemandes Stelle vertreten, heißt moralisch so viel als ihm zur Beförderung seiner Moralität behülflich sein. Wenn dies Jemand thut, ohne dabei selbst zu leiden, so ist es schon verdienstlich; noch verdienstlicher ist es, wenn er sich zu dieser Absicht Beschwerlichkeiten unterzieht; aber die **Verdienstlichkeit erreicht den höchsten Grad in der moralischen Beurtheilung**; wenn der Seelensorger alles, was ihm lieb sein

---

*) Diese treffende und die Lehre in ihrer Grundfeste angreifende Einwendung ist mir von dem gründlichen H. Rec. in den Göttingischen Anzeigen (63 Stück. d. 18. April 1795. S. 625. ff.) gemacht; Ich hoffe diesen musterhaften Beurtheiler hier zu befriedigen.

sein kann, selbst sein Leben und dieses noch durch den qualvollesten und schmählichsten Tod aufopfert. Wenn nun der Anblick des moralischen Verderbnisses der Menschen, das Vorschweben des Elends, welches sich mit der Fortdauer und dem Steigen der Selbstverschuldung vergrößert und unausbleiblich ist, der Bewegungsgrund zu einer solchen moralischheroischen Hingebung ist; so nimmt der Weltheiland diese Last der Menschheit gleichsam auf sich, das heißt, er verhält sich durch sein um der Unsittlichkeit und Sträflichkeit der Menschen bestandenes Leiden und Sterben zu den Menschen, wie Einer, der die Bürde eines Andern auf sich nimmt, um diesen dadurch zu erleichtern und zu befreien. — Die Vorstellung ist also symbolisch und das Verhältniß, welches dadurch anschaulich gemacht werden soll, ein moralisches.

In den Augen des heiligen und gerechten Beurtheilers ist das, was den Bewegungsgrund in Jesu zu seiner Aufopferung ausmacht, Unsittlichkeit und Sträflichkeit der Menschen. Beides können und sollen sie selbst vermeiden; wenn sie es also nicht thun, so ist die Schuld ihre eigne und die üblen Folgen derselben wohlverdiente Strafen. Da es nun Jesus übernahm, die Menschen von beiden (von ihrer Selbstverschuldung und den Folgen derselben) zu befreien; so war das Ungemach, welches er in dieser Absicht übernahm, nicht

eigne

eigne Schuld und Strafe, sondern ein aus fremder Schuld und Sträflichkeit motivirtes Leiden. Da aber Gott selbst Jesum zu seinem Geschäfte berufen hatte, so fällt die Absicht Jesu mit der höchsten Weisheit in Eins und aus dem Winkel der höchsten Weisheit betrachtet, war die Aufopferung Jesu Pflicht und Gehorsam. Daher war das Leiden Jesu zum Besten der schuldigen und sträflichen Menschheit, in wie fern es auf Geheiß Gottes (aus Bewußtsein der Pflicht) übernommen wurde, göttliche Strafe; das heißt, Duldung eines Ungemachs um der Sträflichkeit der Menschen willen. (Denn wären die Menschen nicht böse und sträflich, so wäre die Aufopferung auch nicht nöthig gewesen.)

Auf solche Art that Jesus alles, was nach göttlichem und menschlichen Ermessen zu thun möglich und nöthig war. Daher war seine That eine vollkommene Genugthuung. 1) Er genügte dem Geheiß der höchsten Weisheit; denn er that, was er that, zum moralischen Endzweck (zur Heiligung und Beseligung der Menschen,) aber er leistete auch alles, was zu leisten möglich war; denn er gab selbst sein Leben unter den schmerzhaftesten Quaalen dahin. 2) Er genügte den Menschen; denn was kann der Mensch mehr erwarten, als das Jemand ihm seine Verschuldung und den Weg zu seiner Besserung zeigt; daß er um dieses zu thun, alles aufopfert; daß er in dieser Aufopferung Schmach und Marter übernimmt; daß selbst die Unwürdigkeit und

Sträflich-

Sträflichkeit des Menschen bei ihm ein Motiv ist, sich dem Leiden und Sterben zu unterwerfen, mithin an sich selbst die ganze Last des menschlichen Verderbens empfindet, um zur Aufhebung desselben zu wirken. (Denn auch die Zufügung der Leiden rührte vom Menschen her und war eine Folge des selbstverschuldeten Verderbens. — Der Ordnung der Gerechtigkeit nach mußten diese Folgen nicht Jesum treffen, denn er hatte sie nicht verschuldet; da sie ihn aber trafen, so waren es Strafen. (Das heißt, physische, aus fremder Schuld abfolgende Uebel,) die er übernahm; um der Sträflichkeit überhaupt abzuhelfen.) Sich aber der Sünde preis geben, um der Sünde abzuhelfen; heißt, sich nicht bloß für sündige Menschen aufopfern, sondern es auch unter den härtesten Bedingungen thun. Wie will man dies kraftvoller und faßlicher ausdrücken, als wenn es heißt: "Siehe das Lamm, welches der Welt Sünde trägt." (Joh. 1, 29. Ep. 12, 3. ff.)

Alles muß aber moralisch, mithin so verstanden werden, daß der Zweck der Weisheit dadurch erreicht werde. Der Zweck ist, die Menschen auf Selbstveredlung, also auf etwas, was nur veranlaßt, nicht in ihnen durch fremde Ursache hervorgebracht werden kann, zu führen. Daher ist die Stellvertretung hier auch nur moralisch zu verstehen und bedeutet ein Hinwirken auf die moralische Anlage der Menschen (auf Vernunft und

und Freiheit). Für die Sünden der Menschen leiden und sterben, kann daher nicht so viel heißen; als die Sünden mit ihren Folgen ohne Concurrenz der moralischen Anlage des Sünders aufheben; denn dies würde ja gerade dem Zwecke Jesu widersprechen; sondern, es kann nichts anders als so verstanden werden, daß die Vorstellung des hohen Grades der Verdienstlichkeit Jesu, indem er sich für sündige und sträfliche Menschen aufopferte, einen desto größern Eindruck machen und den Menschen desto stärker motiviren soll, sich zu bessern.

Der Tod an sich ist eine natürliche Begebenheit, und kann keine moralische Veränderung (z. B. Entschuldigung) bewirken. Es muß also das Intelligible als freie Ursache des Todes hier erwogen werden, und dies besteht in der Absicht, die durch ihn angedeutet wird. Soll diese bei andern erreicht werden, so muß sie vom Gemüthe aufgenommen und in diesem wiederum Kausalität durch Freiheit erlangen; das heißt: Die Vorstellung der durch den leidenden und sterbenden Jesus erklärten Absicht muß Bestimmungsgrund in den Menschen werden. Daher heißt es auch nicht bloß einfach: Jesus ist für die Sünde der Menschen gestorben; sondern nur für sie, wenn und weil sie an ihn als den Gekreuzigten glauben, mithin das Intellectuelle, was dadurch angeregt werden soll, in sich aufnehmen,

sich

sich zu eigen machen und den Zweck heiligen, um deſ-
ſentwillen ſich Jeſus aufopferte.

Die Strafen, welcher ein anderer verſchuldet hat,
durch einen Dritten, der ſie nicht verſchuldet hat, ſo
dulden laſſen, daß nun bloß die natürlichen Folgen der
intelligiblen Unthat aufgehoben ſind, iſt ein naturali-
ſtiſcher Begriff, welcher in ſeiner Konſequenz alle Moralität für nichtig erklären würde. Der Unſchuldige
kann ſich nur darum der Strafe, das iſt, den aus der
obwaltenden Unſittlichkeit abfließenden Widerwärtigkeiten und Uebeln unterziehen, um die Urſache aller
Sträflichkeit, das iſt, die böſe Denkungsart zu vernich-
ten. Dies iſt aber nur durch Anſpruch an die moraliſche Anlage, (an die durch Freiheit thätige Vernunft)
möglich. Was kann aber ſtärker an ſie ſprechen, als
ein Seelſorger, der da ſpricht: Siehe um deiner
Sünde und des aus ihr nothwendigen Uebels willen lebe
und lehre, leide und dulde ich, gehe ich durch Schmach
und Tod; auf daß du einſehen mögeſt, wie ſehr
mir deine Beſſerung, das edelſte und wünſchenswür-
digſte in deinen eignen Augen, am Herzen liege; und,
da ich aus Antrieb der Pflicht und nach dem Geheiße
der höchſten Weisheit thue, was ich thue; daß du einſehen mögeſt, wie der unveränderliche Wille Gottes
nichts als deine Heiligung und Beſeligung wolle.

Drum

Drum vernimm den Wink, den ich dir gebe; und laß mich nicht vergeblich für dich das große Opfer *) gebracht haben.

*) Ich bedaure, daß ich vor dem Ende dieser Arbeit nicht die Resultate vernehmen konnte, wohin den H. Pr. Stäublin seine Untersuchungen über den Tod Jesu führen werden. Was ich bis itzt gelesen habe, war nur vorbereitend und einleitend. Es hat aber schon meinen ungetheilten Beifall. Ich mache daher meine Leser auf die Fortsetzung dieser Abhandlung aufmerksam. S. Göttingische Bibliothek der neuesten theologischen Litteratur. Herausgegeben von 2c. Schleusner und 2c. Stäublin. Bei Vandenhoek und Ruprecht 1794 und folg.

Des zweiten Abschnitts

Ueber die geoffenbarten Verhältnisse Gottes zu den Menschen, durch Vater, Sohn und Geist.

(S. 2. B. S. 196).

Fünftes Kapitel.
Von dem heiligen Geiste.

A.
Erörterung der schriftlichen Aussprüche über den heiligen Geist.

Nach der grammatischen Auslegung der heiligen Schrift sind folgende Säße klar:

1. Es wird in der heiligen Schrift öfters des heiligen Geistes oder Geistes Gottes gedacht.

2. Es werden ihm Eigenschaften beigelegt, welche nur dem höchsten Wesen zukommen können; z. B. Erforschung aller Dinge, Kenntniß der göttlichen Rathschlüsse, der Zukunft u. s. w. 1 Cor. 2, 10 f. Joh. 16, 13.

A   3. Das

3. Das Verhältniß des heiligen Geistes zu den Menschen wird so vorgestellt, daß er die Heiligung der Menschen wolle und beförbere; daß er sie zur Wahrheit belebe und leite, ihnen Beistand und Hülfe leiste, wie z. B. den Bevollmächtigten Jesu zur Ausführung und Vollendung dessen, was Christus angefangen hatte und f. w.

4. Daher wird den Menschen Ehrfurcht und Folgsamkeit gegen den heiligen Geist geboten, und ein Vergehen gegen den heiligen Geist ist dem Vergehen gegen Gott gleich geachtet. Apost. Gesch. 5, 3 — 10.

Die Anerkennung dieses heiligen Geistes ist so wichtig, daß sie als Grundbedingung des christlichen Glaubens vorangeht, und niemand ein ächter Christ sein kann, ohne sich zugleich zur Verehrung des heiligen Geistes und zur Befolgung der von ihm an den Menschen gemachten Forderung zu verpflichten. Selbst die Einweihung zum Christenthume geschieht mit im Namen des heiligen Geistes. Matth. 28, 19.

5. Von diesem Geiste heißt es, daß er der Geist der Wahrheit sei, von Gott dem Vater ausgehe, daß ihn Jesus vom Vater in die Welt gesandt habe, und daß er von Jesu zeuge. Joh. 15, 26.

* * *

Auf diese wenigen, möglichst treu und allgemein gefaßten Säße konzentrirt sich alles, was die Schrift vom

vom heiligen Geiste vorträgt, und alle anderweitige (theoretische) Bestimmungen, welche sich die alten und neuern Kirchenlehrer erlaubt haben, haben weiter kein Ansehen und keine Gültigkeit, als in so fern sie entweder klare Expositionen der obigen Schriftaussagen sind, oder doch ungezwungen auf sie gegründet und behauptet werden können.

Die Freiheit nun, welche sich die ersten und nachfolgenden Kirchenlehrer genommen haben, über die simpeln, aber eben darum noch nicht so gleich ganz verständlichen Sätze der Apostel zu vernünfteln, muß auch uns zugestanden werden, und wir haben hierbei weiter nichts zu beobachten, als daß wir mit Bescheidenheit, Ehrlichkeit und Unbefangenheit zu Werke gehen; daß wir bei allen unsern versuchten oder gewagten Auslegungen keine andere Absicht haben, als den Zweck zu befördern, welcher in der heiligen Schrift klar und einleuchtend als der Zweck des heiligen Geistes angekündigt wird, nämlich, Heiligung des Herzens.

Zu diesem Behufe können wir mit Freimüthigkeit unter der Leitung theoretischer und praktischer Vernunftprincipien reflectiren, um durch die erstern die Grenzen unsers Wissens zu bestimmen, und durch die andern uns das schriftliche Geheimniß wenigstens moralisch verständlich zu machen.

B.
Reflexion nach Vernunftprincipien über den heiligen Geist.

Die Schriftgelehrsamkeit hat ihren Zweck erreicht, wenn sie uns die Gewähr leistet, daß die oben erwähnten Sätze den unverfälschten Vortrag der Apostel enthalten; indem Sprache und Sprachgebrauch keinen andern grammatischen Sinn zulassen.

Zu ihr gesellt sich nun die Ueberlegung und Betrachtung nach Principien der Vernunft, so wohl der theoretischen als praktischen Vernunft. Die theoretische Vernunft muß gehört werden, damit, wenn man gleich keine positive Ausbeute an Einsicht gewinnen kann, doch wenigstens nichts Widersprechendes herauskomme. Die praktische Vernunft muß dafür sorgen, daß die Resultate auf Moralität in Beziehung gebracht werden.

Ob nun gleich die Religion ihrer Endabsicht nach eigentlich Herzensangelegenheit ist, und daher diese immer zuerst in Betrachtung kommen sollte; so lehrt doch die Erfahrung und Geschichte, daß man von je her der Spekulation als Verstandesangelegenheit nicht allein fast immer zuoberst, sondern nicht selten ganz allein nachgegangen ist.

Die Anläße dazu boten sich auch hinlänglich dar. Man frug nach der Natur und dem Wesen des heiligen

gen Geistes, und stellte sich dadurch so gleich ein sehr schweres Problem auf. Nämlich: „Es wird, sagte man, von dem heiligen Geiste als von einer Person geredet; er wird vom Vater und Logos, welche gleichfalls als Personen aufgeführt werden, unterschieden. Nun werden allen dreien Eigenschaften beigelegt, die allein Gott zukommen können, und man kann nicht umhin, dem heiligen Geiste, wie dem Vater und dem Logos, die Göttlichkeit zuzuschreiben. Da kommen nun drei von einander verschiedene Personen heraus, denen, jeder für sich, ein Prädikat beigelegt wird, welches doch nur einem einigen Subjekte, dem höchsten Wesen, eigen sein kann."

Die theoretische Auslegung sieht sich also hier auf den Punkt getrieben, die absolute Einheit als eine Mehrheit, das ist, etwas Widersprechendes zu denken.

Nun erfordert es zwar die Billigkeit, daß man niemanden eine Ungereimtheit aufredet, gegen welche er sich ausdrücklich verwahren will, gesetzt, daß sie auch aus seinen Worten unabweislich erginge; allein dies entbindet uns doch nicht von der Ehrlichkeit und Strenge, mit welcher wir uns selbst über unsere Vernünftelei Rechenschaft zu geben haben.

Die Ausdrücke, Person, Dreieinigkeit, u. s. w. sind zwar nicht urkundlich; allein, die Veranlassung, sie zu gebrauchen, ist es doch. Wir müssen uns ihrer deshalb entweder ganz enthalten oder sie so bestimmen, daß jeder Ungereimtheit ausgewichen wird.

Der Begriff des Subjekts ist ein Verstandesbegriff, und der eines absoluten Subjekts eine Vernunftidee. Es kommt darauf, ob wir Befugniß genug haben, die Aussage der heiligen Schrift unter jenen Begriff oder unter jene Idee zu nehmen. Diese Befugniß ist aber weder in der Schrift hinlänglich gegeben, denn diese bestimmt hierüber nichts, noch findet sie in der Vernunft einigen Schutz; denn diese muß sie abweisen, eben weil sie sich dadurch in eine unvermeidliche Ungereimtheit verwickelt.

Es bleibt uns daher nichts weiter übrig, als uns innerhalb der Grenze einer uns möglichen Bestimmung zu halten, das ist, einer solchen, wo wir uns, so viel möglich, verständigen, ohne dabei in unverantwortliche Hypothesen oder sich einander fliehende Verknüpfungen der Begriffe zu fallen.

Diese Art des Benehmens besteht nun allein in der Symbolik, als einer Erkenntnißart, durch welche wir das Verhältniß Gottes zur Welt angeben, ohne uns dadurch in das Geheimnißvolle seiner Natur hinein wagen zu wollen.

* * *

Die heilige Schrift spricht von dem Geiste Gottes oder dem heiligen Geiste. Ohne uns nun zu vermessen, dürfen wir wenigstens so viel sagen, daß dadurch ein Verhältniß Gottes zur Welt angedeutet werde. Hierin müssen alle Lehrer, von den ersten Zeiten der Kirche an bis auf den heutigen Tag übereinstimmen; stimmen auch wirklich alle darin überein; denn die Trennung hebt erst von dem Punkte an, wo man dies Verhältniß näher bestimmen und es unter eine Kategorie oder Idee befassen will.

Wenn man nun zeigen kann, daß alle dergleichen Unternehmungen, sie mögen führen, worauf sie wollen, an sich selbst schon vermessen und widersprechend sind, folglich auf keinem Wege etwas lehrreiches heraus kommen kann, so ist aller Streit deshalb für immer abgewiesen.

Es kommt also darauf an, das Verhältniß theoretisch näher zu bestimmen und dies will man dadurch, daß man den Grund desselben unter die Kategorie des Subjekts nimmt. Nun sind aber Kategorien nichts anders als ursprünglich im Verstande bestimmte Arten etwas gegebenes zur Einheit zu verbinden, mithin als Denkformen nur mögliche Prädikate, welche dadurch erst ihre Anwendung und Realität bekommen, daß ihnen eine Materie gegeben wird. Für uns Menschen ist dies nur durch die Sinnlichkeit möglich, mithin bleiben jene Formen leer, wenn und in wie fern ihnen keine Materie durch die

Sinn-

Sinnlichkeit gegeben wird. Nun räumt ein jeder ein, daß der Geist Gottes nicht etwas in die Sinne fallendes ist, folglich muß er auch zugeben, daß keine Denkform auf ihn angewandt, das heißt, daß er dadurch nicht bestimmt gedacht werden kann. Wer das Gegentheil behaupten wollte, müßte daher die Möglichkeit zeigen, etwas Nichtgegebenes als Gegeben unter Verstandesbegriffe zu fassen.

Noch mehr fällt das Unstatthafte in die Augen, wenn man erwägt, daß es hier nicht bloß eine Verstandesform, sondern eine bis zum Unbedingten erhöhete Verstandesform, das ist, eine Vernunftidee ist, welcher man ein Objekt setzt. Eine Vernunftidee aber führt es schon in ihrem Begriffe mit sich, daß ihr Objekt alle für uns mögliche Erkenntniß übersteigt; mithin müssen wir uns schon eben dadurch, daß wir eine Vernunftidee (die des absoluten Subjekts) denken, bescheiden, daß ihr Gegenstand für uns nicht gegeben, mithin auch nicht bestimmt werden könne.

Endlich muß dies alle fernere Versuche niederschlagen, daß man eine Idee, welcher man Gott korrespondirend denkt, und absolute Einheit in sich faßt, abermals dem Grunde eines Verhältnisses zueignen will und sich dadurch in den lautesten Widerstreit mit sich selbst bringt. Denn Gott als ein absolutes Subjekt zu denken, sind

wir

wir allerdings befugt; (durch diesen Gedanken maaßen wir uns noch keine Einsicht in sein Wesen an sich an) aber die Gründe gewisser Verhältnisse Gottes wiederum als eben so viel absolute Subjekte in einem absoluten Subjekte zu denken, ist widersprechend.

Das also, was hier einleuchtet, ist das Mißverständniß der Theologen mit sich selbst, wenn sie es nur wagen wollen, etwas, das als Verhältniß wohl erkannt werden kann, seinem übersinnlichen Grunde nach theoretisch zu bestimmen. Sie befinden sich allemal in einer grundlosen Unternehmung. Sagen sie: der heilige Geist ist ein Subjekt; so fragen wir: woher wißt ihr das? woher nehmt ihr die Befugniß etwas Nichtgegebenes, folglich theoretisch an sich Unbestimmbares, unter eine Denkform zu nehmen, welche für uns nur durch Sinnlichkeit ihre Gegenstände erhält. Sagen sie: der heilige ist ein Prädikat; so fragen wir eben so; denn um das theoretisch bestimmen zu können, müßt ihr die Natur Gottes an sich kennen, und darthun können, daß und wie der heilige Geist ein Prädikat sei.

Was folgt hieraus? — Alle nähere Bestimmung, in so fern sie auf theoretische Erkenntniß ausgeht, ist vermessen und das, was den Grund des durch den heiligen Geist angedeuteten Verhältnisses in Gott ausmacht, kann von uns weder als Subjekt noch als Prädikat erkannt werden.

Das, was wir aber mit Gewißheit sagen können, ist dieses: daß unter Geist Gottes oder heiliger Geist ein Verhältniß Gottes zur Welt angedeutet werde. In diesem Gedanken ist nun zwar nichts Ueberschwengliches aber doch gerade so viel enthalten, als zur Religion erforderlich ist. Wie jenes Verhältniß in der Natur Gottes gegründet sei, wissen wir nicht; aber indem wir auf Einsicht in das Wesen Gottes Verzicht thun, können wir uns doch das gedachte Verhältniß verständigen, um unserm Gedanken Sinn und Leben zu geben.

Dies geschieht nun dadurch daß wir uns an der Analogie halten und die Identität des Verhältnisses darstellen. Den Grund dazu finden wir in uns selbst, in dem Verhältniß unsers Geistes zu den seiner Thätigkeit unterworfenen Gegenständen. Nach dieser Anweisung heißt es nun: wie sich unser Geist verhält, indem er lehrt, ermahnt, heiliget, tröstet; eben so verhält sich Gott in seiner Hinwirkung zur Beförderung derselben Zwecke in den Menschen.

Auf diese Analogie des göttlichen Geistes mit dem menschlichen Geiste verweist uns die heilige Schrift selbst auf eine ganz unzweideutige Art. 1 Cor. 2, 10 — 11. Sie konnte und mußte dies auch entweder ausdrücklich thun oder doch als etwas, das sich von selbst versteht, voraussetzen, weil uns sonst ihre Lehre nicht allein, ihrem Grunde in Gott nach, bloß unbegreiflich, sondern selbst, ih-

rer

rer moralischen Ansinnung nach, gänzlich unverständlich und sinnlos gewesen wäre.

Auf diesem Grunde können wir nun weiter bauen und durch moralische Reflexion das erreichen, was uns als Religionslehre zur Beherzigung gegeben wird.

* * *

Alles aber, was uns durch die Lehre vom heiligen Geiste gesagt wird, muß sich auf zwei Stücke zurückführen lassen. Es betrift nämlich entweder erstlich das, was wir zu thun haben oder zweitens das, was wir glauben dürfen.

I. Was uns in Hinsicht auf die Lehre vom heiligen Geiste zu thun geboten werde, ist jedermann klar und verständlich. Es wird uns nämlich dadurch das Gesetz der Heiligkeit, wie es sich in unserm Geiste, als Gesetz des inwendigen Menschen, offenbaret und ankündigt, zu Gemüthe geführt. Nach diesem ist Heiligung unsere Pflicht, mithin Lauterkeit und Unsträflichkeit in der Denkungsart und dem Verhalten das Ziel, nach welchem wir ohne Unterlaß zu streben angewiesen werden. Wer durch diesen redlichen Eifer für seine sittliche Vervollkommnung beseelt ist, und ihm mit beständiger Hinsicht auf das Gesetz treu bleibt, der ist ein Geistiger im vorzüglichern Sinne, und hat an dem ihm wirksamen Gesetze der Heiligkeit ein untrügliches Princip der Selbsterkennterkenntniß, der Beurtheilung und Unterscheidung des Bösen von Guten u. s. w. 1 Cor. 2, 13 f.

Dies ist das Erste, welches sich uns bei der Betrachtung der schriftlichen Lehre aufdringt; aber es muß auch zuerst beherzigt werden, weil es aller weitern Folgerung zum Grunde der Ableitung dient. Daß jeder Mensch das Gebot der Heiligung in sich habe; daß die sich hierauf gründende Idee der Heiligkeit es eigentlich sei, womit wir alle göttliche Anmuthungen zu vergleichen haben, um sie als göttliche zu erkennen; daß sie folglich die in unserm Subjekte einzige und unumgängliche Bedingung ist, unter welcher es uns allein verständlich werden kann und wird, was das heißen solle, wenn eine empirisch geoffenbarte Lehre uns sagt: daß Gott heilig sei, daß wir heilig werden sollen u. s. w. dies sind lauter einleuchtende und von keiner gesunden Vernunft bestrittene Sätze.

II. Die Ankündigung des Gesetzes der Heiligkeit, wie auch die Möglichkeit, sich solches zur Regel zu machen, und eine immer größere Angemessenheit der Denkungsart zu demselben in sich zu bewirken — dies ist Thatsache des menschlichen Bewußtseins, und kann von keinem in Zweifel gezogen werden. Aber eben dieses dient uns auch zur Anleitung und zur Grundlage, uns einen Begriff von dem Verhältnisse Gottes zur Welt zu machen, und die Idee einer ursprünglichen Heiligkeit zu bilden.

Nach

Nach dieser auf einer Analogie beruhenden, mithin symbolischen Erkenntniß Gottes führt uns die heilige Schrift auf folgende Glaubenssäße:

1. Gott ist die ursprüngliche Heiligkeit oder heiliger Geist.

2. Das Gebot der Heiligung geht von ihm aus, und sie ist nicht allein selbstauferlegte Pflicht, sondern auch der göttliche Wille an den Menschen. „Sein Wille ist unsre Heiligung." 1 Theff. 4, 3. Jedoch ergeht dieses Gebot nicht an uns, um einen despotischen Zwang zu gründen, sondern als sittliche Nöthigung, so daß unser Gehorsam aus Freiheit oder Selbstentschließung quille.

3. Gott will unsre Heiligung als das höchste Gut und die einzige Bedingung, unter welcher wir ihm wohlgefallen können und auf seine Güte vertrauen dürfen.

4. Das Gesetz der Heiligkeit ist die ewige Regel, nach welcher uns Gott richtet, und zwar eben so gerecht und unnachsichtlich, als das Gesetz selbst unbedingt und unverletzlich ist.

Es soll also hier keine Winkelei und Beschönigung gelten, sondern allein aufrichtiger Ernst, sich dem Gebote zu unterziehen und sein Herz zu reinigen.

Es ist daher sehr fern von der christlichen Moral, daß der Mensch bei seinen Unthaten Entschuldigung hinter

ter dem Anschein der ihm zu mächtigen Naturtriebe suchen dürfe, oder daß er sich mit dem Vorwande, nur sein empirisches Wohlsein gesucht zu haben, durchhelfen wolle. Am allerwenigsten sollen leere Andächtelei, Frohndienste im Lohnglauben, sinnliche Darbringungen im Schein der Freigebigkeit und auf Gunsterschleichungen gerichtet, etwas gelten. Nein! nur ein vor Gottes Gericht bewährter, der Herzensreinigkeit beflissener Geist hat die Verheißung, mit der ernstlichen Weisung: „irret euch nicht, Gott läßt sich nicht spotten."

Ich möchte wohl wissen, wie die Theorie, welche alle Pflichten immer nur durch ihre Beziehung auf zeitliches und ewiges Wohlsein empfehlen will, vor dem ernstlichen Gebote der Heiligung bestehen möchte, welches den Geist des Christenthums ausmacht und unabläßig auf Herzenslauterkeit dringt, gesetzt, daß auch die an sich unschuldigen Ansprüche der Sinnlichkeit dabei aufgeopfert werden müßten.

5. Gott wird als der Heiligende vorgestellt, und wir sollen glauben, daß er vermöge seiner Macht und seines Einflusses auf die Dinge der Welt, auf den Gang der Schicksale, vermöge seiner in der Schöpfung, Erhaltung und Leitung wirksamen Ideen der Weisheit das moralische Reich und die moralische Ordnung fördere; und dies so wohl in uns als außer uns.

* * *

Hier-

Hiermit stehen wir zugleich an den Tiefen heiliger Geheimnisse, welche zu ergründen der menschliche Verstand zu schwach und zu eingeschränkt ist; denn sie betreffen nicht mehr die evidente Forderung unserer Pflicht, sondern das, was Gott selbst zur Heiligung und Beseligung der Menschen thut und thun wird.

Alle Menschen sind durch das Gebot der Heiligkeit zur Beförderung derselben an sich und andern verpflichtet; dies ist evidente Offenbarung durch Schrift und Vernunft. Es muß daher auch möglich sein, daß dieser erhabne Zweck in der Welt erreicht werde. Als Bedingung der Möglichkeit desselben können wir nur allein Gott denken; es muß eine wirkende Ursache sein, welche aus ihrer Fülle einer solchen Absicht gewachsen ist, und dies ist allein der durch Heiligkeit bestimmte und aus ihrem Princip handelnde göttliche Wille. Gott ist es, welcher nach seiner unerforschlichen Weisheit die Welt im Großen und im Kleinen zu ihrem Zwecke führt und in dieser Hinsicht gibt, beides, das Wollen und das Vollbringen. Dies ist etwas, welches nur im Glauben ergriffen, nur gekannt, nicht eingesehen werden kann; aber es ist kein blinder und unthätiger Glaube, sondern ein auf die Verheißung des heiligen Gesetzes gegründeter, aus ihr hervorgehender Glaube, wodurch die Vernunft mit sich selbst übereinstimmt, welcher den der Pflicht geweihten Menschen belebt, stärkt und tröstet; mithin ein Glaube, welcher, indem er aus Wahrheit

heit und Pflichtbeobachtung quillt, auch wiederum in alle Wahrheit und Pflichtbeobachtung leitet; gegen welchen zwar theoretisch Schwierigkeiten gemacht werden können, die aber durch das praktische Gewicht völlig niedergeschlagen werden.

Aber, wie klar es ist, was wir durch die Idee der Heiligkeit zu wollen und thun verpflichtet sind, wie gegründet der Glaube ist, daß Gott nach seiner Weisheit zu diesem Zwecke hinwirke; eben so unerforschlich ist es doch für uns; wie Gott dieses thue; weil wir nicht ins Uebersinnliche hinüberschauen und die Art, wie Natur- und Sitten-Reich zusammen hängen, und die Regel, nach welcher Gott an sich handelt, ergründen können.

Je mehr wir hier nachdenken, desto unerforschlichere Probleme stellen sich uns auf. Der Mensch ist Geschöpf und seine Kräfte und die Art ihrer Wirksamkeit ist durch den Schöpfer bestimmt; wie kann nun eben dieses Wesen einmal geschaffen und zum Andern doch frei sein und durch Selbstbestimmung handeln? — Heiligung ist ein Werk der Freiheit und beruht auf der Annahme des Sittengesetzes zur obersten Maxime des Willens. Wie kommt dies Gesetz in den Menschen? Was ist der erste Grund der Annahme desselben in den Willen? Ist es der Mensch, wie ist er es; ist es Gott, wie dieser, ohne die Freiheit zu zerstören? — Schwach und ohnmächtig schwebt der Mensch im Weltall; von tausend zufällfälligen Dingen ist seine Existenz, seine Fortdauer, seine Bildung, sein Entschluß (zum Guten oder Bösen) abhängig; zur Heiligung berufen erkennt er seine Pflicht, aber im Eifer, sie zu erfüllen, fühlt er seine Ohnmacht; dennoch aber steht ihm sein Gebot und sein Ziel, und, indem er thut, was er kann, richtet ihn der Glaube auf, daß Gott durch seine Weisheit ergänzen werde, was dem Menschen an Selbstmacht abgeht; aber wie thut dies Gott? — Dies sind lauter Geheimnisse, welche sich unwillkührlich hervorthun; welche die Vernunft zwar denken kann und annehmen muß, aber nie ergründen wird.

Was kann aber und soll der Mensch hier anders als seine Pflicht vor Augen haben und im Uebrigen der Weisheit Gottes vertrauen. Suchen wir nur mit Ernst unsre Heiligung, so können wir auf dem Grunde dieses Bestrebens auch vertrauen, daß der Geist Gottes mit uns sein und seinen Zweck in uns fördern werde. Wie der heilige Geist dies thue, wissen wir nicht, wissen aber, daß wir es nicht wissen können; haben uns aber auch über unsre Unwissenheit nicht zu beklagen, da es völlig klar ist, was wir zu thun und zu glauben haben.

* * *

Dieser Glaube nun an den heiligen Geist ist das **Mittel der Einigkeit unsers Geistes mit sich selbst**, indem wir die vollständige Möglichkeit desjenigen denken, was wir zu erstreben Pflicht haben, aber nur

nur immer theilweise und durch Annäherung erreichen können; uns aber zugleich in demjenigen, was nicht in unsrer Gewalt ist, unter Umständen und Zufälligkeiten befinden, bei welchen bloß alsdann Beruhigung (eine durch keine überwiegende Zweifel gestörte Pflichtbeobachtung) statt findet, wenn wir sie unter der Leitung eines heiligen und gütigen Regierers denken.

Also: Die Vorstellung der Ableitung des Weltbesten aus einer ursprünglichen Heiligkeit und Güte (Weisheit) verbunden mit dem Bewußtsein, das wir unsre Pflicht thun, ist die vollständige Quelle der Zufriedenheit und Einigkeit unsrer Vernunft mit sich selbst, und zwar eine praktische, das ist, eine auf die Befestigung unsrer moralischen Denkungsart hinwirkende Einigkeit. — Aus eben dieser Vorstellung fließt auch der Trost, dessen wir bei dem Dunkel, worin unser Schicksal gehüllt ist und dem Widerspiele, welches der anscheinende Lauf der Dinge unsrer Einsicht und unsern Wünschen hält, so sehr bedürfen.

Ich finde daher die Vorstellung der heiligen Schrift, da sie den Geist Gottes oder den heiligen Geist als Quelle der heiligen Gesetzgebung, der Leitung in alle (Religions-) Wahrheit, als Beurtheiler und Richter unsers Verhaltens, als Tröster in aller Verlegenheit (der wir durch eigne Macht und Einsicht nie ganz entkommen können) aufstellt, so übereinstimmend mit der moralischen Natur des Menschen und so fruchtbar, daß ich nicht einsehe,

sehe, wie man über gewisse theoretische Grübeleien und Zwistigkeiten den gediegenen und klaren moralischen Sinn vergessen oder ihn doch so im Hintergrunde stellen konnte, daß er kaum noch sichtbar blieb.

* * *

Zusatz.

Der Ausschlag, welchen die Censur den dogmatischen Versuchen über den heiligen Geist geben muß, ist nach den obigen Aeußerungen schon von selbst zu berechnen. — Wir können in dieser Angelegenheit dem Dogmatismus, in sofern er auf theoretische Ausbeute, auf Einsicht und Erklärung ausgeht, nur sehr wenig einräumen; nämlich nichts mehr als dieses, daß durch den Geist Gottes ein moralisches Verhältniß Gottes zu den Menschen angedeutet wird. Die Möglichkeit eines solchen Verhältnisses einzusehen kann und darf nun weiter kein Gegenstand der Untersuchung sein; denn dies Unternehmen streitet gegen die einmal erkannte Unzulänglichkeit unsers Erkenntnißvermögens, das Wesen Gottes überhaupt zu ergründen.

Alles, was wir hier noch leisten können, betrifft nicht die Einsicht in den Grund des Verhältnisses, sondern allein die Mittel, uns dasselbe verständlich und lebendig zu machen. Dies geschieht nun durch Analogie. Aber auch hierin haben wir, wie ich schon oben bemerkte, te, die heilige Schrift zur Vorgängerin. S. 1 Cor. 2, 11 f. und andre Stellen mehr. — Wie der menschliche Geist des Menschen Inneres kenne, nur dieser sich ein wahrhaftes Zeugniß über seine Gesinnung geben könne, so sei auch der Geist Gottes allein Kenner göttlicher Rathschlüsse, und Zeuge der auf das Weltbeste gerichteten göttlichen Wirksamkeit. Wie es nur der sich seiner Freiheit und des heiligen Gesetzes bewußt seiende Geist des Menschen sei, welcher aus sich selbst zu seiner sittlichen Veredlung und zur Beförderung des moralischen Reichs wirkt, so auch der Geist Gottes; er wirke aus der Fülle seiner Heiligkeit und Güte zur Heiligung und Beseligung der vernünftigen Weltwesen und führe alles zu seiner Verherrlichung und zum Besten des Ganzen aus.

Diese Vergleichung bringt uns der Einsicht in das göttliche Wesen um nichts näher, aber sie belebt unsre Vorstellung von dem moralischen Verhältnisse, legt ihr ein identisches in unserm Bewußtsein gegebenes Verhältniß unter und gibt dadurch unsrer Vorstellung den für uns erforderlichen festen Punkt; gibt uns, mit einem Worte, das, wodurch unser Gedanke praktisch und für unser Verhalten entscheidend wird.

Aber Identität der Verhältnisse ist nicht Identität der Dinge, darum können wir die Eigenschaften unsers Geistes nicht auf den göttlichen Geist übertragen, sondern unser Geist ist weiter nichts als ein Symbol des Göttlichen.

Wenn

* * *

Wenn wir nach diesem Vorgange die dogmatischen Versuche censiren, so wollen wir uns darum nicht einsichtsvoller dünken als die Dogmatiker, denn wir bleiben in der Sache selbst immer so unwissend, wie sie; aber wir wollen bloß verhüten, daß die Spekulation nicht, indem sie dem Deismus zu entgehen sucht, anthropomorphistisch werde und sich in eigne Wiedersprüche verwickele, welche am Ende, was das Schädlichste ist, den praktischen Einfluß der Lehre erschweren.

Da finden wir nun, daß die Dogmatiker, so wohl ältere als neuere, die Vorstellung der heiligen Schrift unter den Begriff des Subjekts und zwar des absoluten Subjekts befassen und dem heiligen Geiste eine von Gott, dem Vater, verschiedene Persönlichkeit, Einsicht und Thätigkeit beilegen.

Es kommt freilich hierbei nicht so wohl auf den Ausdruck, als auf den Sinn an, welchen man damit verbindet; allein wenn man doch einmal zu einem Endschluß gelangen will, so müssen auch die Bedeutungen der Wörter bestimmt und fixirt werden, und da ist es doch klar, daß die Verbindung mehrer, von einander verschiedener, Persönlichkeiten zu einem Wesen, das nur als eine einige Persönlichkeit gedacht werden kann, ein Widerspruch ist, in welchen wir uns verwickeln und aus welchem wir uns nicht anders retten können, als wenn

wir

wir durch willkührliche Definitionen den Vortrag brehen und das Behauptete so gut wie zurücknehmen.

Wozu also dieses Herumtreiben in nie zubeendigenden Kreisen? —

Fragen wir; was wird dadurch gewonnen, daß wir die Aussprüche der heiligen Schrift in solche Formeln zwingen? so ist klar, daß dadurch nichts an Einsicht gewonnen wird; denn wer kann aus Verbindungen, die einander fliehen, Einsicht erwarten! Will man aber die Begriffe modeln und unter Persönlichkeit nicht die unbedingte Einheit des Subjekts verstehen, sondern, ich weiß nicht recht, was? so ist der Ausdruck übel angebracht und die Verwirrung noch größer.

So weit der theoretische Unfug. Mit dem praktischen ist es noch auffallender. Denn hier mag man sich drehen, wie man will, so muß man doch immer die Einheit des göttlichen Subjekts stehen lassen, wenn nicht alle Theologie verloren gehen und der Gedanke eines moralischen Oberhaupts alles Gewicht einbüßen soll. Denn in der moralischen Regierung der Welt können wir uns nur an einem einigen und selbstständigen Princip halten und unter Voraussetzung desselben an unsrer eignen Heiligung arbeiten, und auf die Harmonie aller Dinge zum Weltbesten vertrauen.

Es bleibt demnach nach genauer und ehrlicher Erwägung so wohl durch theoretische als praktische Gründe,

nichts

nichts weiter übrig, als die kunstlosen Aussprüche der heiligen Schrift, fern von aller schulmäßigen Vernünftelei (διδακτοις ἀνθρωπινης σοφιας λογοις 1 Cor. 2, 13.), allein nach dem moralischen Sinne (διδακτοις πνευματος ἁγιου) zu deuten und zu verstehen; mithin nicht ausmachen zu wollen, ob oder wie in dem einigen göttlichen Wesen drei Personen vorhanden sind; denn ein solches Problem stellt uns die Schrift gar nicht auf, sondern bloß zu beherzigen, daß der einige und wahre Gott uns Vater, Logos*) und heiliger Geist sei; folglich ihn nach Maaßgebung dieser drei verschiedenen Verhältnisse lieben, anbeten und gehorchen sollen.

Sechstes Capitel.
Summarische Betrachtungen und Resulate über die Lehre von der Dreieinigkeit.

Eine Lehre, in so fern sie Religionslehre, das ist, eine von der Verbindlichkeit unter dem Willen eines moralischen Gesetzgebers abgeleitete Sitten- und Glaubenslehre sein, folglich dem Geiste nach nur das enthalten soll, was allgemein verständlich und mittheilbar ist, muß

---

*) Anm. Ich wünschte, daß man eine ziemlich passende und allgemein beliebte Verdeutschung des Worts hätte. „Wort, Redner" wollen nicht recht gefallen. Sie drücken auch zu wenig aus. Ich würde es wagen, grade zu durch (ursprüngliche, selbständige) Vernunft oder Weisheit zu übersetzen, allein in dem erhabnern Sinne einer Idee, und als etwas, wozu die menschliche Vernunft und Weisheit nur ein Symbol oder Analogon liefert. Salvo meliori. —

muß auch irgend einen Punkt der Einigkeit und des Friedens aller Moralischgläubigen enthalten und diesen Punkt muß man erreichen können, gesetzt daß er auch noch nie erreicht wäre. — Nur muß zuförderst hierbei in allen Gläubigen ein guter Wille vorangehen und sie alle eine ungeheuchelte Liebe zur Wahrheit und Tugend beseelen. — Man muß bei der Untersuchung die Rechte und das Vermögen, aber auch die Schranken und das Unvermögen der Vernunft vor Augen haben; um ihr auf der einen Seite nichts zu vergeben und ungegründetes Mißtrauen in ihre Kräfte zu setzen, aber auch auf der andern Seite sich nicht zu vermessen und im Dünkel von Einsicht über die Grenzen des Erkenntnißvermögens hinwegzuschwärmen. Schätzt man das Vermögen der Vernunft richtig, so wird sich jede ungeweihte Hand vergebens an ihre Rechte vergreiffen.

Ich glaube, daß wir jenem Ziele der Uebereinstimmung, in Hinsicht auf die Lehre von der Dreieinigkeit, wenn nicht in allen, so doch in den wichtigsten und wesentlichsten Punkten sehr nahe sind.

Ich will die Gründe für meine Vermuthung und mit ihnen zugleich das endliche Resultat meines Nachdenkens unverhohlen vorlegen.

Wir können zuerst fragen: was und wie viel soll die Lehre vom Vater, Logos und heiligen Geist zur Erkentniß des höchsten Wesens beitragen?

Ich übergehe hier alles, was eigentliche Schriftgelehrsamkeit leisten soll, nämlich die Erörterung dieser Worte und Begriffe nach der Ursprache, dem Sprachgebrauch, der Kultur, den herrschenden Meinungen, Vorurtheilen, Sitten und dem Geiste der damaligen Zeiten. Denn hierüber sind so viele Aufschlüsse von ältern und neuern Schriftgelehrten gegeben, daß ich, wenigstens ich, die Aufklärungen dieser Männer nur dankbar bewundern und benutzen, selbst aber nichts hinzu thun kann. Nur was Erfolg einer reinen Reflexion hierüber sein kann und den Ausspruch einer sich nicht verkennenden aber auch nicht überhebenden Vernunftforschung betrifft, nur in diesem will ich auch meine Stimme geben.

Nach allen Versuchen, aus den Aeußerungen der heiligen Schrift über Gott als Vater, Logos und heiligen Geist, etwas herauszubringen, wodurch wir der Einsicht in das Wesen der Gottheit näher rücken möchten, zeigt sich am Ende, daß die Ausbeute nicht groß geworden ist.

Der Streit über die Vereinigung dreier an sich durch absolute Subjektivität oder Persönlichkeit verschiedener Substrate sinkt immer mehr in den Verdacht eines eitlen Wortspiels, bei welchem Vertheidiger und Widerleger verschiedene Begriffe zum Grunde legen und besonders die Erstern wohl selbst nicht recht wissen, was sie eigentlich sagen wollen. Die Sache steht nach allen Debatten immer auf demselben Punkt der Dunkelheit, und der Vertheidiger einer dreifachen Subjektivität sieht sich zuletzt

zuletzt immer selbst genöthigt, in den Schatten der Unbegreifflichkeit und hinter den Schirm eines unbegründeten Glaubens zurück zu treten, — eine Zuflucht, die ihm nur durch eigne Schuld Bedürfniß wird.

Was kann man also Besseres thun, als daß man gänzlich von diesem Kampfplatz abtritt; und dies mit besto größerer Befugniß, da man, indem man bei allem Wechsel der Streitpunkte und Grübeleien nichts einsah, doch endlich dies einsieht, daß und warum man nichts einsehen und begreiffen konnte. Man sieht aber darum nichts ein, weil alle Versuche, ins Innere des göttlichen Wesens zu bringen, an sich vermessen und vergeblich sind; denn unser Verstand ist nicht dazu eingerichtet, irgend ein Wesen an sich zu ergründen; er ist diskursiv, geht vom Allgemeinen zum Besondern, nicht anschauend, um vom Besondern zum Allgemeinen zu gehen. Alle Objekte für unsere Begriffe müssen uns anderswoher (aus der Anschauung) gegeben werden und weiterhin giebt es keine Objekte für uns. Nun geben wir ja zu, daß Gott von uns nicht angeschaut werden könne, folglich müssen wir auch einräumen, daß alle objektive (aus Einsicht in das Objekt geschöpfte) Erkenntniß von ihm unmöglich ist. „Er wohnt in einem Lichte, wohin Niemand kommen kann."

Und hiermit sollte nun ein Ende aller unfruchtbaren Grübelei sein, die keine Erkenntniß gibt, und als Glaube nur beschwert, weil er keine Befugniß für sich hat.

Dazu kommt noch, daß wir in der heiligen Schrift keine, weder directe noch indirecte, Aufforderung zu einer solchen Grübelei haben; sie enthält vielmehr wiederholte Abmahnungen von derselben. Sie spricht zwar von Gott, als dem Vater, dem Logos und dem heiligen Geist in grammatischer Persönlichkeit, bestimmt aber nirgends, ob dieses symbolisch oder schematisch verstanden werden soll. Es bleibt uns daher zwar frei, unsere Vernünftelei zu versuchen; wenn wir aber dabei auf Widersprüche gerathen, so ist dies Beweises genug, daß der betretene Weg nicht zum Ziele führe und der Sinn der heiligen Schrift ein anderer sein müsse, wir mögen ihn nun erreichen oder nicht.

Wenn nun gleich klar ist, daß wir keine objektive (durch Schematismus, directe Anschauung mögliche) Erkenntniß von Gott erlangen können, so bleibt uns doch noch auf einem andern Wege etwas zu hoffen übrig, nämlich durch Symbole, welches zwar nicht so glänzend ausfällt, aber doch, als das Einzigerreichbare immer schätzenswerth für uns bleibt und dies ist in dem Resultat enthalten: Daß durch Vater, Logos und Geist drei verschiedene Verhältnisse Gottes zu den Menschen vorgestellt werden.

Wie sehr man sich bei der Behauptung einer dreifachen unbedingten Subjektivität entzweiete, und ins Dunkle verlor, eben so sehr ist man hierüber einig und im Klaren. Denn es ist gewiß kein Schriftgelehrter und Dogmatimatiker, der dieses bestritten oder bezweifelt hätte. Man konnte es auch nicht, weil dieses, (daß dadurch drei verschiedene Verhältnisse angedeutet werden) die Bedingung war, unter welcher man allein erst auf fernere Versuche der Einsicht und Erklärung ausgehen konnte. Denn von einem Gegenstande, den wir noch nicht kennen aber kennen lernen wollen, ist das das Erste und Wenigste, was wir von ihm wissen müssen, daß er im Verhältniß auf unser Erkenntnißvermögen und auf die demselben gegebenen Objekte (auf die Menschen u. s. w.) stehe. Wer dies nicht einräumen wollte, würde sich widersprechen, wenn er nur überall etwas weiteres von dem Gegenstande sagen und bestimmen wollte.

Das Erste und Oberste, was wir also nur denken und annehmen können, ist dieses, daß Gott auf uns im Verhältnisse stehe, und wenn wir daher von Gott, als dem Vater, dem Logos und dem heiligen Geiste reden, so wollen wir zuförderst damit andeuten, daß Gott auf uns in einem dreifachen spezifisch verschiedenen Verhältnisse stehe, welche drei Verhältnisse eben so viele Arten einer Gattung (eines allgemeinen Verhältnisses) seien. Hierüber ist weiter kein Streit mehr möglich.

Hierbei ist aber zu bemerken, daß das Erkenntniß eines Verhältnisses doch zugleich eine positive Erkenntniß ist; denn es wird dadurch nicht gesagt, was von Gott nicht gedacht, sondern was von ihm bejahend gedacht werde. Ein Verhältniß, nämlich, ist etwas, das wir

auf

auf einer zweien Dingen gemeinschaftlichen Grenze erkennen und zwar dadurch, daß etwas dieſſeits der Grenze Gegebenes und Erkennbares eine Beſtimmung habe, welche als Wirkung einer jenſeits der Grenze gedachten Urſache iſt. — Iſt nun dieſe Beſtimmung ſo beſchaffen, daß ſie, mit der Wirkung einer uns bekannten Urſache verglichen, derſelben (Wirkung) ähnlich iſt, ſo verhält ſich die gedachte (aber nicht erkannte) Urſache zu ihrer unſrer Erkenntniß gegebenen Wirkung; wie ſich die uns bekannte Urſach zu ihrer uns gleichfalls bekannten Wirkung verhält. Zum Beiſpiel. Die ſich unſrer Reflexion darſtellende Zweckmäßigkeit und Ordnung der Natur iſt etwas, das einer Wirkung durch menſchliche Vernunft ähnlich iſt; hieraus folgt, daß ſich die Urſache der Ordnung und Zweckmäßigkeit der Natur verhalte, wie die menſchliche Vernunft zu den durch ſie möglichen Wirkungen. Die menſchliche Vernunft iſt ein Symbol der göttlichen Vernunft. Die menſchliche Vernunftwirkung ein Analogon der Weltordnung. Hier iſt Identität der Verhältniſſe, ohne darum ſchon Identität der ſich verhaltenden Dinge; denn das, wodurch Gott Urſache der Zweckmäßigkeit in der Natur iſt, kann an ſich etwas ganz anders ſein, als menſchliche Vernunft, iſt auch unſtreitig etwas weit Erhabneres, und gewiß den Einſchränkungen und Mängeln unſrer Vernunft nicht unterworfen.

Ich

Ich habe mich hierüber schon verschiedentlich und und ganz umständlich in Vorrede erklärt, und lenke nun wieder ein.

Daß durch jene Ausdrücke der heiligen Schrift Verhältnisse Gottes angedeutet werden, ist auſſer Zweifel; da es nun mehre Verhältniſſe sind, so kommt es darauf an, das, worin sie sich von einander unterscheiden, auszumitteln; denn die Verhältniſſe können mancherlei und spezifiſch verschieden sein, ohne daß dadurch die Einheit ihres Grundes angefochten wird.

Hiebei bemerke ich zuförderst, daß ungeachtet der spezifiſchen Verschiedenheit doch eine allgemeine Angrenzung der Verhältnißbegriffe statt finden, und einige Prädikate so gut von einem als dem andern gelten können. Auch ist es gar nicht die Absicht der heiligen Schrift, selbst alles in eine schulgerechte Präciſion und Diſtinction zu bringen. Daher wird zuweilen vom Vater gesagt, was auch vom Logos und heiligen Geiſt gilt, und so umgekehrt. Der Grund hiervon ist offenbar der, daß ſämmtliche Verhältniſſe in einem und demſelben Weſen gegründet sind, mithin Gott als das Principium aller gedacht wird.

Ohne uns nun anzumaaßen, alles auf bestimmte Grenzen und eine wiſſenschaftliche Eintheilung zurückzuführen, glaube ich doch, daß, wenn man beſonders auf die damaligen Zeiten, auf die Mängel und Vorurtheile in Religionsfachen zurück sieht, folgende Punkte auſſer allem Zweifel stehen:

Erſtlich wird Gott zu den Menschen in dem Verhältniſſe eines Vaters zu seinen Kindern, folglich durch das Prädikat der Liebe und des Wohlwollens gegen alle seine Geschöpfe vorgestellt. Mithin soll alle Furcht und knechtischer Sinn, welcher als Ueberbleibsel aus der Rohheit und Unmündigkeit des Alterthums unter Begünstigung und Obhalten der Prieſter und Despoten, die sich gegenseitig zu dem Schreckenssystem verbanden, vom Christenthum entfernt, und seinen Freunden die herzerhebende und tröſtende Lehre gegeben, sich in Gott den liebenden und wohlwollenden Vater zu denken, und ihm mit kindlichem Herzen zu vertrauen.

Zweitens wird Gott zu der Welt in dem Verhältniß einer Weisheit zu ihren Wirkungen vorgestellt. Denn alle in der heiligen Schrift selbst gegebene Erklärungen und Erörterungen über den Logos, treffen in der Idee einer ursprünglichen und selbſtſtändigen Weisheit zusammen, wovon die menschliche Weisheit nur Nachbild und Symbol iſt. Hierdurch wird unſer Reflexion über Gott, als den Schöpfer, Geſetzgeber und Regierer, die Idee der Weisheit zur Regel gegeben. Alles also, was da war, und iſt, und sein wird, und insbesondere der Ursprung, die Geſchichte und Leitung des Menschengeſchlechts soll von uns als aus der

Idee

Idee der Weisheit abgeflossen, gedacht werden. — Alles, was gemacht ist, ist durch diesen Logos gemacht, und ohne ihn ist nichts gemacht. — Diese Weisheit war im Anfang (ursprünglich); war bei Gott (einheimisch in seinem Wesen); Gott war die Weisheit (kein von Gott verschiedenes Subjekt, sondern ein und dasselbe mit ihm). — Kürzer, einfacher und deutlicher konnte sich die Schrift wohl nicht erklären.

Durch diese Idee der Weisheit ist Gott der Urgrund von Allem, folglich selbst von der Zeit und von allem, was sie enthält. Alle Veranstaltungen Gottes im Kleinen und Großen, im Einzelnen und Ganzen, sind Wirkungen jener schöpferischen Idee. So auch die Sendung Jesu auf Erden, als des Lichts der Welt, als des Stifters einer moralischen Religion, ist nichts, als ein Werk jener Weisheit, und, indem Jesus dem Zwecke derselben gemäß, lehrte und handelte, war er der Mittler, durch welchen jene Weisheit den Menschen erschien, Fleisch ward (in der Hülle der Menschheit auftrat) und unter Menschen wohnte. Daher wird die erkannte Angemessenheit des Verhaltens Jesu zu jener erhabenen Idee als das vollwichtigste Kreditiv seiner göttlichen Sendung und Auctorität angegeben. „Wir sahen seine Herrlichkeit, als die Herrlichkeit eines Eingebohrnen vom Vater, voll von Gnade und Wahrheit."

Diese eben erörterte Lehre vom Logos, ist zwar an sich schon herzerhebend und Ehrfurcht erweckend, allein

sie

sie hatte noch ein besonderes Zeitgewicht, wenn man bedenkt, wie verschieden, und zum Theil verworren man damals über den Ursprung und Gang aller Dinge dachte und vernünftelte. Ich erwähne hier nur der Grübelei über den blinden Fatalismus und das noch blindere Ohngefähr, über das böse Princip mit seinen Schaaren u. s. w. Wie sehr sticht dagegen der noch nie übertroffne Gedanke ab von einer selbstständigen Weisheit, als der Urquelle aller Dinge, als dem wirksamen Grunde aller Gesetzgebung, als dem thätigen und leitenden Princip aller Schicksaale u. s. w.

Man mag nun von dem Logos, als Religionsgeheimniß noch weiterhin urtheilen, was man will, so wird doch Niemand in Abrede sein, daß es besonders die Idee der Weisheit ist, auf welche unsere Aufmerksamkeit gerichtet wird; daß wir folglich Gott nicht allein als Ursache der Welt, sondern als eine durch Ideen und Zwecke der Weisheit wirksame Ursache denken sollen; — ein Zusatz und eine Berichtigung, wodurch allein wahre Ehrfurcht gegen Gott in den Menschen entstehen kann.

Das Eigenthümliche und Spezifische, welches nun durch die Idee vom Logos zu dem Begriffe von Gott überhaupt hinzukommt, ist die Verbindung der Heiligkeit mit der Liebe. Wir sollen uns Gott nicht allein als das Princip der Seligkeit, als den Wohlwollenden und Gütigen, sondern auch als Princip der Heiligkeit, mithin in dieser doppelten Qualität als

Urheber und Regierer der Welt denken; folglich sollen auch wir ihn nicht allein lieben, sondern auch verehren.

Wie nun Gott hiemit als die ursprüngliche Seligkeit und Heiligkeit, oder mit einem Worte, als die selbstständige Weisheit vorgestellt wird, so enthält unser Begriff von dem Endzwecke der Welt auch diese Bestimmung, daß wir ihn nicht in die Beseligung der Geschöpfe allein, auch nicht in die Heiligung allein, sondern in beide zugleich setzen sollen. — Ein Reich, in welchem die Beförderung dieser beiden Elemente des höchsten Guts Endzweck ist, ist ein Reich Gottes, oder das Himmelreich.

Da hier das Reich der Natur mit dem Reiche der Sitten, folglich die Verknüpfung der Dinge durch wirkende Ursache mit der Verknüpfung der Dinge durch Endursachen zusammenhängend gedacht wird, so führt uns dies auf ein Geheimniß, nämlich auf den Grund der Möglichkeit dieser Verbindung. Dieser kann nur in der göttlichen Weisheit, in einer uns unerforschlichen Regel derselben, liegen. Nur daß sie in der göttlichen Weisheit liege, dürfen wir gläubig annehmen; nicht, wie sie darin liege, und welche sie sei, kann von uns erkannt und eingesehen werden.

Es ist daher die Lehre vom Logos in dieser Hinsicht ein heiliges Geheimniß. Wer noch einen Augenblick

blick daran zweifeln wollte, darf nur erwägen, daß die beiden Principia (der wirkenden und der Endursachen) isolirt in uns liegen, und wir kein höheres, sie beide zur Einheit verknüpfendes Principium kennen; dennoch muß ein solches sein, weil wir zur Beförderung des Zwecks beider Reiche (der Natur und der Sitten) verpflichtet sind, und zwar so, daß der moralische Zweck die Bedingung des natürlichen, mithin dieser von jenem abhängig sei. Wozu wir aber unbedingt (folglich überall und immer, in Zeit und Ewigkeit) verpflichtet sind, das muß auch möglich sein; es ist aber in der Welt nur vollständig möglich, durch ein, beide Principia zur Einheit verbindendes höheres Princip; durch eine, nach einer uns unerforschlichen Regel (Einheit) wirkenden Weisheit.

Drittens wird Gott zu den Menschen im Verhältniß eines heiligen Geistes zu den durch ihn, als solchen, möglichen Wirkungen, mithin durch die Idee einer ursprünglichen Heiligkeit vorgestellt.

In der Lehre von Gott, als dem Vater, ersahen wir, daß wir uns in ihm den liebenden und gütigen Schöpfer und Erhalter zu denken hatten; in der Lehre von Gott, als dem Logos, kam der Begriff der Heiligkeit hinzu. Beides zusammen, machen die Idee der Weisheit. Nach dieser hatten wir ihn nun als weisen Schöpfer, Erhalter und Regierer zu denken.

Es

Es ist aber nicht genug, zu denken, daß Gott gütig und heilig sei, sondern auch zu bedenken, in welcher Ordnung beide Qualitäten zu einander verbunden seien, ob die Güte durch die Heiligkeit, oder diese durch jene bedingt sei; und da wird nun die Heiligkeit ausgehoben, sie als die oberste Bedingung aller übrigen Verhältnisse aufgestellt. Dies ist das Eigenthümliche und Spezifische des dritten Verhältnisses.

Hierauf gründet die Schrift folgende Lehren:

a. Gott ist die ursprüngliche Heiligkeit, und dadurch ein Gegenstand der höchsten Ehrfurcht oder Anbetung.

b. Er ist nicht bloß Gesetzgeber, sondern heiliger Gesetzgeber. Es ergehen von ihm an uns solche Gesetze, wozu wir die Idee in uns selbst haben, und da diese an sich selbst praktisch und verpflichtend sind, so fällt das Gebot der Offenbarung, als einer empirischen Ankündigung, mit dem Gesetze der Freiheit (als einer rationalen Ankündigung) zusammen, und die Gesetzgebung Gottes ist, insofern und weil sie eine heilige ist, eine Gesetzgebung für uns als freie, zum Sittenreiche gehörige Wesen. Denn als solche können wir uns wohl unter dem Oberhaupte, aber nur unter einem moralischen Oberhaupte für verbindlich halten, das heißt, die von ihm gege-

benen

benen Gesetze können keinen äussern Zwang, sondern nur innere Verpflichtung gründen, mithin wohl Gehorsam, aber nur einen durch Freiheit möglichen Gehorsam fordern. Beide Bedingungen erfüllen sie dadurch, daß sie h e i l i g e Gesetze sind.

c. Gott ist R i c h t e r der Menschen, und die Menschen sind ihm wegen ihres Thuns und Lassens v e r a n t w o r t l i c h. Sie haben folglich die Vollziehung des Urtheils, das der göttliche Richter in Uebereinstimmung mit ihrem eignen Gewissen über die Moralität ihrer Handlungen fällt, unausbleiblich zu erwarten.

Hierdurch ist nun vollkommen bestimmt, was der Mensch in Hinsicht auf das durch den heiligen Geist vorgestellte Verhältniß Gottes zur Welt zu t h u n habe; nämlich den Willen Gottes als einen h e i l i g e n anzuerkennen, folglich dessen Gebot als für sich verpflichtend und unverletzlich zu halten. Wir sollen uns bestreben, mit eben der Lauterkeit und Unsträflichkeit vor ihm zu wandeln, als wir es nur immer vor den Augen unsers eignen Geistes thun können, und dieses mit einem solchen Ernst, als ihn nur immer der Gedanke an einen allwissenden, untrüglichen und allmächtigen Richter rege machen kann.

d. Gott ist der H e i l i g e n d e, oder zur Heiligung der Menschen wirksame Geist.

Wir haben zwar das Gebot der Heiligung, welches zu aller Zeit mit Ernst und Ansehen zu uns spricht, so daß wir nicht allein ihm gehorchen, sondern mit dem Bewußtsein gehorchen sollen, daß nur, in wie fern unsere Angemessenheit zu demselben unser eigen Werk ist, wir Würdigkeit in den Augen desselben haben. Es ist daher eine durch Schrift und Vernunft gleich stark bewährte moralische Maxime, bei dem Bestreben nach Heiligkeit auf keine fremde Hülfe zu harren, sondern durch eignen Fleiß in guten Werken uns dem vorgesteckten Ziele zu nähern. — Aber eine andere Betrachtung hält uns auch zugleich im Gleise der Bescheidenheit; wenn wir nämlich erwägen, wie sehr wir in Rücksicht aufs Thun und Lassen von so vielen äussern und innern Umständen abhängig sind. Erforschen wir die Gründe unsrer Entschliessungen nicht dem Vernunftursprunge nach, denn da sind sie allemal als unmittelbare Wirkungen unsrer freien Willkühr zu betrachten, sondern dem Zeitursprunge nach, so erscheinen sie uns als veranlassende, regende und bestärkende Gründe öfters so zufällig (das ist, nach ihrem Zusammenhange mit dem moralischen Plan der Welt unerforschlich) daß es scheint, als hienge unser dermalige und zukünftige moralische Zustand von einem Ungefähr ab.

Wenn der Mensch schon auf dem Wege der Besserung ist, und ihn sein sittlicher Zustand durch die Liebe zur Tugend interessirt, so muß ihn jene Reflexion wegen

seines

seines Stehens und Fortschreitens in der moralischen Bildung ungemein afficiren. (Ich sage, wenn er schon auf dem Wege der Besserung ist; denn der für Moralität nicht erwärmte Mensch, hat auch keinen Sinn für jene Reflexion und ihre Resultate.)

Hier ist es nun, wo die durch sich selbst praktische Vernunft auch durch sich selbst gläubig wird, und auf den Grund ihres Gesetzes eine Zuversicht erbaut, die so fest ist, als klar und gewiß jenes Gesetz.

Nach der Anleitung des heiligen Gesetzes denken wir uns Gott als die ursprüngliche und thätige Heiligkeit, welche in der Welt zur Realisirung der abgeleiteten Heiligkeit hinwirkt; welche folglich alle Umstände und Schicksale, alles Innere und Aeussere der endlichen Vernunftwesen, ihrer Freiheit unbeschadet, so einrichtet, regt und leitet, daß die moralische Vervollkommnung derselben das immer bleibende und steigende Resultat davon ist.

Um dies zu können, muß der Geist Gottes alles erforschen, muß mit der Erkenntniß des Endzwecks der Welt die Kenntniß der Mittel verbinden; muß das Innere und Aeussere der vernünftigen Weltwesen ergründen, um alles, was auf sie einfließt, weislich zu regieren; muß den Antheil ihrer Freiheit an ihrem moralischen Zustand aufs genaueste würdigen, um ein gerechtes Urtheil und Gericht über sie zu halten; und indem er er dies alles thut, indem er nach der Regel der Weisheit zur Beförderung des Weltbesten, und besonders der moralischen Bildung mitwirkt, leitet er in alle Wahrheit, weckt und belebt er den Menschen zu seiner Heiligung. Indem ferner dieser Gedanke in dem Menschen die Lücke füllt, welche zwischen Können und Nichtkönnen statt findet, und ihm die Aussicht öffnet, wie sein guter Wille bei dem Anschein der Zufälligkeit, welcher sein Entstehen und Fortgehen im Guten unterworfen ist, unbesorgt sein darf, wenn er nur, so viel an ihm liegt, gut zu werden und zu bleiben bestrebt ist, so ist dieser heilige Geist ihm nicht bloß Lehrer, sondern auch Tröster, und das gegründete Vertrauen auf den für den Zweck seiner Heiligkeit wirksamen Gott ein lindernder und zugleich stärkender Balsam für den der Gottseligkeit geweihten Menschen.

Aber eben diese Erweiterung der symbolischen Erkenntnisse, welche die Vernunft unter der Leitung des heiligen Gesetzes zu machen befugt ist, und durch welche der Mensch an den heiligen Geist moralisch glaubt, (das ist, seinem Gesetze huldigt, und den Verheissungen desselben traut) führt uns zugleich an die Tiefen heiliger Geheimnisse. Wie wirkt Gott zur Heiligung seiner Geschöpfe, ohne ihre Freiheit zu zerstören? Welches ist die Regel der göttlichen Weisheit, nach welcher sie das Naturreich mit dem Sittenreiche vereint, und zu einem Zwecke dirigirt? (Einige haben dieses Problem durch

durch den blinden Fatalismus, andere durch einen unbedingten Rathschluß Gottes lösen wollen. Allein, 1) der Fatalismus gilt nur, wenn er überall etwas bedeuten soll, für die sinnliche Natur, und ist mit dem Gesetze der wirkenden Ursachen einerlei. Hier ist aber die Frage, wie die Natur, welche ausser ihrem Mechanismus auch noch als ein System von Zwecken betrachtet werden muß, in Zusammenstimmung mit dem Reiche moralischer Wesen gebracht werde? 2) Der unbedingte Rathschluß, wenn er vom Fatalismus unterschieden werden soll, muß sich auf Gerechtigkeit gründen, mithin muß er auf eine Regel der Weisheit bezogen werden, und wenn dies ist, so stehen wir mit ihm an demselben Geheimniß, denn eben die Regel der Weisheit kennen wir nicht). Die Frage kann überhaupt so gefaßt werden: Wie ist das Verhältniß Gottes, welches die heilige Schrift durch den Begriff vom heiligen Geiste vorstellt (und als solches von der Vernunft ebenfalls aufgenommen wird) in dem Wesen Gottes selbst gegründet?— Nur das Verhältniß können wir uns symbolisch verständlich machen, und die Begründung desselben in Gott, praktisch glauben, weiterhin ist alles für uns unerforschlich.

Anmerkungen zu der Lehre von der Dreieinigkeit.

A.

Hiemit hätten wir nun in der Lehre von der Dreinigkeit diejenigen Punkte berührt, über welche allgemeine Uebereinstimmung statt findet, zum wenigsten so bald statt finden kann, als man sich nur gegenseitig mit Offenheit erklärt.

Indem Jesus das Bekenntniß dieser Lehre an die Spitze seines Religionsglaubens stellt, so giebt er zugleich zu verstehen, daß sie wesentliche Stücke seines Lehrbegriffs, wo nicht gar die Hauptsumme desselben enthalten soll. Bei aller Verschiedenheit der Meinungen muß man doch dies einhellig zugestehen, daß wir, nach dem klaren Sinne dieser Worte, uns Gott als die ursprüngliche Seligkeit, Weisheit und Heiligkeit vorstellen sollen, und daß wir dazu das Symbol in der Vorstellung eines liebenden Vaters, in dem Begriffe eines durch Ideen der Weisheit wirkenden Wesens, und eines durch das Gesetz der Heiligkeit zur Heiligung thätigen Geistes haben. Ohne uns auf diese Symbole zu verweisen, würde jene Lehre für uns ganz unverständlich sein, aber, indem wir darauf verwiesen werden, gewinnen sie diejenige Deutlichkeit und Belebung, welche hinreicht, daß sie **praktisch** für uns werden können.

Nie-

43

Niemand kann auch, wenn er die prunklose Belehrung der heiligen Schrift aus diesem Gesichtspunkt
betrachtet, das Erhabne, und zugleich Gemeinfaßliche
derselben verkennen; und es scheint bloß einer vorwitzi-
gen, nur auf Theosophie erpichten, für die moralische
Bildung aber wenig besorgten, Grübelei möglich gewesen zu sein, die praktisch ganz verständlichen und kraft-
vollen Lehren zu verdunkeln, und sie dadurch auf der einen Seite ihrer Bestimmung zu entziehen, und auf der
Andern in Verachtung zu bringen.

Daß Gott der Urquell aller Seligkeit, Weisheit
und Heiligkeit sei, daß, und welche Lehren hiermit verknüpft, und den Christen zur Erbauung und zum Trost
gepredigt werden sollten, dies vergaß man, oder gieng
vor ihm als etwas Gewöhnlichem vorüber; lieber aber
überließ man sich einer dogmatischen Vernünftelei, suchte
die Ideen, welche nur einer symbolischen Darstellung
fähig sind, demonstrativ und metaphysisch zu behandeln,
und grübelte über Möglichkeit der Einheit dreier Subjekte in einem Subjekte, das heißt, über ein Problem,
welches sich in seinem Begriff eben so sehr widersprach,
als man es willkührlich geschaffen hatte.

Billigermaaßen sollten sich alle aufrichtige Verehrer einer moralischen Religion, wie die christliche ist,
gegen eine solche unfruchtbare Vernünftelei in der Art
setzen, daß sie ihr keine Aufmerksamkeit gönneten; aber
auch)

auch solche Vernünftelei gar wohl von den Aussprüchen der heiligen Schrift unterschieden, und dieser ihr Ansehn von dem Stehen oder Fallen solcher Spekulationen unabhängig machen.

B.

Wie nun aber das Moralische, welches in jenen Lehren liegt, gar wohl verständlich und klar ist, so ist auch nicht zu leugnen, daß wir, wenn wir die Gründe dieser Sätze weiter verfolgen, zuletzt auf Geheimnisse stoßen; aber diese betreffen nur die Art, wie jene an sich verschiedenen Verhältnisse Gottes zur Welt in der Einheit des göttlichen Wesens gegründet seien, und wie das, was wir nach denselben von Gott erwarten, von ihm gethan werde; sie betreffen also das Wesen und die Wirkungsart Gottes. Ich an meinem Theile begnüge mich mit einem durch hinreichende Gründe gesicherten Glauben an einen Gott, der sich uns durch das Symbol des Vaters, als den wohlwollenden Versorger, durch das Symbol des Logos als den weisen Schöpfer und Regierer, und durch das Symbol des heiligen Geistes, als den heiligen Gesetzgeber, Richter und Vollzieher seines heiligen Gesetzes angekündigt hat, und thue auf alle weitere Einsicht in diesen Punkten so lange Verzicht, bis es Gott gefallen wird, durch eine andere Einrichtung oder Erweiterung meines Erkenntnißvermögens die Scheidewand zu brechen, welche mir

der-

dermalen alle Versuche, in die Tiefen seiner Natur und seiner Rathschlüsse zu blicken, unmöglich macht.

Wundern sollte man sich aber doch auch nicht, daß wir im Nachforschen hinter der innern Beschaffenheit des göttlichen Wesens und seiner Wirkungsart auf Verborgenheiten gerathen, da in der That alles, was die Möglichkeit der Freiheit und des moralischen Reichs betrift, für uns Geheimniß ist. Denn von der Freiheit kennen wir weiter nichts, als ihr Gesetz, alles übrige liegt vor uns in einem undurchdringlichen Dunkel. (Freiheit, und alles, was sich auf ihr beruht, läßt sich nicht erklären; denn erklären heißt, für uns etwas auf theoretische Principia (unsers Erkenntnißvermögens) zurückführen; diese gelten aber nicht für das Reich der Sitten, sondern für das Reich der Natur, welche ein nach Gesetzen existirendes und zusammenhängendes Ganze ist, wozu unser Verstand die Form, mithin auch die Gründe, hier auf Erklärung und Einsicht auszugehen, enthält. Bloß diese Bemerkung müßte alle Vermessenheit durch theoretische Principien über praktische Probleme zu grübeln, abhalten und niederschlagen).

C.

Aber, möchte man fragen, könnten wir nicht auf solche Art auf Geheimnisse ins Unendliche verwiesen und unser zur Erkenntniß und Einsicht aufstrebende Geist unter den

Macht

Machtspruch des Glaubens gefangen werden? Ich sage: nein. Wir haben einen sichern Leitfaden, an welchem wir nur immer fortgehen dürfen, um weder vermessen in der Grübeley noch kleinmüthig in der Forschung zu werden.

Alle theoretische Erkenntniß hat, so lange und in der Form sie gleichartig bleibt, keine bestimmte Grenzen. Man kann nicht angeben, wie weit unsere Einsichten in der Mathematik und Naturwissenschaft nur erweitert werden können, vielmehr geht hier der Fortgang ins Unendliche. Wir können immer noch neue Erfindungen in der Mathematik, immer noch neue Entdeckungen in der Naturlehre machen. Unerklärbare Phänomene können durch fortgesetzte Erfahrung, Beobachtung, Versuche und Vereinigung derselben durch die Vernunft, erklärt und eingesehen werden; wir selbst auf noch verborgene Kräfte und Gesetze der Natur stoßen. Aber aller Fortgang muß sich im Gebiete des Gleichartigen halten; durch ihn auf die Berührungspunkte, wodurch der Uebergang vom Gleichartigen zum Ungleichartigen möglich würde, kommen wollen, ist eine vergebliche Hoffnung. Mathematik kann durch sich selbst nie auf nichtmathematische Kenntnisse (z. B. Metaphysik, Ethik) führen; Naturwissenschaft kann nie auf nichtnatürliche Kenntnisse (des Innern der Dinge, in so fern sie nicht Gegenstände der Erfahrung sind) leiten. Daher ist die Berufung auf übernatürliche Gründe bei natürlichen Gegenständen zugleich eine Verzicht auf alle Erklärung.

Eine

Eine jede Erkenntniß aber, welche, in so fern sie gleichartig bleibt, keine bestimmte Grenzen hat, hat demnach ihre Schranken, das ist, sie ist auf ihr Gebiet eingeschränkt, kann aus demselben nicht heraus; ist aber darum auch nicht alle mögliche Erkenntniß, sondern es kann noch andere Erkenntnisse geben, die mit ihr ungleichartig sind, und zu welchen nur sie, vermöge ihrer Eigenthümlichkeit nicht gelangen kann. So z. B. gelangt Mathematik nicht dahin, wo die Naturwissenschaft ihr Gebiet hat, und diese nicht dahin, wo die Ethik ihr Gebiet hat; sie sind sämmtlich durch spezifike Unterschiede getrennt, und können nicht durch Annäherung identifirt werden.

In jeder Erkenntnißart kann es auch Verborgenheiten geben, theils relative, welche man bisher noch nicht entdeckt hat; theils absolute, welche überall nicht entdeckt werden können. Letztere sind solche, von welchen man zeigen kann, daß unser Erkenntnißvermögen an sich dazu nicht eingerichtet sei, um sie zu ergründen. Und dies ist die Regel für alle Geheimnisse in diesem Gebiete; durch sie ist aber auch zugleich denen Maaß und Ziel gesetzt, welche die theoretische Vernunft mit dem Glauben an theoretische Geheimnisse beschweren wollen.

Auch alle praktische Erkenntniß hat, in wie fern sie gleichartig bleibt, keine Grenzen, sondern ihr Anbau und ihre Erweiterung geht ins Unendliche. Wie viel ist schon

schon z. B. für die Moral und für die Rechtslehre gethan, und wer will die Grenzen bestimmen, wo alles menschliche Bestreben weiter keinen Fortgang haben könne? dennoch aber hat auch diese Erkenntnißart ihre Schranken, und kann aus dem ihr eigenthümlichen Gebiete (Vorschriften, Regeln oder Gesetze für den Willen zu geben) nicht in ein frembartiges Gebiet ausgleiten, und z. B. Entdeckungen machen, vor welchen die theoretischen Erkenntnisse zurück blieben.

Aber auch eben diese praktischen Erkenntnisse beschliessen sich zuletzt in Ideen, durch welche wir auf Geheimnisse geführt werden, die nun eben darum, weil sie sich auf den Endzweck der durch sich selbst gesetzgebenden und handelnden Vernunft beziehen, heilige Geheimnisse sind.

Mit diesen haben wir es hier nur zu thun, und fragen, ob es auch nicht in diesem Punkte Principia für die Beurtheilung gebe, ob etwas als heiliges Geheimniß aufgenommen werden müsse oder nicht. Solche Principia giebt es nun allerdings, und sie sind in folgenden Sätzen enthalten:

Erstlich ist es nicht genug, von irgend einem Gegenstande zu behaupten, daß man ihn nicht kenne, sondern es muß auch gezeigt werden, warum von ihm keine Einsicht möglich sei. Es müssen daher auch allezeit die Gründe des Nichtwissens angegeben werden.

Zwei-

Zweitens ist die Vernunft nicht müßig dabei, wenn ihr etwas als Geheimniß zum Glauben aufgegeben wird, sie muß eben so wohl Gründe zum Glauben haben, als sie sie zum Wissen erfordert.

Drittens. In der Religion erscheint das Moralgesetz als göttliches Gebot, mithin der Endzweck desselben als Endzweck Gottes. Diesen Zweck zu befördern haben wie Pflicht und Gebot. Daß er also möglich sei, ist ein Postulat; gleich wie sich die Möglichkeit desselben bei uns durch die That beweist. Denn Niemand kann einwenden, daß es ihm unmöglich sei, das Moralgesetz zur obersten Maxime seines Willens zu machen, und sein Verhalten darnach einzurichten.

Da sich nun dieser Zweck nicht etwa als einen individuellen und subjektiven, sondern als einen allgemeinen und objektiven Zweck der Welt ankündigt, so eröffnet sich vor uns das Problem: wie ist dieser Zweck überhaupt und seiner ganzen Idee nach möglich? Nach ihm kann und soll das endliche Resultat des Daseyns, der Dauer und des Fortgangs der Welt kein anderes seyn, als die Realisirung jenes Endzwecks.

Bei diesem erhabenen Gedanken schwindelt gleichsam unser Geist und sein Gegenstand verliehrt sich vor ihm in einem heiligen Dunkel. Mit ihm stehen wir an der Grenze, wo unsere Einsicht aufhört und die Nothwendigkeit des Glaubens anhebt.

Alles drehr sich um die Frage: Wie ist der Endzweck der Welt außer dem, was wir zu thun verpflichtet und fähig sind, möglich?

Der Versuch, diese Frage in allen ihren Beziehungen zu beantworten, führt uns auch auf eben so viele heilige Geheimnisse.

Aus ihr ergibt sich nun auch die Regel: Es gibt nicht mehr und nicht weniger Geheimnisse des allgemeinen Religionsglaubens, als sich als solche durch das Sittengesetz ankündigen und moralisch verstehen lassen.

Das Sittengesetz kündigt aber weiter keine an, als solche, welche einzigmögliche Bedingungen der Realisirung des moralischen Endzwecks betreffen. Was sich mithin nicht als einzigmögliche oder nothwendige Bedingung der Bewirkung des höchsten Guts ankündigt, ist nicht heiliges Geheimniß und kann nicht als praktische Glaubenslehre aufgenommen werden.

In dieser Dignität kündigen sich auch alle Geheimnisse der christlichen Religion an und wollen auch nur aus diesem Gesichtspunkt verstanden seyn. Wie sich nun die menschliche Vernunft bescheidet, da nichts einsehen zu wollen, wo ihr Vermögen nicht hinreicht, folglich vom Unglauben fern ist, so ist sie durch obige Regel gegen jeden unbefugten Aufdrang lästiger und müßiger Glaubenssätze gesichert und badurch geschützt gegen den Aberglauben. Zwischen beiden in der Mitte liegt der durch

Grün-

Gründe geregte und zum Guten thätige (reine Vernunft-) Glauben.

Hierbei bemerkte ich noch, daß eine geoffenbarte Religionslehre außer den aus dem Endzweck des Moralgesetzes fließenden Geheimnissen noch andere haben kann, welche die Geschichte dieser Offenbarung (als einer empirischen Ankündigung) betreffen, z. B. die Geburt, Bildung, Thaten und Schicksaale eines unter göttlicher Autorität erscheinenden Religionsstifters. Da hier Thatsachen gegeben werden, so kommt es darauf, ob wir (mit vorangehender historischer Erprobung) in der Reflexion über dieselben, sie unter Kräfte und Gesetze der Natur subsumiren können oder nicht. Ist dies letztere, so hebt die Religion nach moralischen Principien an und die Facta müssen nach ihrer Beziehung auf den moralischen Endzweck erwogen werden und wenn sie diesem nur nicht wiedersprechen, so mögen wir immer der Einsicht nach zurückbleiben; es hindert uns doch nichts, sie (die Facta) auf eine uns unerforschliche Regel der göttlichen Weisheit beziehen und unsern historischen Glauben mit dem allgemeinen Religionsglauben in Einigkeit und Einheit zu bringen. Nur muß hierbei alles in uns frei und nach unverwerflichen so wohl theoretischen als praktischen Gründen zugehen.

D.

Man könnte noch fragen; warum die heilige Schrift den angehenden Christen gerade auf die drei Stücke des

Glau-

Glaubens, nämlich auf den Glauben an den Vater, Sohn und heil. Geist, verwiesen habe.

Ohne nun eben hinter dieser Einweihungsformel schulgerechte Systematik vermuthen zu wollen, können wir doch, in wie fern dadurch moralische Verhältnisse Gottes zur Welt angedeutet werden, dazu einigen Grund in der Vernunft selbst auffinden.

Alle moralische Verhältnisse Gottes lassen sich auf drei, diese aber nicht auf noch einfachere Principia zurückführen; weil jedes etwas Spezifisches enthält, das aus dem Andern nicht entwickelt werden kann.

Ordnen wir die moralischen Eigenschaften Gottes nach dem Range, welchen ihnen die Vernunft anweist, so steht die Heiligkeit oben an, ihr folgt die Güte, welche durch Heiligkeit bedingt ist, und in der Verbindung beider besteht die Weisheit. Diese Ordnung läßt sich nicht umkehren, so daß man etwa die Güte oben an setzen und ihr die Heiligkeit unterordnen könnte und die Weisheit alsdenn in einer durch Güte bedingten Heiligkeit bestünde. Auch läßt sich die Zahl nicht verringern, denn Güte und Heiligkeit sind spezifisch verschieden und die Verbindung beider zu einander ist ein drittes Spezifisches, welches in beiden, wenn sie isolirt gedacht werden, nicht enthalten ist.

Hieraus ergiebt sich, daß das allgemeine moralische Verhältnisse Gottes zur Welt nothwendig in drei spezifisch verschiedene Verhältnisse zerfällt, und in einer mora-

li-

lischen Religionslehre Gott durchaus in dieser dreifachen
Beziehung vorgestellt werden muß, wenn die Religion
selbst nicht Gefahr laufen soll, in einen schädlichen Anthropomorphismus und Frohnglauben auszuarten, wozu
die Menschen ohnehin schon so sehr geneigt sind. Denn
die Geschichte zeigt, daß selbst der Stifter des Christenthums, welcher auch in diesem Punkte die von aller groben Vermenschlichung gereinigten und den sittlichen Ideen
vollkommen angemessenen Symbole vortrug, doch leider!
nur zu sehr tauben Ohren geprediget hat.

Will man sich von der Richtigkeit der Zerlegung
des moralischen Verhältnisses in die drei Angegebenen
und von der Nothwendigkeit derselben zur Gründung einer reinmoralischen Religion noch mehr überzeugen; so
darf man nur erwägen, daß keines von allen dreien fehlen
darf, ohne daß zugleich der praktische Nachtheil sichtbar wird.

Die Vorstellung, daß Gott der Vater, mithin
als der Ursprünglichselige, der Quell aller abgeleiteten
Seligkeit sei; daß, diese den Menschen zu ertheilen,
Zweck der Schöpfung, mithin Gott als die Liebe, als
der Wohlwollende, der Seligmacher, zu betrachten sie,
ist an sich gegründet und herzerhebend: und die Ankündigung derselben war gewiß ein wahres Evangelium (eine
frohe Botschaft) für die damaligen Menschen, welche
leider! nur zusehr durch sklavische Vorstellungen und
Schreckbilder von einer despotischen Gottheit geängstiget

waren; allein nicht iene Vorstellung allein konnte schon eine moralische Religion gründen; denn sie würde den Menschen nur auf Gunstbewerbung richten und dieser die Religion für weiter nichts als ein Mittel zur Glückseligkeit ansehen, mithin würde dadurch nur ein eigentlicher Religionsdienst gegründet werden.

Um dies zu verhüten, oder vielmehr, da die Volksreligion fast weiter nichts als Lohnglaube war, zu verbessern, fügte die heilige Schrift die Vorstellung hinzu, daß Gott der Logos sei. Indem nun dadurch Gott als der ursprünglichweise vorgestellt wird, so wird dem Zwecke der Schöpfung außer der Beseligung der Weltwesen noch ein Anderer beigesellt, nämlich dieser, daß die Beseligung der Weltwesen von ihrer Würdigkeit abhängig sein soll. Gott ist daher nicht bloß wohlwollender sondern auch weiser Schöpfer und Erhalter, und der Endzweck der Welt nicht bloß Mittheilung seiner Güte, sondern Verherrlichung seines Wesens. Wann Gott als Vater ein Gegenstand der Liebe und der Dankbarkeit ist, so ist er als der Alleinweise ein Gegenstand der Achtung und Verehrung.

In dieser Würde betrachtet findet nicht bloß Gunstbewerbung und Absicht auf Wohlsein vor Gott statt, sondern der Mensch ist aufgerufen, sich auch einen persönlichen Werth in den Augen Gottes zu verschaffen. Es ist ihm daher nicht bloß wichtig, zu bedenken, daß Gott weise sei, sondern auch, welche Eigenschaft derselben als

die

die oberste beherzigt werden müsse. Er muß Gott als den heiligen Geist anerkennen. Nach diesem ist nun Gott die ursprüngliche Heiligkeit, Heiligung der oberste Zweck der Welt, Gott selbst schafft und wirkt zu diesem Zweck und die Idee desselben ist Gebot an den Menschen. Durch die Aushebung dieser Vorstellung und die Einsetzung der Idee der Heiligkeit zur obersten Gesetzgeberin unter der Autorität einer selbstständigen Heiligkeit wird die Religion reinsittlich.

Die Ordnung welche die heilige Schrift in der Darstellung der göttlichen Verhältnisse beliebt hat, ist pädeotisch; sie hebt von den Ansprüchen der Sinnlichkeit an, steigt von ihnen zu moralischen Ideen auf und endigt mit der heiligen Gesetzgebung für den freien Willen. Nach dieser pädeotischen Methode sollen wir uns Gott erstlich als den Vater, der uns liebt und wohl will, zweitens als den Logos, der außer dem Wohlsein auch moralische Zwecke beabsichtigt, drittens als heiligen Geist, der da heilig ist und das Gesetz der Heiligkeit zum obersten Gesetze freier Wesen ankündigt, lieben, ehren, und gehorchen. Wie er nun nicht tyrannisch ist und Furcht einflößen will, so will er auch nicht für unbedingt nachsichtlich und gleichgültig gegen unser Betragen, sondern allein für einen solchen Gott gehalten sein, welcher seine väterliche Fürsorge auf die Bedingung der uns möglichen Angemessenheit zu seinem heiligen Willen einschränkt

und

und alsdenn unsere Mängel nach einer uns unerforschlichen Regel seiner Weisheit ergänzt.

* * *

Aus diesem ist nun, wie ich glaube, hinlänglich klar, warum die heilige Schrift Gott in diesem dreifachen Verhältnisse vorgestellt hat; indem sich alle seine moralische Verhältnisse auf nicht weniger als diese drei zurückführen lassen, durch sie aber auch der ganze moralische Begriff von Gott erschöpft ist; denn alle andere Expositionen müssen sich aus diesen ableiten und verstehen lassen. Durch sie ist auch dem Aberglauben und schädlichen Anthropomorphismus zur Genüge vorgebeugt. Ich meine aber hier nicht bloß den theoretischen Aberglauben, welcher vielleicht auf eine gutmüthige Art, mit kleinlichen Verstellungen von Gott sein Spiel treibt, sondern vorzüglich den praktischen, welcher die moralische Denkungsart verkehrt und oft so gar unter dem Schein der Aufgeklärtheit seine Gebrechen zu decken sucht.

Wie endlich die moralischen Verhältnisse, Eigenschaften Gottes sich auf nicht weniger als die angeführten dreie (der Heiligkeit, Güte und Gerechtigkeit) zurückführen lassen, so können aus diesen wiederum alle andere moralische abgeleitet werden. Auf gleiche Art lassen sich alle andere moralische Geheimnisse aus denen ableiten, welche durch die Lehre der Dreieinigkeit angedeutet werden. So ist z. B. das Geheimniß der Berufung eine

Fol-

Folge der Lehre vom Vater, das der Versöhnung eine Folge der Lehre vom logos und das der Erwählung eine Folge der Lehre vom heiligen Geist. Es versteht sich aber von selbst, daß zur völligen praktischen Verständlichkeit derselben alle drei Verhältnisse mit einander korrespondirend und in einem einigenden Principium des Urwesens gegründet gedacht werden müssen.

Dritter Abschnitt.

Von der Schöpfung.

Bei der durchgängigen Zufälligkeit und Abhängigkeit alles dessen, was wir nach Erfahrungsprincipien denken und annehmen, sehen wir die Unmöglichkeit, bei diesem allein stehen zu bleiben und fühlen uns gedrungen, noch in dem Begriffe eines Wesens Befriedigung und Ruhe zu suchen, welches seiner Möglichkeit nach zwar nicht eingesehen aber doch auch nicht widerlegt werden kann.

Ein solcher Begriff ist nun der eines Urwesens; welches als Ursache der Welt, jedoch nicht etwa als oberstes Glied in der Reihe der Dinge, sondern als außer der Welt existirend gedacht wird. Ja wir gehen noch weiter und suchen die Kausalität dieses Wesens näher zu bestimmen, indem wir uns in der Reflexion über die Welt, als ihre Wirkung und durch die Angemessenheit derselben zu unsern teleologischen Principien, durch ihre Einheit und Ordnung, berechtigt finden, dem Urwesen in seinem Verhältnisse zur Weltordnung Kausalität durch Vernunft beizulegen, und so aus dem Deismus

(der

(der Transscendentaltheologie) zum Theismus (der teleologischen Bestimmung des Begriffs) überzugehen.

Von diesem Gott leiten wir den Ursprung aller Dinge ab und denken uns ihn nicht bloß als den Weltbaumeister (welcher bloß die Materie geformt hätte) sondern auch als den Weltschöpfer, (welcher auch die Ursache des Daseins der Substanzen ist).

* * *

Die Fragen, ob die Welt von Ewigkeit her sei oder irgend einmal angefangen habe zu sein, sind beide dialectisch und jede ihrer Beantwortung, es sei durch Ja oder Nein, würde offenbar transscendent sein. Denn setzen wir die Welt ewig, so ist sie für unsre Begriffe zu groß, setzen wir sie endlich, so ist sie zu klein, weil sich über jeden gesetzten Zeitpunkt noch ein höherer denken läßt.

Die Offenbarung läßt diese Frage auch unentschieden, indem sie nur lehrt, daß Gott die Welt im Anfang geschaffen, ohne zu bestimmen, ob dieser Anfang als Zeitanfang oder als Vernunfturfprung gedacht werden solle. Denn „im Anfang" heißt soviel als ursprünglich und bedeutet die Abstammung eines Dinges von ihrer ersten (mithin unbedingten) Ursache.

Es bleibt uns also gänzlich frei, auszumitteln wie dieser Ursprung der Welt von uns gedacht werden müsse.

Woll-

Wollten wir nun die Welt in der Zeit entstehen lassen, so mußte in der vorhergehenden Zeit noch etwas gedacht werden, wodurch sie entstanden wäre, mithin würden wir ihre erste Ursache selbst in die Zeit setzen, das heißt, wir würden sie den Bedingungen der Zeit unterwerfen, welches aber dem Begriffe von Gott, als etwas Unendlichem (durch keine Bedingung Eingeschränktem) widerspricht.

Auch bleibt uns dann noch die Frage übrig: Wenn die Welt in der Zeit entsprungen ist, woher ist denn die Zeit selbst entsprungen? Denn die Zeit als formale Bedingung der sinnlichen Existenz der Dinge (als der Materie) kann nicht als Ursache der Dinge, auch nicht etwa als eine für sich bestehende Leere gedacht, sondern muß auch auf etwas als den Grund ihrer Möglichkeit bezogen werden.

Aus diesem Labyrinthe kommen wir nicht anders heraus, als wenn wir die Zeit selbst für das nehmen, was sie ist, nämlich eine formale Bedingung, welche mit dem Materiellen auf eine, beyden gemeinschaftliche aber von beiden gänzlich verschiedenen Grund der Möglichkeit hinweist.

Fragen wir also nach dem Ursprung aller Dinge, so fragen wir nicht allein nach dem Ursprunge der Dinge in der Zeit (und dem Raume); sondern auch nach dem Ursprunge der Zeit (und des Raums) selbst. Hiermit sind wir aber mit der Beantwortung unsrer Frage aus der

Er-

Erfahrung und ihren Principien hinaus gewiesen, das heißt, wir dürfen den Grund der Wirklichkeit der Welt, weder in ihr suchen noch durch ihre Formen bedingt annehmen, sondern gänzlich außer ihr und von allen ihren Formen unabhängig denken.

Nach diesem ist nun der Begriff von der Weltschöpfung ein reiner Vernunftbegriff und es kann dadurch nur ein Vernunftursprung angedeutet werden. In diesem Begriffe ist nun die Rede nicht mehr von Geschehen, von Vorangehen und Nachfolgen, von gar keiner Begebenheit; denn dies alles ist nur in der Zeit möglich; die Rede ist bloß vom Dasein einer Wirkung (der Welt) aus einer von ihr gänzlich verschiedenen Ursache.

(Unser Begriff von Ursache und Wirkung hat zwar, wenn er Erkenntniß werden soll, für uns nur seine Objekte in der Sinnenwelt; aber er ist an sich doch, als bloße Form des Denkens, nicht auf diese Objekte allein eingeschränkt, sondern kann auch wohl noch auf andere Objekte angewandt werden, wenn uns solche nur gegeben würden. Da aber dies nicht geschieht, so kommt es darauf an, ob wir, ohne daß uns andere Objekte gegeben werden, dennoch Grund und Befugniß haben, sie als wirklich anzunehmen. Sollte dies sein, so können wir den Begriff (der Kausalität und andere Kategorien) auf solche im Gedanken gesetzte Objekte (Gedankendinge) anwenden und sie, so weit wir Grund dazu haben, be-

stim

stimmen. Ein solcher Gegenstand wird nun im Begriffe von Gott gedacht; und wir wenden den Begriff der Kausalität auf ihn an, wenn wir ihn als Ursache der Welt denken. Indem Wir aber den reinen Begriff auf ihn anwenden, so abstrahiren wir dabei von allen Bedingungen, die unsrer Erkenntniß gegebener Objekte anhaften, das ist, wir denken ihn als eine übersinnliche (intelligible) Ursache der Welt. Zu diesem Gedanken treibt uns unsre Vernunft durch ihr Bestreben zur unbedingten Einheit der Erkenntniß und berechtigt uns, die Welt, welche von uns nicht anders als Wirkung gedacht werden kann.

Der Begriff der Schöpfung stellt daher einen Actus in Gott vor, wodurch er Ursache der Welt, so wohl ihrer Form als Materie nach, ist. Wenn wir daher von einem Weltanfang reden, so bedeutet dies weiter nichts als die Abstammung der Welt von einer unbedingten Kausalität des Urwesens. Unbedingt heißt aber die Kausalität, weil der Actus derselben nicht den unsern Handlungen (als Erscheinungen) anhaftenden Einschränkungen durch Zeit und Raum unterworfen gedacht wird.

Daher ist die Schöpfung der Dinge auch eine Schöpfung der Substanzen oder der Dinge an sich. Mit dem Dasein dieser übersinnlichen Wesen sind auch die Bedingungen ihrer Handlungen als Erscheinungen gegeben, und die Sinnenwelt darf nicht als eine neue Schöpfung

fung betrachtet werden, sondern sie ist Folge des Daseins der intelligiblen Welt. Die Sinnenwelt ist nichts anders, als eine durch besondere Bedingungen bestimmte Art der Existenz und der Handlung der übersinnlichen Welt. So existirt, z. B., der Mensch als übersinnliches Wesen, und in diesem übersinnlichen Wesen ist alles das gegründet, was ihn zur Erscheinung macht. Daß nun der Mensch erscheine; daß er den Gesetzen der Sinnenwelt gemäß beharrt, handelt, in Wechselwirkung steht, dies alles ist Folge von Gründen, die im Uebersinnlichen liegen. Der Mensch ist sich daher selbst Bestimmungsgrund seiner Erscheinung und Gott nur in so fern, als er die Ursache seines intelligiblen Daseins ist.

Hieraus ergiebt sich, daß die Welt als von Gott geschaffen betrachtet, ihr dennoch aber weder Endlichkeit noch Unendlichkeit (der Zeit und dem Raume nach) zugeschrieben werden könne; weil diese Begriffe nicht auf den Actus der Schöpfung anwendbar sind, auch die Existenz der Dinge an sich nicht afficiren.

Aber, möchte man sagen, die Welt muß doch irgend einmal entstanden sein, wenn sie Wirkung Gottes ist. Ich antworte, eben weil sie Wirkung Gottes ist, so kann das Verhältniß dieser Ursache zu ihrer Wirkung durch kein Zeitverhältniß (als Einschränkung endlicher Wesen) afficirt sein und der Ursprung ist ein bloßer Vernunftursprung. Das Schwierige liegt hier bloß in der Eingeschränktheit unsers Erkenntnißvermögens; nur wir kön-

können uns das Kausalverhältniß nicht anders begreiflich machen, als wenn wir es durch die Zeit schematisiren, aber dies ist auch nur eine Bedingung **unsers Erkenntnißvermögens** und wir können aus ihr nicht schließen, daß auch die Kausalität Gottes an sie gebunden sey. Freilich fällt hiermit auch alle Erkenntniß der göttlichen Kausalität hinweg, aber mit ihr doch noch nicht aller **Gedanke** (als Vorstellung der reinen Kategorie) überhaupt.

Ueberhaupt ist das Verhältniß der Handlung zu **objektiven Vernunftgründen** kein Zeitverhältniß, denn hier geht das, was die Kausalität bestimmt, nicht der Zeit nach vorher, sondern die Gründe der Vernunft bestimmen **allgemein**, weil sie aus Principien, ohne Einfluß der Umstände des Orts und der Zeit, den Handlungen die Regel geben. Daher sind objektive Vernunftgründe nicht Ursachen in der Erscheinung, sondern bestimmende Ursachen als Dinge an sich ohne Zeitbedingung.

* * *

Nach diesen Principien kann auch folgende Schwierigkeit einigermaaßen gehoben werden.

Da wir uns als Geschöpfe Gottes betrachten müssen, so ist Gott zugleich als der Urheber der Naturdinge und Naturgesetze anzusehn. Nun kann ein Wesen, das als hervorgebracht angenommen wird, keinen andern in-

innern Grund seiner Handlung haben, als welchen der Schöpfer in dasselbe hinein gelegt hat, dadurch ist aber auch zugleich jede Handlung des Wesens bestimmt. Allein hiermit ist die Freiheit eben dieses Wesens nach unsern Begriffen gar nicht vereinbar. Nur ein Ausweg bleibt uns hier offen. Nämlich: die Schöpfung der Wesen ist eine Schöpfung derselben als Dinge an sich, folglich ihrem intelligiblen Dasein nach. Auf diese nun ist der Begriff der Kausalität, wie er in der Erscheinung statt findet, nicht anwendbar, mithin ist ihr Dasein, in so fern es intelligibel ist, kein Dasein nach Naturnothwendigkeit und ihre Kausalität keine Naturkausalität, sondern eine Kausalität aus Freiheit. Nur, daß sie keine Naturkausalität sei, können wir wissen, weil sie an sich nicht durch sinnliche Bedingungen eingeschränkt ist, wie sie aber an sich beschaffen sei, erkennen wir nicht weiter. Wir sagen aber, die Kausalität sei frei; wenn wir das Verhältniß des Intellectuellen (als der Ursache) zur Erscheinung (als der Wirkung) angeben. Nach diesem ist die transscendentale Freiheit das Vermögen, eine Begebenheit von selbst anzufangen und die praktische Freiheit das Vermögen, sich nach objektiven Vernunftgründen zu bestimmen. Wie nun eine Kausalität etwas von selbst anfangen oder sich durch reine Vernunftgründe bestimmen könne, ist nicht weiter einzusehen; aber doch Thatsache des Bewußtseins.

Wir können also nichts weiter sagen, als:

1. Daß die Wesen an sich, als solche, das heißt, als frei geschaffen sind; ob wir gleich den Begriff der Schöpfung mit dem der Freiheit nicht einigen können.

2. Daß Gott nicht Schöpfer der Sinnenwelt, als etwas für sich Existirenden, sondern nur in so fern ist, als die Gründe dazu im Uebersinnlichen, in den Wesen an sich, schon liegen. Die Sinnenwelt ist bloß eine Vorstellungsart der denkenden Wesen, mithin F o l g e aus schon vorhandenen Gründen.

Da es nun ungereimt wäre zu sagen, daß diese Folgen unmittelbar von Gott erschaffen wären; so können

3. auch die Handlungen der Menschen, als Erscheinungen, nicht als unmittelbar von Gott bestimmt, sondern als Wirkungen der Menschen, in so fern sie intelligible Kausalität haben, das ist, als W i r k u n g e n d e r F r e i h e i t betrachtet werden. Dabei ist aber klar, daß

4. die Freiheit, als Unabhängigkeit von der sinnlichen Naturnothwendigkeit, dennoch keine Gesetzlosigkeit sei, sondern die Wesen an sich sind, ihrem übersinnlichen Dasein und Character nach, auch allerdings an Gesetze und Bestimmungsgründe gebunden, nur sind diese nicht sinnliche Naturgesetze und mechanisch bestimmende, sondern allgemeine = und objektive Vernunft = Gründe. Das her kündigt sich

5. das Moralgesetz auch nicht als mechanisch-zwingend sondern als durch **innere Heiligkeit** nöthigend an. Hierdurch werden wir angewiesen, die Menschen schon als existirende freie Wesen anzunehmen, wenn die Bestimmung durch das Sittengesetz nicht aus einer Naturabhängigkeit, sondern aus einer nach Gesetzen der Freiheit möglichen Selbstthätigkeit hervorgehen soll.

* * *

Nach diesen Vorerinnerungen lassen sich die Dogmen in Ansehung der Schöpfung leicht beurtheilen.

Wenn es heißt: „Im Anfang schuf Gott Himmel und Erde" so wird die Welt ihrem Dasein nach von Gott als einer ersten und unbedingten Ursache abstammend betrachtet. In dem Actus der Schöpfung findet kein Zeitverhältniß statt, sondern diese sind ihren Gründen nach in den hervorgebrachten Wesen an sich enthalten und thun sich durch die, diesen Wesen anhängende, Bedingungen der Erkenntniß, als Vorstellungsart hervor.

Die Beschreibung der **Ausbildung** der Erde ist schon Geschichte, folglich etwas, in welchem Zeitverhältnisse, mithin auch Perioden von Revolutionen und Evolutionen statt finden. Als Geschichte aber ist dies Objekt unsrer Erkenntniß; die Naturgesetze finden ihre Anwendung und berechtigen uns, Kosmogenien und Geogenien zu versuchen; worin uns die mosaische Urkunde zum Vorgänger dient.

E 2   Vier-

Vierter Abschnitt.

Von der Vorsehung

Indem wir den Ursprung der Welt von Gott ableiten, gestehen wir zugleich ein, daß auch ihre Erhaltung und Regierung von ihm abhänge. Indem wir aber das Kausalverhältniß Gottes zur Welt näher zu bestimmen suchen, dienen uns die moralischen Ideen dazu, ihn nicht allein für der Urgrund der Welt, sondern auch für den weisen Urheber, mithin den Endzweck der höchsten Weisheit für den Endzweck der Welt und ihrer Regierung zu halten.

Der Glaube an einen heiligen, gütigen und gerechten Regierer mag wohl in der Reflexion über die Welt, in so fern sie Objekt der Erfahrung ist, einigen Anlaß erhalten, allein eigentlich entspringt er doch aus der Vernunft und ist gleichsam ein Machtspruch derselben aus moralischen Principien. Denn wenn wir die Erfahrung um der Bestätigung dieser moralischen Ideen und des auf denselben gegründeten Glaubens befragen; so liefert sie uns in einer Hinsicht eben so wohl Anstöße und Zweifel ge=

gegen denselben, als sie uns in anderer Hinsicht Befestigung und Ruhe gewähren soll.

Hieraus entspringt eine Verlegenheit, welche Einige für die Sache Gottes ausgeben und sie zu seiner Ehrenrettung ausführen wollen, Andere aber, und wohl weit richtiger, für eine Verlegenheit der Menschen halten, in welche sie sich durch eine anmaaßende und ihre Grenzen übersteigende Vernünftelei verwickeln; denn Gott an sich bedarf unsrer Verfechtung und Ehrenrettung wohl nicht. Da es aber doch den Menschen geziemt, sich über alle Lehre, die ihm Achtung auferlegt und von praktischer Wichtigkeit ist, vernünftige Gründe und Rechenschaft zu geben, so mag er sich auch wohl an diesen erhabnen Gegenstand wagen und ihn wenigstens so weit erörtern, als es zu einer ungeheuchelten Ruhe und aufrichtigen Achtung erforderlich ist.

Bei dem moralischen Bedürfniß auf der einen Seite, daß der Glaube an einen weisen Regierer gesichert sei, und den Angriffen auf der andern Seite, welchen er durch die Bestreiter unter dem Anschein des Zweckwidrigen in der Welt ausgesetzt ist, erhebt sich ein Rechtshandel zwischen dem Vertheidiger und Widerleger. Dieser sucht die Anstöße und Zweifel auf, welche gegen eine weise Regierung erhoben werden können; jener bemühet sich sie zu heben.

Es gilt also hier der Anklage der göttlichen Regierung auf der Einen und der Rechtfertigung derselben auf andern Seite. Da sich nun alle moralische Verhältnisse Gottes zur Welt auf drei zurückführen, so werden sich auch alle Einwürfe gegen die Weisheit desselben in **drei Klassen** bringen lassen.

Gott ist nämlich als moralisches Oberhaupt der Welt der **Heilige, Gütige** und **Gerechte**; und nach diesem werden alle Einwürfe gegen seine Weisheit gerichtet sein, entweder gegen seine Heiligkeit, oder gegen seine Güte oder endlich gegen seine Gerechtigkeit. Als Einwurf gegen die Heiligkeit Gottes führt der Gegner das **Böse** oder die **Sünde** auf; gegen die Güte das **Uebel** oder **Unglück**, und gegen die Gerechtigkeit das **Unrecht** oder Mißverhältniß zwischen Straflosigkeit und Verbrechen.

Da nun das höchste Gut (Sittlichkeit und Glückseligkeit) als der Endzweck der Welt und die Bewirkung desselben als Endzweck der göttlichen Regierung gedacht wird; so treten jene drei Stücke sämmtlich unter dem Titel des **Zweckwidrigen** auf. (Denn der Gegner sucht zu beweisen, daß sie sämmtlich wider den Endzweck der Welt, als Zweck der göttlichen Weisheit, streiten.)

Das Zweckwidrige ist nur nach Maaßgebung des Obigen ebenfalls von dreifacher Art. Entweder **schlechthinzweckwidrig**, was weder als Zweck noch als Mittel von einer göttlichen Weisheit gebilligt und begehrt werden kann; das Böse, die Sünde; oder **bedingtzweck-**

zweckwidrig, welches zwar nicht als Zweck, aber doch als Mittel mit der Weisheit eines Willens zusammen bestehen kann, das Uebel, die Schmerzen; oder die zweckwidrige Verbindung der Straflosigkeit mit dem Verbrechen, des Unglücks mit der Tugend, das Unrecht.

Die Widerlegung dieser dreifachen Zweckwidrigkeiten, als eben so vieler Anschuldigungen wider die göttliche Weisheit, kann nun auf dreifache Art geführt werden. Man sucht nämlich zu beweisen, erstlich, daß das, was von uns als zweckwidrig in der Welt beurtheilt wird, es in der That nicht sey; oder zweitens, daß, wenn es auch wäre, es doch nicht als That, sondern als unvermeidliche Folge aus der Natur der Dinge beurtheilt werden müsse; oder endlich drittens, daß es wenigstens nicht als That des höchsten Urhebers sondern bloß als That solcher Weltwesen, denen etwas zugerechnet werden kann (der Menschen oder auch höherer, guter und böser, geistiger Wesen) zu betrachten sey.

A. Vertheidigung der göttlichen Heiligkeit gegen das Böse in der Welt.

a. Es gibt gar kein Schlechthinzweckwidriges in der Welt, sondern die Uebertretung der reinen Gesetze der Vernunft (das Böse, die Sünde) ist nur Verstoß wider die menschliche Weisheit. Die göttliche Weisheit beurtheilt uns nach ganz andern (uns unbegreiflichen) Regeln; ihre Wege sind nicht unsere Wege (sunt superis sua jura) und wir irren gar sehr, wenn wir das, was nur relativ für Menschen in diesem Leben Gesetz ist, als absolutes Gesetz der Welt überhaupt annehmen, und das, was uns aus unserm niedern Standpunkt als zweckwidrig erscheint, auch für zweckwidrig, aus dem höchsten Standpunkt betrachtet, halten wollen. Es kann daher eben das, was wir durch die Beziehung auf unsre praktische Vernunft und deren Bestimmung mit Recht verwerflich finden, doch im Verhältniß auf göttliche Zwecke und die höchste Weisheit gerade das schicklichste Mittel sowohl für das besondere Wohl als das Weltbeste überhaupt seyn. —

Diese Vertheidigung, in welcher die Verantwortung ärger ist, als die Beschwerde, bedarf keiner Widerlegung und kann sicher der Verabscheuung jedes Menschen, der nur das mindeste Gefühl für Sittlichkeit hat, frei überlassen werden. Denn das Moralgesetz kündigt sich nicht als relativ und bedingt, sondern als absolut und kategorisch an, und wenn jene Vernünftelei gültig wäre, so würde sie zugleich der tödtliche Streich für alle Sittlichkeit und Religiosität seyn.

b. Die Wirklichkeit des Bösen in der Welt muß zwar eingeräumt werden; es war aber nicht möglich, es zu verhindern, weil es sich auf die Schranken der Natur der Menschen, als endlicher Wesen, gründet. —

Hier-

Hierdurch wird aber das Böse selbst gerechtfertigt, und da es den Menschen nicht als ihre Schuld zugerechnet werden kann, so mußte man aufhören, es das (moralisch.) Böse zu nennen.

c. Es ruht zwar das Böse als Schuld auf den Menschen, allein es kann doch Gott nicht beigemessen werden, weil er es als That der Menschen aus weisen Ursachen bloß zugelassen, keinesweges aber für sich gebilligt, gewollt oder veranstaltet hat. —

Allein erstlich ist der Begriff des Zulassens hier nicht wohl anwendbar, da Gott als ganz und alleiniger Urheber der Welt gedacht werden muß. Zweitens: da es Gott selbst unmöglich war, dieses Böse zu verhindern, ohne anderweitigen höhern und selbst moralischen Zwecken Abbruch zu thun, so muß der Grund dieses Zweckwidrigen, gleichfalls wie oben, unvermeidlich in dem Wesen der Dinge, nemlich in den nothwendigen Schranken der Menschheit, als endlicher Natur, gesucht, mithin das Zweckwidrige (Böse) selbst ihr nicht zugerechnet werden.

B. Vertheidigung der göttlichen Güte gegen die Uebel (und Schmerzen) in der Welt.

a. Es ist eine irrige Voraussetzung, wenn man annimmt, daß das Uebel in der Welt die Annehmlichkeiten des Lebens überwiege; denn ein jeder will doch lieber leben, als todt seyn, es mag ihm so schlimm gehen, als es will.

Dies bezeugen selbst die Selbstmörder, so lange sie ihren Tod verschieben, und wenn sie thöricht genug sind, ihn zu beschließen, so gehen sie dadurch nicht in den Zustand des Schmerzes, sondern der Nichtempfindung über. —

Dies ist aber auch nur eine leere Sophisterei, wogegen sich der gesunde Verstand und die Erfahrung empört; denn Niemand, der lange genug gelebt und über den Werth des Lebens nachgedacht hat, wird Lust bezeigen, das Spiel des Lebens noch einmal zu spielen, es sei auf dieselbe, oder auf jede andre beliebige Bedingung, nur nicht in einer Feen-, sondern in dieser unserer Erdenwelt.

b. Das Uebergewicht der Leiden über die Freuden des Lebens ist von der Natur eines thierischen Geschöpfs nicht zu trennen. —

Allein auch dieß ist mehr ein leidiger Trost, als eine gründliche Rechtfertigung; denn warum rief uns, kann man fragen, der Urheber in ein Leben, das nach einem richtigen Ueberschlage nicht wünschenswerth ist und seyn kann?

c. Gott hat uns zu einer künftigen Glückseligkeit (mithin doch aus Güte) in die Welt gesetzt, vor dieser muß aber ein trübsalvoller Zustand vorhergehen, weil wir eben durch den Kampf mit Widerwärtigkeiten einer künftigen Herrlichkeit würdig werden sollen. —

Es ist aber nicht zu erweisen, das diese Prüfungszeit, in welcher die Meisten unterliegen, und auch die Besten

Besten ihres Lebens nicht froh werden, durchaus die Bedingung sey, unter welcher die höchste Weisheit uns der zukünftigen Freuden allein theilhaftig machen wolle, und daß es nicht thunlich sey, das Geschöpf in jeder Epoche seines Lebens zufrieden werden zu lassen. Ueberdieß ist dieß eine Berufung auf die höchste Weisheit, keine Auflösung des Problems aus Einsicht in die Sache.

C. Vertheidigung der göttlichen Gerechtigkeit gegen das Unrecht in der Welt.

a. Das Vorgeben der Straflosigkeit der Lasterhaften in der Welt hat keinen Grund; denn jedes Verbrechen führt, seiner Natur gemäß, schon die hier ihm angemessene Strafe bey sich, indem die innern Vorwürfe des Gewissens den Lasterhaften ärger noch als Furien plagen. —

Allein in diesem Urtheile liegt offenbar ein Mißverstand. Denn der tugendhafte Mann leiht hierbei dem Lasterhaften seinen Gemüthscharacter, nemlich die Gewissenhaftigkeit, in ihrer ganzen Strenge. Diese freilich, je strenger sie ist, desto härter bestraft sie auch die geringste Uebereilung, welche von dem sittlichen Gesetze gemißbilligt wird. Aber wo diese Denkungsart und mit ihr die Gewissenhaftigkeit fehlt, da fehlt auch der Peiniger für vergangene Verbrechen, und der Lasterhafte, wenn er nur der äußern Züchtigung entschlüpfen kann, lacht

lacht über die Aengstlichkeit der Redlichen, die sich mit eigenen Verweisen innerlich plagen. Die kleinen Vorwürfe aber, welche er sich zuweilen macht, macht er sich entweder nicht durchs Gewissen, (oft nur, weil er sich nicht klug genug benommen hat) oder, hat er davon noch etwas in sich, so werden sie ihm durch das Sinnenvergnügen, woran er allein Geschmack findet, reichlich überwogen und vergütet.

b. Es mag sich wohl kein der Gerechtigkeit angemessenes Verhältniß zwischen Schuld und Strafen in der Welt finden, allein dies liegt in der Natur, und ist nicht absichtlich veranstaltete, folglich nicht moralische Mißhelligkeit. Zudem ist es auch eine Eigenschaft der Tugend, mit den Widerwärtigkeiten des Lebens zu ringen und selbst den Schmerz, welcher aus der Vergleichung des eigenen Unglücks mit dem Glücke des Lasterhaften entspringt, zu überwinden; mithin dienen selbst die Leiden dazu, den Werth der Tugend zu erhöhen und so läßt sich die Dissonanz der unverschuldeten Uebel des Lebens vor der Vernunft doch in den herrlichsten sittlichen Wohllaut auf. ―

Allein diese moralische Uebereinstimmung würde sich nur begreifen lassen, wenn die Uebel als der Wetzstein der Tugend vor ihr vorhergingen oder sie begleiteten und dann wenigstens das Ende des Lebens doch noch die Tugend krönete und das Laster bestrafte. Fällt aber auch selbst dies Ende, wie die Erfahrung oft zeigt, widersinnig

nig aus, so scheinen die Leiden nicht dem Tugendhaften zugefallen zu seyn, damit seine Tugend rein seyn sollte, sondern weil sie es war, und sie gegen die Regeln der Klugheit (der Selbstliebe) verstieß; und dies ist gerade das Gegentheil von der Gerechtigkeit, wie sich der Mensch den Begriff von ihr machen kann. Die Möglichkeit aber, daß das Ende dieses Lebens doch vielleicht nicht das Ende alles Lebens sey, ist keine Rechtfertigung oder einsichtsvolle Vertheidigung der Vorsehung, sondern ein bloßer Machtspruch der moralischgläubigen Vernunft, welcher den Zweifler zur Geduld verweist, aber nicht befriedigt.

c. Alles Wohl oder Uebel in dieser Welt muß bloß als Erfolg des Gebrauchs angesehen werden, welchen der Mensch von seinem Vermögen nach den Gesetzen der Natur macht. Dieser Erfolg ist denn ihrer angewandten Geschicklichkeit und Klugheit, zugleich auch den Umständen, worin sie zufälliger Weise gerathen, proportionirt; er kann aber nicht nach der Zusammenstimmung derselben zu übersinnlichen Zwecken beurtheilt werden; denn in einer zukünftigen Welt wird sich eine andere Ordnung der Dinge hervorthun, und einem jeden zu Theil werden, wessen seine Thaten hienieden nach moralischer Beurtheilung werth sind.

Aber diese Voraussetzung ist auch willkührlich. Denn was hat die Vernunft für ihre theoretische Vermuthung anders zum Leitfaden, als das Naturgesetz? Und
wie

wie kann sie vermuthen, daß, da der Lauf der Dinge nach der Ordnung der Natur hier auch für sich selbst weise ist, er nach eben demselben Gesetze in einer künftigen Welt unweise sein würde? Muß nicht vielmehr die Vernunft, wenn sie nicht als moralischgesetzgebendes Vermögen, diesem ihrem moralischen Interesse gemäß, einen Machtspruch thut, nach bloßen Regeln des theoretischen Erkenntnisses wahrscheinlich finden, daß der Lauf der Welt nach der Ordnung der Natur, so wie hier, also auch fernerhin, unsere Schicksale bestimmen werden? Da nun, nach der uns bekannten Ordnung, zwischen den innern Bestimmungsgründen des Willens (der moralischen Denkungsart) nach **Gesetzen der Freiheit** und zwischen den, größtentheils äußern von unserm Willen unabhängigen, Ursachen des Wohlergehens **nach Naturgesetzen** gar kein **begreifliches Verhältniß** ist, so bleibt die Vermuthung, daß die Uebereinstimmung des Schicksals der Menschen mit einer göttlichen Gerechtigkeit nach den Begriffen, die wir uns von ihr machen, so wenig dort wie hier zu erwarten sey.

* * *

Nach dieser nicht einseitigen sondern gegenseitigen Abhörung des Räsonnements so wohl des Vertheidigers als Anklägers der göttlichen Weisheit vor der Vernunft, (als der von beiden anerkannten Instanz) ergiebt sich, daß beide Theile das nicht leisten, was sie wollen. Denn die

die moralische Weisheit in der Weltregierung wird dadurch weder gerechtfertigt, noch auch reichen die Zweifel hin, um sie für schuldig zu erkennen.

Das Erste aber, wovon beide Partheien ausgiengen war dieses, daß sie den Rechtshandel vor der theoretischen Vernunft anhängig machten, und da sie hier nichts ausrichteten, so muß uns billig die Frage aufstoßen, ob auch überall diese Angelegenheit vor die menschliche (theoretische) Vernunft gehöre. Um dies einzusehen, müssen wir untersuchen, ob unsre Vernunft auch solcher Principien mächtig ist, als dazu erfordert werden, um das Problem einsichtsvoll zu lösen. Dies könnte uns doch vielleicht dahin bringen, daß wir unsre nothwendigen Schranken anerkennten und uns von Anmaaßungen enthielten, die auf Dinge gerichtet sind, welche, wir mögen es anfangen, wie wir wollen, uns immer zu hoch und unerreichbar bleiben. Unsere ganze Weisheit würde dann eine negative, eine sich alles theoretischen Urtheils in dieser Angelegenheit bescheidenden, Weisheit werden.

Die Aufstellung des Problems selbst kann uns dahinführen.

Wir haben, nämlich, einen doppelten Begriff von der Weisheit. Der Eine wird durch Reflexion über die Natur nach dem Princip der Zweckmäßigkeit gebildet und erhält seine objektive Realität durch die Uebereinstimmung der Naturproducte zu demselben. Die organischen Wesen

in

in der Natur, in welchen sich die Theile wechselseitig wie Zweck und Mittel verhalten; die überall sichtbare Ordnung und Regelmäßigkeit im Großen und Kleinen nöthigt uns, die Natur als ein zweckmäßiges Ganze zu betrachten und in wie fern wir Gott als Ursache dazu denken; ihn als durch Begriffe von Zwecken wirksam zu denken, mithin ihm in diesem Verhältniß eine Weisheit beizulegen, welche nach der Analogie eine Kunstweisheit genannt werden muß.

Außer dem Begriffe der technischen Weisheit bildet sich in uns auch noch eine andere Idee und zwar gänzlich durch reine Vernunft, (a priori). Den Grund zu derselben giebt das sich in unserm reinem Bewußtseyn offenbarende Moralgesetz, als reine und ursprüngliche Form der Vernunft, welche bloß durch ihre Allgemeinheit wirkt und wodurch die Vernunft rein und ursprünglich handelnd ist. Dies Gesetz will um sein selbstwillen beobachtet sein und schreibt uns daher einen Zweck vor, welcher Endzweck ist, und dem alle andere Zwecke (der Natur) untergeordnet sind. Die Subjekte selbst, in wie fern sie sich die Beobachtung des reinen Vernunftgebots zum Endzwecke machen sollen und können, sind Endzwecke der Welt und in dieser Dignität Wesen an sich, übersinnliche Substanzen. Da wir nun Gott als die Ursache der übersinnlichen Welt denken, so ist ihr Zweck auch der seinige. Nun ist die Kenntniß des Endzwecks der Welt (als des höchsten Guts) und die Angemessenheit des

Wil-

Willens zu demselben, um ihn zu befördern, moralische Weisheit; wir müssen also auch Gott in seinem Verhältnisse zur Welt moralische Weisheit beilegen.

Beide Arten der Weisheit, sowohl die technische als moralische Weisheit müssen zu einander zusammenstimmend gedacht werden, denn die Natur wird dem Sittenreiche nur subordinirt, nicht etwa die Eine von dem Andern isolirt, und also etwa außer aller Verbindung gedacht. Hier entsteht nun die Frage: welches ist das Princip der Einheit des Naturreichs mit dem Sittenreiche, mithin der Kunstweisheit mit der moralischen Weisheit?

Diese Frage ist aber für uns unbeantwortlich, denn unsre Vernunft hat zwar einen Begriff von der technischen und moralischen Weisheit, aber keinen Begriff von Einheit der Zusammenstimmung beider. Wüßten wir die Regeln jener Einheit, so könnten wir aus ihnen auch abnehmen, in welchem Verhältnisse eine moralische Denkungsart (als Kausalität aus Freiheit) zum Wohl oder Uebel (als Erfolg nach der Naturkausalität) stünde.: Wir würden einsehen, wie ein Subjekt Geschöpf seyn und als Naturwesen bloß dem Willen seines Urhebers folgen und dennoch auch freihandelndes Wesen seyn, einen vom äußern Einfluß unabhängigen und demselben sogar vielfältig zuwider handelnden Willen haben, mithin der Zurechnung fähig seyn könne, wie eine That als seine eigene That und doch auch zugleich als Wirkung eines hö-

F herrn

hern Wesens anzusehen sey. — Wir müssen uns nun zwar die Vereinbarung jeher Begriffe in der Idee von einer Welt als dem höchsten Gute **denken**, aber **einsehen** kann sie nur der, der das selbstthätige Principium der Einheit ist, und folglich nicht bloß die sinnliche sondern auch die übersinnliche Welt kennt und die **Art einsieht**, wie die übersinnliche Welt der sinnlichen **zum Grunde liegt**. Wer von uns dieses einsähe, der würde auch beweisen können, wie sich die moralische Weisheit Gottes in der Welt, als Erscheinung und Gegenstand unsrer Erfahrung, rechtfertige. Denn da die Welt, in wie fern sie Erfahrungsobjekt ist, nur die Erscheinung der übersinnlichen Welt darbietet, so hängt die Beurtheilung der Zusammenstimmung der letztern zur erstern von der Erkenntniß der erstern zugleich mit ab, und da wir diese nicht kennen, also können wir auch nicht entscheiden, in wie fern der intelligible Endzweck erreicht wird oder nicht; wir müßten denn ein einseitiges (bloß aus der Ansicht des einen Theils der Welt der Erscheinungen gefälltes) Urtheil für ein vollständiges (nur durch Einsicht in den Zusammenhang des Uebersinnlichen mit dem Sinnlichen mögliches) Urtheil ausgeben wollen.

* * *

Das Problem also, welches sich die Vertheidiger oder Gegner der göttlichen Weisheit zu lösen vornehmen, ist offenbar zu groß, weil unsere Vernunft zur Ein-

sicht

ſicht des Verhältniſſes, in welchem eine
Welt, ſo wie wir ſie durch Erfahrung immer kennen mögen, zur höchſten Weisheit ſtehe,
ſchlechterdings unvermögend iſt; mithin gehört dieſe Angelegenheit überall nicht vor den Gerichtshof der theoretiſchen Vernunft.

* * *

Da aber die Lehre von der göttlichen Weisheit in
der Regierung der Welt praktiſch iſt und auf die Beſtimmung unſeres Willens, noch mehr aber auf die Feſtigkeit
und Einheit unſerer Denkungsart einen entſchiedenen
Einfluß hat, ſo muß es doch wenigſtens einen Punkt der
Beruhigung geben, geſetzt daß wir auch auf die Einſicht
Verzicht thun wollen, wie wir es dann müſſen.

Da nun die Rechtfertigung der göttlichen Weisheit
darauf beruhte, daß wir die Natur auslegen wollten,
ſo fern Gott durch dieſelbe ſeine Abſichten und die Mittel
ſie zu erreichen, kund macht, ſo ſind nur zwei Wege möglich, worauf wir zur Kenntniß dieſer Auslegung gelangen können, entweder wir ſuchen die Abſichten Gottes durch Vergleichung und Subſumtion der Phänomene
unter ſchon bekannte Ausdrücke und Abſichten herauszubringen, oder wir befragen den Geſetzgeber gleichſam
unmittelbar um ſeine Willenserklärung. Die erſte Auslegung iſt doctrinal, denn ſie will durch Beurtheilung
der Thatſachen nach vorhandenen Principien die Art ih-

rer Zusammenstimmung (z. B. zum Endzweck der Welt) ausmitteln; die zweite ist authentisch, denn sie geht unmittelbar vom höchsten Willen selbst aus: der da sagt: Das ist meine Absicht.

Nun kann man allerdings die Welt, in so fern sie ein Werk Gottes und uns zur Erkenntniß gegeben ist, als etwas ansehen, wodurch uns Gott seine Absichten bekannt gemacht hat. Allein gar oft ist sie hierin für uns ein verschlossenes Buch; denn in vielen Dingen erkennen wir die Absichten Gottes nicht, und in vielen können wir sie nur mühsam und unsicher vermuthen; aber ganz unmöglich ist es uns, die Endabsicht Gottes aus der Welt, als einem Gegenstande der Erfahrung abzunehmen; denn jene ist moralisch und diese ist sinnlich, die Endabsicht aber könnte nur aus der Erkenntniß der intelligiblen Welt, in wie fern sie den Grund der sensiblen enthält, abgenommen werden.

Es kann also durch Erforschung der Welt als Objekt der Erfahrung die Endabsicht Gottes weder erkannt noch auch gerechtfertigt werden; was hier möglich ist, muß durch reine Vernunft geschehen, und da die theoretische hier nichts vermag, so bleibt bloß die reine practische übrig. Diese aber stellt uns, bloß aus sich selbst, den Begriff von Gott als einem moralischen Oberhaupte, mithin durch Ideen und Zwecke der Weisheit schaffenden und regierenden Wesen auf. Eben dieser durch die practische Vernunft gegebene und Realität habende Begriff

von

von Gott ist zugleich als unmittelbare Ankündigung seines Daseyns, seines Wesens und seiner Endabsicht anzusehen, mithin eine authentische Auslegung seines durch die Schöpfung verkündigten Willens, gleichsam ein Machtspruch Gottes: „Dies ist meine Endabsicht in der Schöpfung und Regierung der Welt und zu ihr müssen alle Begebenheiten harmonirend gedacht werden," die theoretische Vernunft mag nun viel oder wenig oder gar nichts dazu zu einigen verstehen.

Hier wird Gott durch unsere Vernunft selbst der Ausleger seines Willens und seiner Absichten; und diese Auslegung ist eben so unbedingt, und kann durch den Mangel unserer Einsicht in das Verhältniß der Begebenheiten zu derselben eben so wenig alterirt werden, als die Gesetzgebung der Vernunft unbedingt ist und durch keine empirischen Umstände gemodelt werden will.

* * *

Mit diesen Resultaten stimmt nun die Aeußerung der heiligen Schrift aufs innigste zusammen. Auch sie beschließt alles in einem durch Tugend geregten und geleiteten Glauben an die göttliche Weisheit und bringt auf eine unbedingte Resignation in den göttlichen Rathschluß. Sie erlaubt hier keine Grübelei und stellt das Verhältniß der Begebenheiten zur höchsten Weisheit als eine unergründliche Tiefe vor.

F 3 Da-

Dagegen ermahnt sie zu einem rastlosen Fleiße in guten Werken und hält auf Gewissenhaftigkeit und Redlichkeit — und dies selbst in Angelegenheiten, welche das Verhältniß der göttlichen Weisheit zur Weltregierung betreffen. Wir sollen uns eben so wenig anmaaßen, die Weisheit Gottes rechtfertigen als' anklagen zu wollen; weil wir zu beiden Unternehmungen unfähig sind. Selbst diejenigen, welche sich der Rechtfertigung unterziehen, sollen sich wohl prüfen, ob ihrer Bemühung nicht eine geheime Heuchelei zum Grunde liegt, indem sie Einsicht und Ueberzeugung vorgeben, von welcher sie sich doch gestehen müssen, daß sie sie nicht haben. Wie uns die Dinge erscheinen, wie wir sie zu beurtheilen fähig sind, das sollen wir nicht verbergen wollen. Wenn wir also Zweckwidrigkeiten finden, welche mit dem Begriffe von der göttlichen Heiligkeit, Güte und Gerechtigkeit kontrastiren, so sollen wir diese nicht durch unlautere Schmeichelei gegen Gott verleitet, ableugnen oder übertünchen wollen; indem selbst diese Unlauterkeit und Unredlichkeit Gott mißfällig ist. „Wollt ihr, heißt es Hiob 13., Gott vertheidigen mit Unrecht? Wollt ihr seine Person ansehn? Wollt ihr Gott vertreten? Er wird euch strafen, wenn ihr Person ansehet heimlich! Es kommt kein Heuchler vor ihm."

Statt dieser geheuchelten Einsicht sollen wir mit Redlichkeit glauben und vertrauen. Aber eben dieser Glaube, welcher bei der Ueberführung von unserer

Un-

Unwissenheit in dieser Angelegenheit noch das einzige ist, dessen uns unsere Vernunft fähig macht, erhält dadurch nur seine Festigkeit, daß er auf Moral gegründet wird, und ist in iedem Menschen unerschütterlich, der mit Hiob (Kap. 27, 5. 6.) sagen kann: „Bis daß mein Ende kömmt, will ich nicht weichen von meiner Frömmigkeit."

* * *

Wie wir aber die Grenzen unsers Erkenntnißvermögens nicht überschreiten sollen, so dürfen wir auch nicht vor denselben zurückbleiben und uns einem gänzlich blinden Vertrauen überlassen. Es scheint daher zu weit gegangen zu seyn, wenn einige Religionslehrer (z. B. Morus Epitom. de providentia §. 7.) behaupten wollen: daß der Mensch es kaum wagen dürfe, zu erforschen: welches der höchste und letzte Zweck sey, um welches willen alles geschaffen sey, und zu welchem alles übereinstimme?

Denn welches dieser Zweck sey, das ist uns durch Schrift und Vernunft hinlänglich offenbart; er ist nämlich kein anderer, als Sittlichkeit und eine durch sie bedingte Glückseligkeit. Nur wie die Natur zum Zwecke des Sittenreichs in Uebereinstimmung gebracht werde, wie Gott es mache, daß diese Uebereinstimmung bewirkt werde; dies ist es, was kein Mensch ergründen kann. Wäre uns der Endzweck selbst unbekannt, so würden wir nicht allein an Einsicht zurückbleiben,

son-

sondern unsern **Handlungen** selbst fehlte die nothwendige Richtschnur; hiermit aber wären wir zugleich dem stürmischen Meere der Zweifel ohne Rettung preis gegeben. So aber, da wir unsere Bestimmung gar wohl kennen, da wir zu aller Zeit wissen, was wir zu thun und zu lassen haben, kann uns das nicht irre machen, daß wir die **Art**, wie Gott an sich den Endzweck hinausführt, nicht ergründen können. Genug, wenn wir Grund zu glauben haben, daß alles zur Verherrlichung der Weisheit Gottes angelegt sey und geleitet werde; und dieses Glaubens Grund liegt in dem apodiktischen Gesetze unsrer Freiheit.

Fünfter Abschnitt.

Von den Engeln.

Der Begriff eines vernünftigen und freien Wesens ist von einer solchen Allgemeinheit, daß die empirischen Bedingungen seiner Existenz, so weit wir sie kennen, weder für schlechthin nothwendig noch für die einzigen gehalten werden dürfen. Denn wie es unmöglich ist, die Wesen an sich zu erkennen, so ist es auch anmaaßend, wenn man behaupten wollte, daß außer dem, was wir erkennen, weiter nichts sein und gedacht werden könnte.

Es bildet sich nämlich in der Vernunft selbst ein problematischer Begriff von noch andern geistigen Wesen, als wir Menschen sind, jene mögen nun höher oder niedriger sein, als wir; sie mögen uns, den Bedingungen ihrer Existenz und Thätigkeit nach, in einigen oder gar keinem Stücke gleich sein, wenn sie nur freie und vernünftige Wesen sind. — Vernunft ist das Vermögen der unbedingten Principien; Verstand das Vermögen der Regeln, als der Einheit des Mannigfaltigen. Nun giebt es in unserm Verstande gewisse ursprüngliche

Arten der Einheit des Mannigfaltigen, welche wir Urbegriffe (Kategorien) nennen; es kann aber dennoch denkende Wesen geben, welche an diese ursprünglich bestimmte Arten des Denkens entweder gar nicht, oder nur zum Theil oder neben ihnen noch andere gebunden sind.

Die Möglichkeit solcher Wesen begreiffen wir nicht, aber einen problematischen Begriff davon haben wir doch in der Vernunft.

Ferner: Wir können keine Erkenntniß von einem Objekte haben, als allein durch Anschauung. Unser Anschauungsvermögen ist aber gleichfalls an gewisse ursprünglich bestimmte Formen gebunden; allein wir können nicht wissen, ob unsre Bedingungen der Anschauung die einzigmöglichen sind. Andere Wesen mögen sie haben, aber sie können sie auch nicht oder sie können neben ihnen noch Andere haben.

Die Möglichkeit davon sehen wir nicht ein, aber wir haben doch den problematischen Begriff davon.

Hieraus ergiebt sich wenigstens die Denkbarkeit noch anderer mit Vernunft und Freiheit begabter Wesen, als wir Menschen sind. Ja die Vernunft indem sie sich in ihrer reinen Function nicht auf unsre Erfahrung allein einschränken läßt, ist wegen des in ihr liegenden Gesetzes der größten Mannigfaltigkeit und Einheit, ehr geneigt, solche Wesen anzunehmen, als ihre Existenz zu läugnen,

nen, ob sie sich gleich bescheidet, diese ihre Annahme für weiter nichts als eine ihr angemessene Meinung auszugeben. Denn wie wollte sie sie für etwas Mehreres ausgeben, da sie durch sich selbst nie auf die Existenz derselben stoßen kann, und sie doch, um diese zu behaupten, solche Wesen als ihr gegeben aufweisen müßte?

Auch muß man einräumen, daß, wenn noch andere vernünftige und freie, folglich mit einer moralischen Anlage begabte Wesen existiren; diese ebenfalls in der Welt ihre Pflichten und einen Wirkungskreis derselben haben; daß sie sich zu den übrigen Weltwesen gleichfalls wie Mittel und Zwecke verhalten, folglich der Endzweck der Welt so wohl an ihnen als durch sie erreicht werden soll. Sie werden daher auch mit andern Wesen in Verbindung und wechselseitigen Einfluß stehen. Nur freilich sehn wir die Verbindung nicht und können daher auch nichts darüber bestimmen.

Da wir sie uns mit moralischer Anlage begabt denken, so wird unter ihnen auch ein verschiedener Grad der Moralität stätt finden. Sie werden als endliche Wesen so wohl der sittlichen als unsittlichen Maximen fähig, mithin in Vergleichung mit einander theils gute theils böse sein. Eben deshalb werden die Folgen aus ihrem verschiedenen Verhältnisse zur Moralität auch verschieden seyn, sie werden nach dem Grade ihrer Verwerflichkeit und Unverwerflichkeit gestraft und belohnt, glückselig und elend

elend sein; die richtende Heiligkeit wird ihren persönlichen Werth und nach diesem ihren Zustand bestimmen.

* * *

Bei allen endlichen, mit einer sittlichen Anlage existirenden, Wesen finden zwei einander entgegengesetzte Ideen statt, denen sie sich gleichsam in entgegengesetzter Richtung nähern können, wo es aber nicht wohl abzusehen ist, daß sie die Eine oder die Andere in irgend einem Zeitpunkte völlig erreichen.

Die eine Idee ist die der **absoluten Wohlgefälligkeit**, die Andere die der **absoluten Mißfälligkeit** (**Verwerflichkeit**) vor Gott als der gesetzgebenden und richtenden Heiligkeit. In jener wird eine völlige durch Freiheit erworbene Angemessenheit der Gesinnung und des Verhaltens zum göttlichen Willen gesetzt, in dieser aber ein gänzlicher Widerstreit gegen denselben, mit der Absicht, um zu widerstreiten, mithin eine vorsetzliche Aufkündigung des Gehorsams oder rebellische Verzicht auf alle Moralität und Religiosität.

Die erste Idee in einem Subjekte realisirt gibt den Begriff von einem **eingebohrnen Sohn Gottes**, als Muster und Vorbild aller vernünftigen Kreatur. Die Andere in einem Subjekte realisirt gibt den Begriff von einem Schlechthinbösen oder dem Teufel in der engsten Bedeutung.

Es ist nicht zu denken, wie ein Wesen von Gott, als dem moralischen Urheber der Dinge, geschaffen, folglich mit Freiheit und Vernunft oder ursprünglicher Anlage zur Moralität begabt, zu einem so tiefen Grad der Verwerflichkeit herabsinken könne, daß kein tieferer mehr möglich wäre; weil dies nicht bloß Verkehrung der Triebfedern des Willens, sondern gänzliche Vertilgung der obersten (der moralischen) Triebfeder desselben voraussetzt. Dies ist aber eben so wenig durch die Macht eines endlichen Wesens möglich, als dieses, daß sich ein endliches Wesen selbst erschaffen könnte. Denn die moralische Anlage und die aus ihr entspringende Triebfeder zur Moralität ist den Wesen von Gott anerschaffen; sie kann daher auch nur durch Umschaffung vernichtet werden und da dies nur ein Werk Gottes ist, so würde die Existenz eines schlechthinbösen Subjekts Gott allein zur Last fallen; welches sich widerspricht; denn dadurch würde Gott ein heiliges und böses Princip zugleich sein.

Gesetzt aber, die moralische Anlage könnte verlohren gehen, so konnte sie auch nicht wieder erworben werden, weil zur Wiederherstellung einer Anlage Schöpferkraft erfordert wird. Anlagen können daher zwar vernachlässigt, die aus ihnen hervorspringenden Triebfedern verkehrt und gemißbraucht, aber nicht vernichtet werden. Eben deshalb ist aber auch Besserung möglich, weil die unausrottliche Anlage zur Moralität bleibt und auf die

Reini-

Reinigung der Triebfedern des Willens unabläſſig hinwirkt.

Der Begriff vom Teufel in der engſten Bedeutung iſt daher nur eine Idee, der ſich endliche Weſen durch Selbſtverſchuldung mehr oder weniger nähern und, dasjenige Weſen, welches in Vergleichung mit andern Weſen, ihr am nächſten käme, könnte in dieſer Beziehung wohl mit dem entehrenden Titel eines Teufels gebrandmarkt werden. — Wie weit es ſelbſt Menſchen in der Tücke und Bosheit bringen können, zeigt uns zum Theil auch die Geſchichte, indem ſie uns Beiſpiele von Unſittlichkeit aufſtellt, welche Schauer erregen. Dennoch aber können wir verſichert ſeyn, daß die moraliſche Anlage ſelbſt nie verlohren gehe und der Oberſte der Teufel muß ſie noch in ſich haben, weil er ſonſt des Selbſtgefühls ſeiner Sträflichkeit nicht einmal fähig wäre.

* * *

Die Geſchichte der Vorwelt überhaupt und die heilige Geſchichte insbeſondere erwähnt der böſen und der guten Geiſter ſehr oft. Die letztere legt ihnen den Titel der Engel vorzugsweiſe bei; ein Name, welcher, wie der ihm im Hebräiſchen entſprechende Ausdruck, eigentlich einen Boten, Geſandten, Mittler, oder auch ſchlechthin das Mittel bedeutet; in der heiligen Schrift ſowohl von lebloſen als belebten, ſowohl von natürlichen als übernatürlichen Weſen gebraucht wird, nur daß, wenn er mit

dem

dem Begriffe von Gott verbunden wird, er jederzeit die Beziehung einer Begebenheit (oder Wirkung) auf den göttlichen Willen mit anzeigt. — Es ist also die Angelegenheit der theoretischen Auslegung, die jeder Stelle in der heiligen Schrift angemessene Bedeutung auszumitteln. Unstreitig beruht hier vieles auf der Vorstellungsart und dem Sprachgebrauch des Alterthums, welches sich dieses Ausdrucks sehr oft bedient, ohne eben dabei immer an etwas Uebernatürliches zu denken. Allein alles kann man doch nicht auf die Rechnung des Sprachgebrauchs setzen, indem selbst auch diesem ursprünglich Begriffe der Vernunft zum Grunde liegen, sie mögen nun deutlich oder undeutlich gedacht und nach den Gesetzen des Denkens schon bestimmt gewesen seyn oder nicht.

Daß nun höhere und noch andere geistige Wesen existiren, als wir Menschen sind; daß sie auch ihre Pflichten und einen Wirkungskreis für dieselbe haben, folglich mit andern Wesen in einem gegenseitigen Einfluß stehen, ist nicht zu leugnen, ob es gleich nicht eingesehen, mithin auch nicht objektiv erwiesen werden kann. — Ob die Erscheinungen, welche ihnen zugeschrieben werden, ihre Richtigkeit haben, hängt von dem Werthe ihrer historischen Beglaubigung ab, und ist, da wir die Möglichkeit einräumen müssen, die Wirklichkeit aber über unsre dermalige Erfahrung hinaus liegt, kein Gegenstand, welcher

cher von uns zur völligen Entscheidung gebracht werden kann.

Aber alles dieses gehört auch nur zur Geschichte, ist ein Problem für die Theorie, ficht aber, in so weit wir ungewiß darüber bleiben, den allgemeinen Religionsglauben nicht an.

Für uns ist es nur wichtig, den Einfluß der übersinnlichen Wesen auf uns zu bestimmen; und da wir hier nicht aus Einsicht in die Objekte an sich urtheilen können; indem sie uns weder ihrem Daseyn nach ihrer Wirkungsart noch erkennbar sind; so bleibt uns nichts übrig, als ihren Einfluß auf uns aus uns selbst zu bestimmen. Und dieses wird denn nicht eine positive, sondern bloß negative Bestimmung sein; denn wir werden nur anzeigen können, in wie fern sie keinen Einfluß haben; weil und in so ferne sie ihn nicht haben sollen. Die negative Bestimmung geschieht nun so wohl nach dem theoretischen als praktischen Interesse der Vernunft.

Wir nehmen also erstlich theoretisch bei allen Erscheinungen, die unsrer Erfahrung gegeben werden, keinen Einfluß derselben an; da es der Maxime der theoretischen Vernunft gemäß ist, sich in der Nachforschung nach den Ursachen der Begebenheiten immer innerhalb der Natur, ihren Gesetzen und Kräften zu halten. Etwas als durch übernatürliche Kräfte gewirkt annehmen, heißt den Faden der Natur verlassen, und dazu sind wir nicht berechtigt, selbst auch dann noch nicht, wenn wir die Er-

schei-

scheinung nicht aus Naturursachen erklären können; weil der Mangel unsrer Erkenntniß noch nicht das Nichtseyn der Naturursachen beweist. Es kann also seyn, daß hinter den Erscheinungen auch nichtsinnliche Ursachen wirksam sind, aber als Erklärungsgründe dürfen wir sie nicht aufnehmen; denn von der Erklärung ist hier nur die Rede. (Sich auf übersinnliche Gründe berufen, heißt nicht erklären; denn dadurch wird unsere Erkenntniß nicht erweitert, welches doch die theoretische Vernunft beabsichtigt. Alle Erweiterung unsrer Erkenntniß ist nur möglich, wenn sich die Forschung im Gleichartigen hält, mithin die Ursachen der Begebenheiten in ihren Naturgesetzen aufsucht.)

Wir nehmen aber auch zweitens in moralischer Hinsicht keinen Einfluß höherer Geister an, weil die Bewirkung unsrer Besserung und des Fortgangs in der sittlichen Bildung ein uns durch Pflicht gebotenes und unsrer Selbstthätigkeit obliegendes Geschäft ist. Wir sollen nach der Anleitung der Schrift (und der Vernunft) so verfahren, als ob die Sinnesänderung und Besserung lediglich von unserer eigenen Bearbeitung abhängt. Denn, wie uns nirgends gesagt wird daß wir die Ursachen der Begebenheiten außer den Naturgesetzen derselben aufsuchen sollen, so wird auch nicht gesagt, daß wir unthätig auf den Eindruck übersinnlicher Kräfte zur Hervorbringung unserer Besserung harren, sondern vielmehr sie selbst

selbst mit der äußersten Sorgfalt und Gewissenhaftigkeit (mit Furcht und Zittern) schaffen sollen.

Wollte man sowohl theoretisch als praktisch eine andere Maxime befolgen, so würde dieses das Grab aller Erkenntniß und Veredlung seyn; eine faule Vernunft würde auf der einen Seite alles wundergläubig angaffen und auf der andern Seite allen Lastern und aller Irreligiosität Thür und Thor öffnen. Sie würde, dem blinden Sinnenhang unterworfen, auf die ihrer Trägheit so sehr schmeichelnde übernatürliche Einwirkung harren, und! — dieser Nichtswürdigen würde kein Zeichen gegeben werden.

* * *

Hiermit ist nun das Nöthige gesagt, was unsre Urtheilskraft bei den Lehren über die Engel leiten und vor Anmaaßung jeder Art bewahren kann. Ich sage, vor der Anmaaßung jeder Art; denn diese zeigt sich sowohl im Bejahen als Verneinen.

Wer die Möglichkeit und Wirklichkeit des Uebernatürlichen schlechthin leugnet, beweist dadurch nicht mehr Unbescheidenheit, als ein Anderer, der sie auf gleiche Art behauptet, ob sich dieser wohl das Ansehn der Demuth und Bescheidenheit zu geben sucht. Denn es gehört zur zuversichtlichen Außerung des Einen wie des Andern mehr Einsicht, als sich irgend ein Sterblicher in diesem Punkte nur zutrauen sollte

Wir

Wir können weiter nichts als, durch Einsicht in die Gesetze und Schranken unsers Gemüths geleitet, die Maximen unsrer Verfahrungsart angeben, wie sie dem theoretischen und praktischen Interesse der Vernunft, als eines uns von Gott verliehenen Vermögens, gemäß sind, und nach diesen findet in allen unsern Geschäften, sie mögen sich auf Lebensverhältnisse, Naturforschung oder Herzensbesserung beziehen, keine Berufung auf das Wunderbare und Uebernatürliche statt. Der Richter achtet bei der Ausmittelung der Sträflichkeit des Verbrechers nicht auf dessen Vorgeben teuflischer Einwirkung; der Naturforscher sucht die Ursachen der Begebenheiten nur in der Natur; der Moralist bringt auf selbstthätigen Ernst in der Besserung.

Dabei bleibt die Möglichkeit und Wirklichkeit des Uebernatürlichen, der höhern, guter und böser, Geister unangefochten. Denn wir müssen im Allgemeinen bemerken, daß die Bedingungen des Erkennens nicht Bedingungen des Denkens überhaupt sind; daß sich in der Vernunft Begriffe hervorthun, die an sich wohl gegründet sind; daß wir die Realität derselben nur darum nicht beweisen können, weil es uns nicht möglich ist, unsere Erfahrung bis zu ihnen auszudehnen; dessen ungeachtet können ihnen gar wohl Objekte entsprechen; wer will das widerlegen? Sollten sich so gar Facta finden, deren Ursachen sich nicht unter das Gesetz der Naturkausalität subsumiren lassen, so bleibt uns nichts übrig als eine

(frei-

(freilich nur bloß denkbare) Beziehung auf übersinnliche Kausalität; sollten endlich gar praktische Zwecke sein, deren Möglichkeit ohne eine übernatürliche Ursache gar nicht einmal gedacht werden kann, so gründet der Machtspruch der gesetzgebenden und handelnden Vernunft so gar einen Glauben an dieselbe.

* * *

Was nun die moralische Benutzung der schriftlichen Aeußerungen über die (bösen und guten) Engel betrifft, so ist diese klar und deutlich vor Augen gelegt, und bedarf keiner weitläuftigen Auseinandersetzung. Anstatt sich über das Daseyn und die Natur der bösen Geister und des Bösesten unter ihnen, des Satans zu bestreiten, soll man lieber die menschliche Freiheit und Sicherheit gegen allen schädlichen Einfluß derselben, mithin die moralische Möglichkeit und Pflicht, alles was satanisch ist und heißt, selbstthätig zu meiden, ins Licht stellen; und das Verdienst Jesu auch in dieser Hinsicht dankbarlich erkennen, daß er die Macht der Sünde und des Satans gebrochen und statt dessen das Regiment der Freiheit und Gottseligkeit verkündigt und eingeleitet hat, so daß es nur auf den Menschen selbst ankommt, ob und in wie ferne er daran Theil nehmen und sich dadurch der überschwenglichen Gnade Gottes würdig machen wolle.

Sechster Abschnitt.

Von dem Ursprung des Menschengeschlechts.

Die Geschichte der Menschheit ist die Geschichte der Freiheit; in wie fern sie ihre Entwickelung in ihren Wirkungen als Erscheinungen darstellt. Man kann diese Geschichte in ihrem Anfange aber auch in ihrem Fortgange betrachten. Diese kann nur auf Nachrichten gegründet werden und wenn hier ja Muthmaßungen statt finden, so können sie bloß als Einstreuungen, um Lücken zu füllen, dienen; sie müssen aber, da sie es bloß mit Mittelursachen zwischen dem Fernen und Nahen zu thun haben, das Vorhergehende und Nachfolgende, jenes als Ursache, dieses als Wirkung befragen, und unter dieser Leitung das Eingestreuete (als muthmaßliche Ausfüllung der Lücke) mit dem gegebenen Vorhergehenden und Nachfolgenden in eine natürliche Verbindung bringen.

Da aber die Geschichte weit früher anhebt, als darüber menschliche Nachrichten möglich sind, indem dieses schon eine Entwickelung des Denk- und Sprechvermögens voraussetzt, so geräth der Geschichtsforscher, zuletzt an die Grenze eines Zeitabschnitts, wovon er gar keine Nachrichten hat, folglich, wenn er muthmaßen will, nicht etwa bloß Lücken füllen, sondern den ganzen Zeitabschnitt mit lauter Muthmaßungen besetzen soll.

Um nun hierin nicht mit leeren Erdichtungen zu spielen, sondern, das was er vorbringt, mit einigem Beifall der Vernunft zu leisten, sind ihm nur zwei Wege offen. Entweder er stützt sich auf eine, wenn sie da ist, keine menschliche sondern übernatürliche Nachricht, auf Offenbarung oder auf die Natur, in so fern er sie durch Erfahrung kennt. Diese Natur hält er in ihren Gesetzen und Anlagen für unveränderlich, nimmt die uranfängliche wie die jetzige, und muthmaßt nach der jetzigen Beschaffenheit derselben über den Gang der uranfänglichen Entwickelung eben derselben. Dies würde denn eine Geschichte der menschlichen Freiheit geben, wie sie sich aus ihrer ursprünglichen Anlage in der Natur des Menschen entwickelte; also eine Geschichte gänzlich auf Muthmaßungen gegründet, aber dennoch nicht gänzlich erdichtet, weil sie einen Leitfaden hat, (nämlich die an Erfahrung geknüpfte Vernunft.) Aber eben diese Geschichte des Anfangs der Entwickelung wird sich von der des Fortgangs der Entwickelung (der Freiheit) in so fern unterscheiden, daß diese nur auf Nachrichten gegründet werden kann, nie aber, indem sie der Nachrichten entbehrt, auf einer Reflexion nach allgemeinen

Erfahrungsgesetzen beruht. Daher wird diese denn auch nur eine muthmaßliche Geschichte seyn, anstatt daß jene eine dokumentirte ist.

Sollte nun über die Urgeschichte der Entwickelung der Freiheit ein Dokument vorhanden seyn, so wird dieses, wenn es authentische Nachricht enthält, kein menschliches Werk seyn können, weil es einen Zeitabschnitt beschreibt, in welchem der Mensch selbst noch der Beschreibung unmächtig war.

Wenn aber auch ein Dokument über die Urgeschichte vorhanden ist, so wird neben ihm doch die Reflexion nach Erfahrungsgesetzen über eben denselben Gegenstand statt finden müssen, weil das Vergleichen der Nachricht mit den Resultaten der an Erfahrung geknüpften Vernünftelei das einzige Mittel ist, jenes Dokument für uns verständlich und brauchbar zu machen. Je mehr die vernünftige Muthmaßung hier mit der gegebenen Nachricht auf einer Linie zusammen trifft, desto befriedigender ist es für uns. Jedoch aber darf die Uebereinstimmung nicht immer verlangt werden; denn, wenn die Nachricht nur nichts den Gesetzen der Natur und der Sitten Widersprechendes enthält, so kann ihre Auskunft doch richtig seyn. — Was unbegreiflich ist, ist darum noch nicht unmöglich, und in der Geschichte der Freiheit ist vieles unbegreiflich und um so mehr, je weiter sie sich in den Anfang verliert, ja sie wird uns gänzlich unerforschlich, wenn es auf die Möglichkeit der Ableitung

der

der Natur und des Sittenreichs aus einem Princip angesehen ist.

* * *

Wir haben von der Urgeschichte der Menschheit eine Relation in den Schriften Mosis. Auf den Ursprung, das Alter, die Ächtheit und Glaubwürdigkeit derselben lassen wir uns hier nicht ein, weil dies Sache der theoretischen Interpretation ist. Wir nehmen sie, wie sie da ist, mit der Achtung, die man einem solchen Nachlasse des Alterthums schuldig ist; mit der Ueberzeugung, daß man über die unbedingteste Quelle derselben wohl Möglichkeiten angeben aber zu einer evidenten Entscheidung nie kommen könne; endlich aber auch mit der einer bescheidenen Freimüthigkeit zustehenden Vermuthung, daß sie die eigne Reflexion über eben denselben Gegenstand wohl wecken und leiten, aber keinesweges hemmen oder gar sträflich finden wolle.

Zu unsrer großen Befriedigung finden wir aber, daß die Nachrichten dieser Urkunde mit den Resultaten unsrer nach Naturgesetzen reflektirenden Vernunft im Wesentlichen sehr wohl zusammen treffen und in Hinsicht auf die moralischen Winke ungemein fruchtbar und erbaulich sind.

Die Urkunde gibt Gott als den Schöpfer des Weltalls an und läßt sich die Erde durch Zeitabschnitte zu einem für organische und lebendige Wesen bewohnbaren

ren Aufenhalt bilden. Die Geschichte des Menschen hebt mit seiner Existenz an; (denn diese ist weiter keiner Ableitung aus Naturursachen durch menschliche Vernunft fähig; — sie ist an sich unbegreiflich). Sein Körper hatte, weil er der mütterlichen Pflege entbehrte, gleich ausgebildete Größe, und damit sich die Gattung fortpflanzen konnte, wurde gleich ein Paar, und, damit Einheit in der Abstammung und Einigkeit in der Gesellschaft wäre, nur ein einziges Paar geschaffen; dieses aber, damit es nicht so bald wieder umkommen oder leiden möchte, in eine unter einem milden Himmelsstrich gelegene, an Nahrungsmitteln und Bäumen des Lebens ergiebige Gegend, in einen Garten oder Paradies gesetzt.

Der Zeitraum, in welchem sich die Anlagen der Stammeltern so weit entwickelten, daß sie stehen und gehen, denken und reden konnten, wird nicht beschrieben. Da es aber Geschicklichkeiten (nicht bloße Anlagen) sind, so mußten sie erworben werden, denn wenn sie anerschaffen wären, so müßten sie auch anerben; welches der Erfahrung widerspricht.

Der Mensch sollte nicht ein bloßes Thier, sondern ein über alle Thiere durch seine Vorzüge erhabenes Wesen und ein Nachbild Gottes sein. Dies wurde er durch seine vortreffliche Anlagen, des Erkenntnißvermögens, des Gefühlvermögens und des Beruhigungsvermögens; denn darauf beziehen sich wiederum Verstand, Urtheils-

kraft

kraft und Vernunft; und durch diese ist er der Begriffe der Gesetzmäßigkeit, der Zweckmäßigkeit und Endzwecks, dadurch aber der Entwickelung von der Natur zur Kunst und endlich zur Freiheit fähig. Durch eben diese Anlagen ist er letzter Zweck der Natur, mithin belehnter Herr derselben, Endzweck der Welt als moralisches Subjekt, mithin der Vergänglichkeit nicht unterworfen, oder unsterblich. — Mit solchen vortreflichen Anlagen wurde der Mensch nicht allein geschaffen, sondern es fand auch ohne Zweifel ursprünglich die beste Harmonie unter ihnen statt; denn war dies nicht, so mußte man denken, daß dies Meisterwerk der Schöpfung auch so gleich von seinem Schöpfer als zerrüttet und verderbt gegeben sey, welches ungereimt wäre. Alles, was Gott geschaffen hatte, war gut, das ist, es entsprach durch seine ursprüngliche Anlagen und Einrichtungen den in ihnen und durch sie beabsichtigten Zwecken. Hieraus folgt aber, daß alles Mißverhältniß, welches sich in der Folge hervorthat, nicht als Werk Gottes, sondern als Werk der Menschen, als Folge freier Handlungen betrachtet werden muß. Und so stellt es auch die Urkunde vor.

Der ursprüngliche Zustand der Menschen muß daher als ein Stand der Einfalt (Unverdorbenheit seiner Natur) und der Unschuld (der Abwesenheit des Bösen) gedacht werden. So bald aber der Mensch anfing, über die ihm gegebenen (seinem Wesen eingepflanzten)

ten) Gebote Gottes, über seine Naturtriebe und die Gegenstände derselben zu vernünfteln und sich seiner Freiheit zu bedienen, kam er auch in Gefahr, sich zu verirren und mit dem ersten Aktus seiner Freiheit, in welchem er sich entschloß, der gegebenen Warnung zum Trotz einen Versuch zu machen, ging auch die Einfalt und Unschuld verloren. Dieser erste Versuch, von seiner Freiheit Gebrauch zu machen und zwar der Naturwarnung zuwider, war ein Fall; weil dies nicht Gebrauch der Freiheit, dem Gebote gemäß, sondern Mißbrauch derselben (dem Gebote zuwider) war.

Mit dem Bestreben der Vernunft, sich über die Vormundschaft der Natur zu erheben, und den Gebrauch der Freiheit über die Schranken der ursprünglichen Einfalt zu erweitern, gewann die Sinnenneigung an Kraft und Reiz; zum simplen Nahrungstriebe gesellte sich Lüsternheit und Ueppigkeit; Bedeckung und Weigerung gab der Phantasie freieres Spiel; aber auch eben durch den Gebrauch und Mißbrauch der Freiheit gingen dem Menschen die Augen auf, er lernte seine Kräfte kennen, allein auch seine Gefahren und seine Schuld. Denn als er anfing über den Rath der Natur mit Vernunft zu klügeln, und wider ihre Warnung einen Versuch zu machen; mochte er den Nachtheil zwar nicht so gleich fühlen, daher auch wohl ein kurzes Wohlgefallen über den kühnen Streich und die Entdeckung seiner Freiheit hegen, allein der Nachtheil fand sich doch bald

und

und mit ihm der innere Vorwurf über den Fehltritt, verknüpft mit bangen Sorgen wegen des Gegenwärtigen und noch mehr des Zukünftigen.

So fängt die Geschichte der Natur des Menschen mit dem Guten an, denn sie ist das Werk Gottes; aber die Geschichte der Freiheit fängt vom Bösen an, denn sie ist das Werk der Menschen. Der erste Gebrauch der Freiheit gegen die Stimme der Natur war ein Fehltritt, und seine Folge Ungemach. Da aber dieser Fehltritt eine That der Freiheit war, so war er Sünde und in dieser Hinsicht war die Folge derselben, (eine Menge noch nicht gekannter Uebel) Strafe.

Jedoch sollte auch das, was für die Menschen auf der einen Seite durch eigne Schuld Verlust ist, auf der andern auch für sie wieder Gewinn werden; indem dadurch zugleich ihre Anlagen entwickelt werden, und durch den Fortgang dieser Entwickelung die Menschen (in der Gattung genommen) endlich dahin wieder zurückkehren sollen, wovon sie ausgingen, nämlich zur Einfalt der Natur und Unschuld des Herzens; denn durch den Mißbrauch der Freiheit entfernt sich der Mensch von der Natur, indem er ihrer Einfalt durch Künstelei Abbruch thut; aber eben im Fortgange eigner Erfahrung wird er auch gewitzigt, und durch die vielfältigen Schwingungen der Kultur auf den Gang geleitet, wo Kunst wieder Natur wird und die Freiheit der Sittlichkeit huldigt.

Die-

Diese große Karriere, welche nur im Fortschreiten der Gattung als erreichbar gedacht werden kann, sollte nun der Mensch, da er aus dem Stande der Vormundschaft und der Unschuld, mithin der Gemächlichkeit und des Friedens herausgetreten war, im Schweiß seines Angesichts (durch Arbeit) und im Kampf mit Widerwärtigkeiten machen. — Von der Jagd und dem Hirtenleben sollte er zum Ackerbau, dadurch zur engern Gesellschaft und gesetzlichen Verfassung übergehen; auf diesem Wege die Bildung, die Künste des Fleißes und des Zeitvertreibs befördern und so endlich das Ziel der Uebereinstimmung der Kunst mit der Natur, der Freiheit mit der Vernunft erreichen.

Diese Idee von dem Fortgange der Menschheit in ihrer Vervollkommnung, welche (1 Mos. 3,15) sehr feierlich angekündigt wird, ist praktisch und verbindet jedes Individuum. „Ich will Feindschaft setzen zwischen dir und dem Weibe, zwischen deiner Nachkommenschaft und ihrer Nachkommenschaft; dieselbe soll dir den Kopf zertreten und du wirst ihr in die Ferse stechen." Welches, wenn man den moralischen Sinn aushebt, nichts anders bedeutet, als: Die Menschengattung wird endlich in dem Kampfe mit dem Bösen obsiegen.

* * *

Man sieht, daß die schriftliche Nachricht von der Urgeschichte der Menschheit einen Gang nimmt, auf wel-

welchen eine von Auctorität unabhängige und allein durch Erfahrungsprincipien geleitete Reflexion, was das Wesentliche anbelangt, genau mit ihr zusammen trifft. Denn es sind auch noch heute für uns eben so tröstliche als an das Gewissen sprechende Wahrheiten,

1. daß Gott Urheber des Menschengeschlechts sey,

2. daß es, wie es aus seiner Hand kommt, gut sey, (das ist, mit vortreflichen Anlagen ausgerüstet, einer unendlichen Vereblung fähig und den Keim der Unsterblichkeit in sich tragend; verwandt mit seinem Schöpfer und gleich mit allen Vernunftwesen).

3. Daß das Böse nicht von Gott anerschaffen, sondern eigne That der Menschen sey, die ihnen auch eben deshalb, weil sie sie unterlassen konnten und sollten, zugerechnet werden müsse.

4. Daß die Uebel, welche hieraus fließen, ihnen selbst als Schuld beigemessen, folglich auch als Strafe angesehen werden müssen.

5. Daß aber bei dem selbstverschuldeten Ungemach der Plan der göttlichen Weisheit derselbe bleibe, indem er uns zur Besserung ruft und unter der Bedingung derselben Leben und Seligkeit verheißt. —

Die Wichtigkeit oder Unwichtigkeit mancher Fragen, welche bei Gelegenheit dieser Lehre aufgeworfen werden, kann leicht beurtheilt werden. Man frägt zum B. Wie groß die Erkenntniß und Tugend der Stammeltern vor dem Sündenfalle gewesen sein? Die Antwort ist: Daß

wie

wir dieses nicht wissen, ob wir gleich vermuthen dürfen, daß die Erkenntniß wohl nicht sehr groß gewesen sey, weil diese erworben wird, mithin Zeit und Anstrengung erfordert. Genug, wenn sie wußten was gut und böse war. Und die Tugend? Es war genug, wenn sie nicht Böse von Natur, mithin es gleichsam durch Gottes Schuld, waren. Daher ist der ihrem Grade der Moralität angemessene Ausdruck wohl dieser: Daß sie ursprünglich in Unschuld lebten.

Siebenter Abschnitt.

Von der Sünde

Sünde ist die Uebertretung des sittlichen Gesetzes als göttlichen Gebots.

Zur Bestimmung dieses Begriffs merken wir noch folgendes an. Eine Handlung ist darum noch nicht böse (oder sündlich) weil sie gesetzwidrig ist, sondern weil ihr eine böse Maxime zum Grunde liegt. Unter Maxime aber verstehen wir eine Regel, welche die Willkühr sich selbst für den Gebrauch ihrer Freiheit macht. Diese Maxime ist der letzte für uns erforschliche Grund des Bösen, weil die Annehmung derselben eine That der Freiheit ist.

Da die Freiheit der Willkühr das Eigenthümliche hat, daß sie durch keine Triebfeder bestimmt werden kann, als in so fern sie sie selbst in ihre Maxime aufgenommen (oder sie sie zur allgemeinen Regel ihres Verhaltens gemacht) hat; es aber für die Willkühr nur eine einzige Triebfeder gibt, welche unbedingt bestimmend für sie seyn soll, nämlich das Moralgesetz, so ist es entweder dies Gesetz, welches die Willkühr bestimmt, oder ein

ein ihm entgegengesetzte Triebfeder. Aber auch diese kann die Willkühr nicht anders bestimmen, als wenn sie sie sich zur Regel gemacht hat; nun ist aber der Wille nur dadurch gut, daß er das Moralgesetz zu seiner Maxime macht, und dadurch böse, wenn er eine ihm entgegen gesetzte Regel befolgt; mithin kann der Wille nur immer eins von beiden seyn, entweder gut oder böse. Es gibt folglich in Beziehung auf das Moralgesetz kein Mittelding. (Etwas, das weder gut noch böse wäre.)

Aber aus eben dem Grunde kann auch der Wille nicht in einigen Stücken böse und in andern wieder gut seyn. Denn daß er böse oder gut ist, hängt von der Maxime, als der obersten Triebfeder ab; nun ist aber das Moralgesetz nur ein einiges und allgemeines Gesetz, mithin als Maxime des Willens oberster, einziger und allgemeiner Grund der Handlungen, sollte der gute Wille auch böse seyn können, so müßte die moralische Triebfeder zugleich oberste und nicht oberste ꝛc. seyn. „Wer an einem Theile des Gesetzes sündigt, ist dem ganzen Gesetze schuldig."

* * *

Die ursprünglichen Anlagen, welche sich unmittelbar auf das Begehrungsvermögen beziehen, sind die Anlage für die Thierheit des Menschen als eines lebenden; die für die Menschheit desselben, als eines lebenden und zugleich vernünftigen; die für die Persönlichkeit, als eines vernünftigen und zugleich der Zurechnung fähigen Wesens. Alle drei Anlagen sind nicht allein negativ gut, indem sie dem Sittengesetz nicht widersprechen, sondern sie sind auch positiv gut, indem sie auch die Befolgung des Guten befördern. Allein auf die beiden ersten Anlagen können allerlei Laster gepfropft werden, als Völlerei, Wollust, wilde Gesetzlosigkeit; ferner: Eifersucht, Nebenbulerei, Neid, Undankbarkeit, Schadenfreude u. s. w. Auf die dritte Anlage der Persönlichkeit aber, welche in der Empfänglichkeit der Achtung für das Sittengesetz als eine für sich hinreichende Triebfeder der Willkühr besteht, kann schlechterdings nichts Böses gepfropft werden; denn der gute Charakter besteht eben darin, daß die Willkühr jenes Gesetz in ihre Maxime aufnimmt.

* * *

Von den ursprünglichen sich auf das Begehrungsvermögen beziehenden Anlagen unterscheidet sich der Hang in der menschlichen Natur; welcher ein subjektiver Grund der Möglichkeit einer Neigung, eine Prädisposition (Voraufgelegtheit) zum Begehren eines Genusses, ist. Dieser Hang ist für die Menschheit überhaupt zufällig, wird daher erworben oder zugezogen. Der Hang zum Bösen besteht daher in dem subjektiven Grunde der Möglichkeit der Abweichung der Maximen vom Sittengesetze und offenbart sich durch folgende Grade.

be. Erstlich durch Schwäche oder Gebrechlichkeit in Befolgung der Maximen überhaupt. „Wollen habe ich wohl, aber das Vollbringen fehlt mir." Zweitens in der Unlauterkeit durch Vermischung der sittlichen Triebfeder mit unsittlichen; drittens in der Bösartigkeit, wenn man die moralischen Triebfedern den unmoralischen nachsetzt.

Aller Hang ist aber entweder physisch und gehört zur Willkühr des Menschen als eines Naturwesens, oder er ist moralisch und gehört zur Willkühr desselben als eines moralischen Wesens. Jener beruht auf sinnlichen Antrieben und ist an sich weder gut noch böse. Dieser aber klebt dem moralischen Vermögen der Willkühr an und ist ein Hang zu Maximen. Ist nun der Hang böse, mithin zurechnungsfähig, so kann er nicht anders, als eigne That betrachtet werden. Eine That aber ist entweder ursprünglich (und intelligibel) oder abgeleitet (und sensibel, factum phaenomenon). Die erste That ist der Grund der zweiten; denn diese stellt nur die Erscheinung von jener dar.

Der Hang zum Bösen ist nun ursprüngliche That, peccatum originarium, und der formale Grund aller abgeleiteten (materiellen) That. Jene, als ursprüngliche Verschuldung, ist bloß durch Vernunft, ohne alle Zeitbedingung, erkennbar, diese, als die Folge, (als die jener Form gemäße Materie) erscheint in der Zeit und ist empirisch erkennbar. Die erste Verschuldung (als verderbte Maxime) kann bleiben, wenn gleich die Erscheinung desselben vermieden würde.

* * *

Der Hang zum Bösen ist allgemein; nicht durch Naturnothwendigkeit, als wenn er aus dem Gattungsbegriffe eines Menschen überhaupt gefolgert werden könnte; denn alsdann könnte er nicht zugerechnet werden, sondern durch Beurtheilung des Menschen in der Erfahrung; jedermann erkennt sich als böse, das ist, als einen solchen, welcher sich des sittlichen Gesetzes bewußt ist, und doch die gelegentliche Abweichung von demselben in seine Maxime aufgenommen hat.

Die Erfahrung gibt dies Urtheil in der Reflexion über den Menschen nach allen Stuffen der Kultur. Der so genannte Naturzustand bietet eine Menge Laster der Rohheit dar, einen immerwährenden Krieg mit entsetzlicher Grausamkeit und Behaglichkeit verbunden. Auch der Stand der Civilisirung hat die seinigen; geheime Falschheit selbst bei der innigsten Freundschaft; regsamer Neid, Schadenfreude, Mißtrauen u. s. w. Wenn man nun gleich nicht sagen kann, daß es so in der Welt sein müsse; denn die Sünde ist kein Erfolg aus Naturursachen; noch weniger, daß es so sein solle; denn das Sittengesetz erhebt sich laut gegen diesen Unfug; so muß man doch, wenn sich ein jeder aufrichtig prüft, gestehen,

stehen, daß es so ist. „Es ist hier kein Unterschied, sie haben alle gesündigt und mangeln des Ruhms vor Gott. Röm. 3, 23. „Da ist keiner gerecht, auch nicht Einer." V. 10.

Der Grund dieser allgemeinen, sittlichen Verderbtheit kann aber nicht in der Sinnlichkeit liegen; denn theils sind wir nicht Urheber derselben, und können sie deshalb auch nicht zu verantworten haben, theils hat sie nicht eine gerade Beziehung auf das Böse, sondern die aus ihr entspringenden Neigungen geben auch eben so wohl die Gelegenheit zu der, die Kraft der moralischen Gesinnung beweisenden, Tugend. Aber er liegt auch nicht in einer Verderbniß der gesetzgebenden Vernunft selbst, so daß diese gleichsam selbst das Ansehn des Gesetzes vertilgte und die Verbindlichkeit aus demselben ableugnete; denn dies widerstreitet theils der innern Erfahrung eines Jeden, indem sich das Gesetz immer in seiner Heiligkeit behauptet, theils ist es auch an sich unmöglich, weil ein freies Wesen in seiner Handlung nur an das Gesetz der Vernunft gebunden ist; wäre es aber von diesem entbunden, so müßte man sich die Freiheit als eine ohne alle Gesetze wirkende Ursach denken, welches sich widerspricht. Der Grund des Bösen liegt also in der Willkühr selbst, und besteht darin, daß diese die Ordnung (mithin die Form) der Triebfedern umkehrt. Vernunftgesetz und Sinnenneigung — beide

H 3

sind

sind Triebfedern und können als Materie den Willen bestimmen; aber die Ordnung, (Form) in welcher sie zu einander verbunden werden, ist nicht gleichgültig, vielmehr ist das Vernunftgesetz die oberste Bedingung der Befriedigung der Neigungen. Kehrt die Willkühr diese Ordnung um, und macht die Triebfeder der Selbstliebe und ihrer Neigungen zur Bedingung der Befolgung des sittlichen Gesetzes, so ist dieser Actus der Freiheit böse und der Grund alles abgeleiteten Bösen.

* * *

Der Ursprung des Bösen (Abstammung desselben als einer Wirkung von ihrer ersten Ursache) kann als ein Zeit- und auch als ein Vernunftursprung betrachtet werden. In der ersten Bedeutung wird das Böse als eine Begebenheit auf ihre Natururfachen, als vorhergehende Zustände, bezogen. Allein von freien Handlungen, mithin auch von der moralischen Beschaffenheit des Menschen können wir den Grund nicht in Natururfachen suchen, weil sie in Beziehung auf die Natur zufällig sind; folglich allein in der Willkühr. Die Bestimmung dieser Willkühr aber zur Hervorbringung ihrer sittlichen Beschaffenheit ist mit ihrem Bestimmungsgrunde nicht durch Zeitbedingung sondern allein durch Vernunftvorstellung verbunden. Der Grund des Gebrauchs der Freiheit ist also allein in Vernunftvorstellungen zu setzen, mithin der Ursprung des Bösen ein Vernunftursprung.

Wei-

Weiter können wir über diesen Punkt nicht kommen, und der erste subjektive Grund der Annehmung moralischer Maximen bleibt uns immer unerforschlich; denn da diese Annehmung frei ist, so kann man den Grund derselben nicht in einer Triebfeder der Natur, sondern immer nur wieder in einer Maxime suchen und da auch diese wiederum ihren Grund haben muß, außer der Maxime aber kein Bestimmungsgrund angeführt werden kann und soll, so wird man in der Reihe der subjektiven Bestimmungsgründe immer weiter zurück gewiesen, ohne je auf den ersten Grund zu kommen.

Eine jede böse Handlung muß, wenn man den Vernunftursprung sucht, so angesehen werden als ob der Mensch unmittelbar aus dem Stande der Unschuld in sie gerathen wäre. Denn die in der Zeit vorgehenden Umstände, sein voriges Verhalten, die auf ihn einfließenden Naturursachen, so wohl innere als äußre, mögen seyn, wie sie wollen, so blieb die Handlung doch immer frei und muß deshalb als ein ursprünglicher Aktus der Willkühr betrachtet werden. Der Mensch sollte sie unterlassen haben, die Umstände und Verbindungen mochten seyn, welche sie wollten; denn ein freihandelndes Wesen kann durch keine Ursache in der Welt aufhören frei zu seyn. Daher entschuldigt auch nicht ein vorhergehender noch so böser Charakter, denn es war immer Pflicht, sich einen bessern Charakter zu geben und es ist in jedem Augenblicke Pflicht, sich zu bessern.

H 4 Daher

Daher ist jede böse That für sich, wenn sie auch der Zeit nach auf eine Menge anderer folgte und in der Erscheinung als von ihnen herbeigezogen beurtheilt wird, der Zurechnung eben so unterworfen, als ob sie die erste, und der Mensch eben aus dem Stande der Unschuld zur Sünde übergeschritten wäre. Denn der Mensch ist zu aller Zeit frei und mit einer, von der Freiheit unzertrennlichen, natürlichen Anlage zum Guten begabt; er hat folglich zu aller Zeit das Vermögen, mit diesem das Gesetz, in diesem die Triebfeder und dadurch die Pflicht zum Guten. „Auf daß sie keine Entschuldigung haben." Röm. 1, 20.

* * *

Erwägen wir also die ursprüngliche Sünde nach den vier Momenten der Urtheile, so ist sie erstlich als Princip der Willensbestimmung e⬛ Einheit, dabei aber unter den Menschen allgemein, jedoch nur in der Reflexion nach dem, wie die Menschen sind, keinesweges aber weil sie als Merkmal aus dem Gattungsbegriffe nothwendig gefolgert würde, und die Menschen so seyn müßten oder gar sollten. Zweitens ein positiver Widerstreit der Willkühr in ihrer Maxime gegen das sittliche Gesetz als göttliches Gebot. Mithin nicht etwa bloßer Mangel des Guten, sondern realiter entgegengesetzte Bestimmung der Willkühr oder Widerstrebung. Der Mangel der Uebereinstimmung der Willkühr mit der

der moralischen Triebfeder ist nicht der Grund, sondern bloß die Folge eines schon bösen innern Princips (einer Maxime). Da nun die Maxime eine Einheit ist, so kann sie nur entweder gut oder böse, nicht etwa getheilt und beides zugleich sein. In Hinsicht auf den obersten Bestimmungsgrund der Willkühr findet daher weder Indifferentismus noch Synkretismus Statt.

Drittens, ist die ursprüngliche Sünde eine an der Person haftende, mithin gar nicht übertragbare Schuld. Sie ist durch Freiheit gewirkt, mithin eigne That. Ihr Ursprung ist daher nur ein Vernunftursprung, und die Ursache derselben kann nicht von Bestimmungsgründen in der Zeit, sondern allein von Vernunftvorstellungen hergeleitet werden. Man kann daher von dem Actus der Willkühr, in welchem sie eine Maxime annimt, nicht fragen, wann sie sie angenommen habe, sondern nur, daß sie sie habe. Nur die Folgen dieses Princips erscheinen, stehen folglich unter Zeitbedingungen.

Man nennt die ursprüngliche Sünde (Verderbtheit der Maxime) ein natürliches Verderben, weil sie so allgemein und so tief gewurzelt und so unerforschlich ist, daß wir (wie von Grundkräften der Natur) weiter keine Ursache davon angeben können; damit soll aber nicht gemeint sein, daß die Sünde selbst ein Product der Natur wäre; denn alsdann wäre sie nicht eigne That und könnte auch nicht zugerechnet werden.

Man

Man nennt sie auch eine **angeborne Schuld**, weil sie so früh, als sich nur immer der Gebrauch der Freiheit äußert, wahrgenommen wird, auch nie gänzlich ausgerottet oder vertilgt, obgleich **bekämpft und überwogen** werden kann.

Man nennt sie endlich **ursprünglich** oder **radikal**, weil sie den Grund aller Maximen verdirbt; denn da sie als oberste Maxime selbst böse ist, so kann aus ihr, als der Wurzel nichts Gutes hervorsprossen.

Alle diese Ausdrücke aber sind nur symbolisch und keine zur Versinnlichung moralischer Begriffe; sie stellen uns vor, daß wir den Ursprung der Sünde nicht in der Zeit, nicht in Naturursachen, nicht außer uns, sondern in der Willkühr selbst, mithin in einem uns unerforschlichen Grunde zu suchen haben; sie sind aber zugleich geschickt, uns die Wichtigkeit der Sache vor Augen zu legen, unsre Pflicht und unsern ganzen Ernst aufzuregen. Denn welchen Ernst und Fleiß erfordert die Bekämpfung eines Bösen, das, obgleich selbst zugezogen und selbstverschuldet, uns dennoch als unerforschlich in seinem Ursprunge, wie natürlich, wie eingebohren und so tief eingewurzelt erscheint?

Viertens, ist die ursprüngliche Sünde als **zufällig** zu beurtheilen; denn sie ist Wirkung der Freiheit. Alle Wirkungen der Freiheit unterscheiden sich dadurch

dadurch von den Wirkungen der Natururſachen, daß von jenen immer das Gegentheil als möglich gedacht wird. Nun hat die Annehmung der Abweichung vom Moralgeſetz in die Maxime auch ihren Grund in der Freiheit, aber für uns iſt er unerforſchlich; nur ſo viel begreifen wir, daß der Grund keine Natururſache, mithin die Wirkung für uns als zufällig zu betrachten ſei. Wäre dies nicht, ſo wäre ſie nicht eigne That, könnte folglich auch nicht zugerechnet und als Selbſtverſchuldung angeſehen werden. Was nicht ſein ſoll, muß auch nicht ſein können.

* * *

Die heilige Schrift drückt ſich über das Weſen und den Urſprung des Böſen auch ſo aus, daß dabei alle Schuld auf den Menſchen ſelbſt fällt. Der Menſch, wie er aus der Hand ſeines Schöpfers kam, war mit Anlagen zum Guten ausgerüſtet und lebte anfänglich im Stande der Unſchuld. Da er kein reinvernünftiges, ſondern ein zugleich von Sinnenneigungen afficirtes und verſuchtes Weſen war, ſo erging das ſittliche Geſetz als göttlicher Wille an ihn unter dem Namen eines Gebots und Verbots. Anſtatt nun dieſem Willen Gottes einzig und unbedingt zu folgen, ſah er ſich noch nach andern Triebfedern der Willkühr um, und machte es ſich zur Maxime, dem Geſetze, nicht um des Geſetzes willen, ſondern auch aus andern Abſichten, zu folgen. Er
fing

fing an, die Strenge des Gebots zu bezweifeln, wähnte, es seinen Neigungen unterordnen zu dürfen, und gestattete endlich den sinnlichen Antrieben ein Uebergewicht über das Gesetz Gottes; er sündigte. 1 Mos. 3, 6. In der mit Bewußtsein der Freiheit ausgeübten Handlung, wodurch die Unterordnung des Gesetzes unter die Neigungen zur Maxime gemacht wurde, bestand also die Sünde, oder der Sündenfall, wodurch der Mensch unmittelbar aus dem Stande der Unschuld in den der Sünde gerieth.

Man muß aber wohl bemerken, daß das Erste und Oberste, was hier in Betrachtung kommt, die Maxime ist, das ist, eine von der Willkühr selbst zum subjektiven Bestimmungsgrunde erhobene Regel. Es gehört eine Vernünftelei dazu, ehe der Mensch dahin kommt. Denn die Gedanken, welche durch die Schlange in der Eva erregt wurden, enthielten eine Bezweifelung der Strenge und Unbedingtheit des Gebots und Verbots, ein Hervorsuchen der vortheilhaften Seiten und ersprießlichen Folgen der annoch problematischen That, eine bestmögliche Beschönigung — kurz, ein Hin- und Herwälzen der Gründe, bis endlich der moralischen Regel eine andere Regel vorgesetzt, und im Actus der Annehmung zur Maxime die ursprüngliche Sünde, (welche allen weitern Vergehungen als Princip zum Grunde liegt) vollbracht wurde.

Da

Da das Böse nur aus dem Bösen (aus einer durch Freiheit aufgenommenen unsittlichen Maxime) entspringen folglich es weder aus den bloßen Schranken unsrer Natur, noch auch aus einer ursprünglich schon verderbten Anlage abgeleitet werden kann, so folgt, daß die Meinung des Pelagius ebenfalls unstatthaft ist, welcher den Grund des Bösen in der Nachahmung und Gewohnheit allein sucht. Denn da der Mensch frei ist und durch keine Naturursache aufhören kann, frei zu sein, so können Beispiele und Hang zur Nachahmung nie hinreichen, um die Willkühr zu verderben, weil außer den Versuchungen doch noch ein Actus der Willkühr erfordert wird, bevor der äußere Antrieb innerer Bestimmungsgrund wird.

Aber auch die Meinung des Augustinus, welcher die Sünde durch die bloße Zeugung fortpflanzen läßt, trifft nicht zum Ziel. Denn geschähe dies, so müßte selbst die Anlage (welche anerschaffen ist) verdorben sein; die Sünde würde dann nicht aus der Freiheit, sondern aus der Natur entspringen und sie könnte dem Menschen ohne Ungerechtigkeit nicht zugerechnet werden.

Auch hat diese Meinung keinen Grund in der Schrift. Diese leitet die Sünde nicht aus einer verderbten Anlage, sondern aus einer freien That der Menschen ab; sie läßt den Menschen durch fremde Triebfedern versucht werden, aber nicht dieser Versuchung, sondern dem,

daß

daß er ihr folgte, schreibt sie seine Verschuldung zu. Sie erklärt alle Menschen für sündige Menschen, von Adam an bis auf heute, aber sie erklärt nicht, daß die Sünde auf eine physische oder chymische oder wer weiß auf welche naturalistische Art entstehe und fortgepflanzt werde, sie hält sich vielmehr an der Sache als eigner Thatsache eines jeden Menschen *). „Sie haben alle gesündigt." Röm. 3, 23. Kap. 5, 12.

*) Anm. Man mag das *ϕ' ώ* durch: weil oder, auf Adam bezogen, durch: in welchem übersetzen, so bleibt der Sinn immer dieser: Daß die Sünde nur Sünde sei, weil sie menschliche That ist. Wir sind nicht darum schuldig, weil Adam gesündigt hat, sondern weil wir alle gleicher Weise wie er gesündigt haben. Der Zeitursprung der Sünde erstreckt sich hierauf bis zum ersten Menschen; der Vernunftursprung aber liegt in jedem Menschen selbst. Es ist aber wichtig, in der Religionslehre beide sehr wohl von einander zu unterscheiden, weil, wenn man alles auf den Zeitursprung, mithin auf Naturursachen zurückführen wollte, dieses gar leicht zur Entschuldigung und Beschönigung ergriffen werden könnte, indem die Menschen den Grund der Sünde in einer verderbten Anlage oder natürlichen Schwäche suchen und sich dadurch der Verbindlichkeit, sich zu bessern, entschlagen möchten; weil was sie nicht selbst gethan haben, ihnen nicht zugerechnet werden könnte und was durch Naturnothwendigkeit entstünde, nicht in ihrer Gewalt wäre, zu ändern. Da aber jeder, ungeachtet der Versuchungen zur Sünde, dennoch immer nur durch Freiheit selbst sündigt, so hat er immer auch die Pflicht sich zu bessern.

* * *

Die Folgen der Sünden sind theils innerlich und nothwendig, theils äußerlich und zufällig. Zu jenen gehört die Verwerflichkeit und Selbstverach-
tung,

tung, zu diesen das Uebel und Elend als wohlverdiente Strafe, wo nicht gegenwärtige, so doch zukünftige.

Es ist aber merkwürdig, daß die Schrift alle Uebel in der Welt, sie mögen uns, so weit wir urtheilen können, als verdient oder unverdient vorkommen, unter den Begriff der Strafe nimmt, selbst das Loos aller Menschen, den Tod, nicht ausgenommen. Rüstige Gegner der Offenbarung haben hierin eine unverkennbare Täuschung der Priester, Andere, die es nicht so schlimm machen zu dürfen glaubten, wenigstens eine Bequemung der heiligen Schriftsteller zu Volksbegriffen, finden wollen. Allein jene Vorstellung der heiligen Schrift liegt selbst der menschlichen Vernunft sehr nahe, in so ferne sie geneigt ist, den Lauf der Natur an die Gesetze der Moralität zu knüpfen.

Denn es ist eine Idee der Vernunft, daß die ganze Sinnenwelt nur als Folge der intelligibeln Welt, diese also als Grund von jener gedacht werden müsse. Zu dieser theoretischen Idee schließt sich denn auch die praktische an, daß wir keinen glücklichen Zustand erwarten dürfen, als in so fern wir uns desselben durch persönlichen Werth (moralische Gutheit) würdig gemacht haben. Nach dieser Idee sollen alle Uebel in der Welt, als Folgen der Selbstverschuldung, mithin als Strafe, und alles Glück als Folge der Tugend, mithin als Belohnung gedacht werden. Der Tod also, in wie fern er ein Uebel ist,

ist, ist er der Sünden Sold. — Diese Idee hat ihre praktische Gültigkeit und gibt uns die Weisung, daß wir vor allen Dingen darauf zu denken haben, wie wir uns persönlich veredeln, indem diese den Grund alles zuständlichen Wohlseins enthält; daß wir also nicht eher verlangen können, von den Uebeln des Lebens (und Sterbens) befreit zu werden, als bis wir uns zuvor dazu durch selbsterworbenen Werth der Person qualificirt haben.

Nach dieser Idee aber wird unser Daseyn (und Leben) nicht nach der hiesigen empirischen Epoche sondern überhaupt nach allen ins Unendliche gehenden Perioden erwogen mithin das Objekt der Idee nur in einer Ewigkeit als erreichbar gedacht. Es können uns daher, da wir nur aus einem kleinem Abschnitte und aus unserm Standpunkte urtheilen, Zweifel und Schwierigkeiten aufstoßen; wohin die Zweckwidrigkeiten in der Welt (das, unsrer Beurtheilung nach, Böse, das Uebel und das Unrecht) gehören; allein alles dieses beruht auf den Schranken unsrer Einsicht, indem wir überall nicht wissen, wie die Natur mit der Freiheit zusammenhängt; wir können nichts weiter, als die uns aufstoßenden Zweckwidrigkeiten auf eine sie zum Endzweck der Welt einigende Weisheit beziehen. So begreiffen wir nicht, wie wir mit unserm dermaligen Körper immer fortleben könnten, da er, so viel wir einsehen, nur zu einem kurzem Gebrauch eingerichtet ist; auch können wir es nicht einmal wünschenswerth finden, uns mit einer so beschwerlichen Hülle

Hülle in Ewigkeit zu schleppen; allein, wir sehen doch auch nicht, warum es gerade nothwendig sei, daß der Uebergang aus der einen Art empirischer Existenz in die andere mit Schmerzen verbunden seyn müsse; denn wenn hier nicht andere Ursachen vorhanden wären, so könnte dieser Uebergang wohl so bewerkstelligt werden, daß er mit keinem Uebel verknüpft wäre, z. B. durch allmähliges Absetzen der unbrauchbaren Theile und allmählige Entwickelung der Organisation zu einem der Dignität des Gemüths angemessenen Vehikel. In wie fern aber der Tod ein Uebel ist (und es noch fernerhin bleiben sollte), so muß der Grund desselben im Uebersinnlichen und zwar in der Selbstverschuldung liegen, wie unerforschlich uns dies auch immer seyn mag. Denn daß wir den Zusammenhang dieses Uebels mit unsern Thaten nicht einsehen, ist keine größere Schwierigkeit als die, daß wir überhaupt die Art der Verknüpfung des Schicksals mit der Denkungsart (des Physischen mit dem Ethischen) nicht begreifen. Genug, das Gesetz sagt uns, indem es alles durch sich bedingt, daß eine Verknüpfung und daß die Idee von derselben, Gesetz für uns sei. Es kann daher dieser Idee nichts gemäßeres gesagt werden, als daß der Tod (in wie fern er ein Uebel ist) darum „zu allen Menschen durchgedrungen sei, dieweil sie alle gesündigt haben." Röm. 5, 12. So müssen nun alle Uebel in der Welt im Allgemeinen als Strafen für begangene Uebertretungen angesehen werden, und

J die

die angeblichen Tugenden, wodurch der Eine oder der Andere seine Uebel für unverschuldet hält, möchten wohl nicht eine so große Instanz machen, wenn sie sich nur aufrichtig prüfen, und bei der Schätzung ihres moralischen Werths die Eigenliebe (und eine dem Menschen eben so gewöhnliche als tief im Verborgen liegende Unlauterkeit, vermöge welcher er so gar die innern Aussagen vor seinem eignen Gewissen zu verbergen weiß) aus dem Spiel lassen wollten. — Der Ausschlag bei jeder Selbstprüfung, die der Mensch, auch der beste, anstellt, kann immer kein anderer sein, als daß er nöthig habe, sich zu bessern. Wiewohl diese Denkungsart nicht mit sklavischer Aengstlichkeit, sondern mit Heiterkeit verbunden sein kann und auch muß, weil die fröhliche Gemüthsstimmung eine Anzeige ist, daß man das Gesetz lieb gewonnen hat, dagegen der Trübsinn und die Niedergeschlagenheit einen verborgenen Haß gegen das Gesetz verräth.

Noch ist zu bemerken, daß die Verbindung des Uebels mit der Uebertretung an sich selbst gut oder moralisch nothwendig ist; daß wir folglich die Strafen nicht bloß als Mittel sondern als Zweck der gesetzgebenden Weisheit und ausübenden Gerechtigkeit betrachten müssen. Den Missethäter trifft die Strafe oder selbstzugezogene und wohlverdiente Züchtigung, ohne daß er dabei auf einen andern Zweck hinaus zu sehen berechtigt wäre.

wäre. Bei der Regierung der göttlichen Weisheit ist zwar wohl der Gedanke vergönnt, daß sie in ihrer Gesetzgebung auch auf das Wohl der Weltwesen gerichtet sey, daß sie folglich auch, indem sie Gerechtigkeit handhabet, die Besserung des Sünders und unter dieser Bedingung seine Glückseligkeit beziele, allein aus dem Begriffe der Gerechtigkeit selbst folgt es nicht, noch weniger aus der Verwirkung des Uebelthäters; sondern es ist eine auf den Begriff von der mit der Heiligkeit verbundenen Güte gegründete Erwartung.

Achter Abschnitt.
Von der Gnade Gottes.

Das Resultat des vorigen Abschnitts war, daß alle Menschen sündige Menschen sind, deshalb eine Verschuldung auf sich haben, und die ihnen zustoßenden Uebel für weiter nichts als wohlverdiente Strafen ansehen dürfen. Die Uebel treffen sie aber nicht, damit etwas Angenehmes herauskomme, sondern sie sind, als Strafen, Zweck der gesetzgebenden Weisheit, und hängen durch die ausübende Gerechtigkeit als (moralisch-) nothwendige Folgen mit ihrer persönlichen Verwerflichkeit zusammen.

Wie es aber Pflicht ist, aus dem Zustande der Verworfenheit herauszutreten, so ist es auch Wunsch, den, derselben angemessenen Uebeln, wenigstens für die Zukunft zu entgehen. Dieser Wunsch wird moralisch,

wenn

wenn die Erfüllung desselben unter der Bedingung und mit dem Bewußtsein der Besserung begehrt wird.

Nun kann aber die Erfüllung desselben nicht aus der Heiligkeit Gottes (und des Gesetzes) abgeleitet werden, denn die ist beleidigt worden, auch nicht aus der Gerechtigkeit, denn diese vollzieht das Urtheil des heiligen Richters; also allein nur aus der Güte. — Alles, was der Mensch ist oder hat, ohne darauf einen Rechtsanspruch zu haben, ist und hat er durch die Güte Gottes. Nun aber ist alles Thun des Menschen unter die Pflicht gegeben und wenn er dem Gesetze völlig entspräche, so würde er dadurch noch nichts, als was an sich schon Schuldigkeit war, geleistet haben. Hieraus folgt daß auch der beste Mensch seinen Wunsch zum Wohlergehen, nicht auf die Gerechtigkeit Gottes sondern allein auf seine freie Güte gründen kann. Wenn aber der Mensch etwas von Gott wünscht, wozu ihm nicht allein der Rechtsanspruch sondern auch selbst die Würdigkeit mangelt, indem er sich durch seine vorhergehenden Unthaten ein Verdammungsurtheil zugezogen hat; so wird die Güte Gottes, von welcher er die Erfüllung seines Wunsches abzuleiten gedenkt, in vorzüglichem Sinne Gnade genannt. Da aber alle Menschen sündig, mithin der Güte Gottes aus diesem Grunde moralisch unfähig sind, so findet zwischen ihnen und Gott nur das Verhältniß der Begnadigung Statt.

* * *

Es ist nun ein vorzügliches Verdienst der christlichen Offenbarung, daß sie den Begriff von der Gnade Gottes in seiner ganzen Fruchtbarkeit und nach seinen Bedingungen aufgestellt hat.

Indem sie den Menschen auf seine von ihm selbst verschuldete Verwerflichkeit aufmerksam macht, und zeigt, daß das Verdammungsurtheil die unausbleibliche Folge vor der göttlichen Gerechtigkeit davon seyn müsse; richtet sie ihn doch zugleich dadurch wieder auf, daß sie ihm die überschwengliche Gnade Gottes zu Gemüthe führt. Hierdurch bewahrt sie ihn vor der sklavischen Furcht und Verzweiflung. Allein damit doch auch die Lehre von der Gnade nicht eine neue Quelle von Vergehungen werde, indem der Mensch wähnen möchte, daß sie einen unerschöpflichen Grund der Vergebung auch für die künftigen Unthaten enthalte; so fügt sie die Bedingungen hinzu, unter welchen dem Menschen allein eine Aussicht und Hoffnung auf dieselbe vergönnt sey. Diese Bedingungen sind nun: eine unverzügliche Besserung der Denkungsart und des Betragens.

Auf diese Art verhütet sie zwei Abwege, worauf die Menschen sich zu begeben, sehr geneigt sind. Der Eine ist der der Sicherheit und des Selbstdünkels, da der Mensch auf eigne Gerechtigkeit trotzt und der Gnade Gottes nicht zu bedürfen wähnt; eine gewöhnliche Denkungsart der sogenannten Freigeister, welche die Unabhängighängigkeit der Vernunft von ihrem eignen Bedürfniß zur Maxime, hat und durch diesen Unglauben (welchen einige so gar für Aufgeklärtheit gehalten wissen wollen) die moralischen Gesetzen zuerst die Kraft auf das Herz, und mit der Zeit alles Ansehen benimmt und nur zu oft damit endigt, daß sie gar keine Pflicht mehr anerkennt und die ganze Moral konventionell macht. Der andere Abweg ist der der Faulheit und kleinlichen Denkungsart, wo der Mensch im Wahn, er könne durch sich selbst doch nichts thun, allein auf die göttliche Gnade hinblickt und von ihr allein Licht und Kraft erwartet. — eine Gesinnung des Aberglaubens und der finstern Bigotterie.

Da aber die Gnade Gottes durch die Heiligkeit desselben bedingt ist, so geht ihr ein Gebot voran, nämlich das der Umänderung unsrer Denkungsart und des unermüdeten Fleißes in der Tugend; hierauf erst folgt die Verheißung; nämlich daß wir der Vergebung unsrer Sünden und des ewigen Lebens theilhaftig werden sollen.

* * *

Von dieser Gnade Gottes heißt es nun, daß, wenn wir die Bedingung derselben erfüllen, sie alles das begreiffe, was Gott zur Bewirkung des Endzwecks der Welt an uns allein thun könne. Um ihrer also theilhaftig zu werden, muß der Mensch sich aufrichtig prüfen, seine Sünde und Verschuldung erkennen, seine Denkungstungsart ändern und sich seiner Pflicht, um der Pflicht willen, unterziehen. Geschieht dies, so hat er die moralische Beschaffenheit, unter welcher er sich der Gnade Gottes versichern darf.

Wir sollen uns aber die Gnade Gottes nicht etwa als eine zufällige und nur auf einige Menschen gerichtete Gesinnung Gottes denken, sondern als eine seinem göttlichen Wesen nothwendige und alle Menschen befassende Güte. Sie ist an keine Bedingungen als allein solche gebunden, welche aus dem Begriffe der göttlichen Heiligkeit folgen.

Wenn daher einige die Gnade Gottes als vorherbestimmt und in einem unbedingten Rathschlusse also befangen denken, daß sie ohne weiteres Zuthun der Geschöpfe dem Einem zu Theil werde, dem Andern versagt bleibe, so ist dies eine offenbar naturalistische Deutung des moralischen Verhältnisses. Die Ausdrücke, Vorherbestimmen, Vorherverordnen ($\pi\varrho oo\varrho\iota\zeta\varepsilon\iota\nu$ etc.) schließen nur alle Zeitbedingung aus und bedeuten, daß die Gnadenerweisung bloß von objektiven und allgemeinen (moralischen, nur durch Vernunft vorstellbaren) Gründen abhange.

Noch anstößiger ist die Meinung der Fatalisten, welche die Begnadigung ohne alle Gründe erfolgen und verweigern lassen. Hiergegen empören sich die Vernunft und Schrift gleich stark, denn auch diese stellt Gott als

einen

einen moralischen Urheber und Regierer der Welt, mithin als einen solchen vor, welcher durch Ideen und Zwecke der Weisheit bestimmt ist. Wenn aber dies ist, wie es die praktische Vernunft nicht anders zu denken erlaubt, so findet nicht allein keine Bestimmung ohne Grund und Fug, sondern nur allein eine moralische (das ist, eine auf Heiligung und Beseligung gerichtete) Bestimmung Statt; und da dieser Zweck selbst als Ursache der Schöpfung eines jeden Vernunftwesens anzusehen ist; so erstreckt sich eine göttliche Absicht ohne Ausnahme auf alle endliche und freie Vernunftwesen. Mit dieser erhabenen Ankündigung beschließt aber die heilige Schrift ihren Vortrag; sie erklärt, daß Gott von Ewigkeit her (ohne alle Zeitbedingung) allen moralischen Geschöpfen ohne Ausnahme (und Unterschied der Nationen) zur (moralischen und physischen) Seligkeit bestimmt habe, ohne nun weiter die Wege seiner Weisheit zu erforschen.

Darum führt sie alles auf den Willen und Rathschluß der göttlichen Weisheit (nicht aber, einer blinden Wahl) zurück, und mehr können wir auch nicht. Denn die Regel der göttlichen Weisheit und die Wege auszuspähen, auf welchen sie den Endzweck der Welt bemerkt, ist für uns zu hoch; aber so gar das, was wir erfahren, zum Maaßstab der Beurtheilung der göttlichen Direction machen wollen, ist eine Vermessenheit, die sich nur Menschen können zu Schulden kommen lassen,

sen, welche die Schranken ihres Erkenntnißvermögens und den engen Bezirk ihrer Erfahrung verkennen, mehr der Neugierde und Vernünftelei nachhängen, als der sittlichen Gesetzgebung huldigen und trauen.

* * *

Als etwas dem christlichen Religionsglauben Eigenthümliches verdient noch bemerkt zu werden, daß die Gnade Gottes eine in Christo gegebene Gnade sey. (1 Kor. 1, 4. und in vielen andern Stellen.)

Es wird also hier das, was sonst schon allgemeine Religionslehre ist, in besonderer Beziehung auf Jesum, als einen Vermittler, vorgestellt. Die beste Einleitung zur Erklärung dieses Eigenthümlichen gibt der Verfasser des Briefs an die Hebräer. (Kap. 1, 1. ꝛc.) „Nachdem vor Zeiten Gott manchmal und auf mancherlei Weise geredet hat zu den Vätern durch die Propheten, hat er am letzten in diesen Tagen zu uns geredet durch den Sohn."

Man sieht also, daß das Erste, welches durch diese Beziehung ausgedrückt werden soll, dieses sey, daß die Bekanntmachung auch durch Jesum geschehen sey; daß die Christen folglich ihm Unterricht und Kenntniß von der göttlichen Gnade zu danken haben. „Daß ihr durch ihn in allen Stücken reich gemacht seyd an aller Lehre und in aller Erkenntniß. 1 Kor. 1, 5.

Das

139

Das Zweite, welches dadurch angeregt wird ist dieses, daß Jesus keinen andern Zweck hatte, als sich um die Menschheit verdient zu machen; und da dieser Zweck selbst Gottes Zweck ist und alles, was Jesus that, auch zugleich als Wille Gottes betrachtet werden sollte und konnte, so ist Jesus in aller Rücksicht derjenige, durch welchen sich Gott den Menschen als einen gnädigen Gott erwiesen oder seine Gnade gegeben hat. Es wurde demnach durch Jesum die göttliche Gnade nicht allein verkündigt (der Begriff von ihr gegeben) sondern auch erwiesen (der Begriff wurde dargestellt.)— Diejenigen also, welche das Verdienst Jesu in diesem Punkte bloß in die Belehrung setzen, thun ihm offenbaren Abbruch und übergehen den Werth seiner Denkungsart, welche hier gerade das Wichtigste und allein das ist, was unverweigerliche Achtung einflößt. Ephes. 3, 7. f.

Uebrigens ist hier nur die Rede von dem allgemeinen Begriffe der Gnade Gottes, wodurch das Verhältniß desselben zu den Menschen angegeben wird, nach welchem er in seinem Rathschlusse uns ein Gut ertheilt, wozu wir keinen Rechtsanspruch haben, auch nie haben können. Denn gesetzt wir erfüllen auch unsre Pflicht, so gibt dies noch kein Recht. Da wir aber so gar noch Verschuldung auf uns haben, so findet in Rücksicht auf unser vorherge

hen

habendes Leben, auch nicht einmal Würdigkeit Statt und wenn wir durch den Ausspruch des göttlichen Rathschlusses dennoch gerechtfertigt werden, so ist dies eine Gerechtigkeit ohne Verdienst und Würdigkeit.

Da aber dennoch die Gnade Gottes durch die Aufforderung seiner Heiligkeit bedingt ist, so wird, wenn wir uns jene zueignen wollen, eine gebesserte Denkungsart erfordert, und diese ist die einzige Bedingung für uns, unter welcher wir derselben würdig (moralisch empfänglich) seyn können.

Wir müssen daher mit der Schrift sagen: Wir werden ohne Verdienst und Würdigkeit gerecht, weil wir keinen Rechtsanspruch auf die Begnadigung haben, und wegen unsrer Verschuldung derselben auch noch unwürdig sind. Zugleich aber beherzigen wir, daß wenn wir gleich durch unsere vorhergehende Schuld Unwürdige sind, wir uns doch durch die gegenwärtige Besserung würdig machen müssen, denn wenn die Pflichtbeobachtung auch kein Recht gibt, so enthält sie doch die Bedingung der moralischen Empfänglichkeit zur Begnadigung; und in diesem Sinne sagen wir wiederum: daß Niemand ohne Besserung (ohne Würdigkeit) von Gott gerechtfertigt werde.

Diejenigen, welche den Begriff der Gnade dadurch für unzuläßig erklären, weil jeder Handlung des Menschen ihre Folgen durch die Natur bestimmt sind, und Gott die Gesetze und den Lauf der Natur nicht hemmen könne,

könne, bedenken nicht, daß die ganze Natur doch zuletzt in Erziehung auf das Sittenreich stehe, sie mithin dem absoluten Zweck subordinirt sei. Aus diesem Grunde müssen die natürlichen Folgen unsrer Handlungen doch von einer Weisheit dirigirt, mithin ihnen Maaß und Ziel bestimmt sein. Das Wichtigste bleibt aber immer die moralische Gemüthsstimmung. Denn die natürlichen Folgen mögen bleiben oder aufhören, (was wir nicht wissen) so ist es dem sich seiner Verschuldung (mithin Verwerflichkeit) bewußten Menschen sehr wichtig, ob er auf irgend eine Art wieder Herz und Vertrauen zu Gott fassen dürfe, und dazu qualifizirt er sich durch den selbstbewirkten Uebergang aus der bösen zu einer Gott wohlgefälligen Gesinnung. Hat er nur erst diesen Trost und diese moralische Glückseligkeit, so wird er sich in Absicht der natürlichen Folgen seiner Handlungen und seiner physischen Glückseligkeit gar bald beruhigen; denn er wird Gott vertrauen und sprechen: „Herr, dein Wille geschehe." Daß aber Gott zur Aussöhnung mit sich die Herzensbesserung, etwas, das an sich selbst schon Pflicht ist, allein zur Bedingung seines Wohlgefallens gemacht hat, ist doch etwas in seinem Rathschlusse, das allein unter den Begriff der Gnade genommen werden kann.

Neunter Abschnitt.

Von Jesus Christus.

Zu einer Zeit, da das jüdische Volk die Uebel einer auf Hierarchie gegründeten Verfassung in vollem Maaße fühlte, neben dem äußern Drang von einer siegreichen Nation noch durch innerlichen Zwist der Partheien zerrissen, und das Ganze im Begriff war, sich in eine, so wohl moralische als bürgerliche Anarchie aufzulösen, denn es war des sittlichen Verderbnisses nicht weniger als des politischen. — Zu dieser Zeit stand eine Person in eben diesem Staate auf, welche sich durch die Weisheit der Lehren und die Heiligkeit des Lebens als den Gesandten Gottes bewährte, um ein Reich der Wahrheit und der Gottseligkeit auf Erden zu stiften.

Dieser Jesus wurde von einer jungfräulichen Mutter, Maria, zu Bethlehem geboren, zeigte sehr früh außerordentliche Talente, hatte viel Gefälliges in seinem Benehmen, und bildete sich während seines Aufenthalts

bei

bei seinen in Dürftigkeit lebenden Eltern und Verwandten unter dem Beistande Gottes, und bereitete sich im Stillen so lange vor, bis er sich in seinem dreißigsten Jahre von Johannes, seinem Anverwandten, und einem durch strenge Tugend und reine Gottseligkeit in großem Rufe stehenden Manne, öffentlich zu dem Amte eines Weltlehrers und moralischen Heilandes einweihen ließ.

Von dieser Zeit an bekannte und betrug er sich als göttlicher Gesandte, lehrte und handelte allein im Namen Gottes, welchen er seinen Vater und sich dessen Sohn nannte. Außer andern Freunden zog er sich besonders zwölf Männer zu, welche bei seinem Leben auf Erden um ihn sein und nach seinem Hinscheiden das angefangene Werk weiter ausführen sollten. Er suchte die Menschen vom Laster zur Tugend, vom Wahnglauben und Afterdienst zur Wahrheit und Gottseligkeit zu leiten und machte die Liebe gegen Gott und den Menschen zur Basis seiner Religion. In seinen Worten war eben so viel Kraft als in sein Thaten Außerordentliches. — Eine große Menge der Nation fiel ihm zu und erkannte in ihm den zu ihrem Heil gekommnen Erretter. Je mehr ihm aber anhingen, desto bedenklicher wurde die Lage der jüdischen Obern, welche das Ruder überdies nur noch schwach und mit Hülfe einer kirchlichen Politik hielten, deren Blöße durch die freimüthigen Urtheile Jesu immer mehr aufgedeckt wurde. Dies brachte sie denn freilich sehr gegen ihn auf und ihr Haß wurde um so heftiger, je weniger es ihnen gelingen wollte, ihm unter irgend einem Schein des Rechts beizukommen. Da sich aber die Gefahr täglich vermehrte und sie den Sturz ihres auf Trug und Ungerechtigkeit beruhenden Regiments vor Augen sahen, wagten sie das Aeußerste. Sie wirkten einen Befehl aus, daß jeder gehalten sein solle, ihn zu entdecken, um ihr in Verhaft nehmen zu können. — Jesus wußte dieses alles sehr wohl, hatte es auch seinem Vertrauten oft genug vorhergesagt; wollte sich aber der Gefahr nicht entziehen, weil er es ohne Untreue gegen seinen Zweck nicht konnte. Er feierte das letzte Pascha mit seinen Jüngern, setzte seine Gedächtnißfeier ein, ermunterte die Seinigen zur Standhaftigkeit, tröstete sie mit der Hoffnung seiner Auferstehung und begab sich darauf mit ihnen nach Gethsemane am Oelberg, kämpfte hier mit dem Vorgefühl seiner Leiden ergab sich in den Willen seines Vaters und fand im Vertrauen auf ihn allein Fassung und Stärkung des Muths. — Indem erschien Judas, Einer der zwölfe mit der Wache. Jesus ging ihm entgegen — wurde gebunden und vor Gericht geführt, ohne allen rechtlichen Grund zum Tode verurtheilt und starb am Kreuze. Hierauf wurde sein Leichnam in ein Grab gelegt, aus welchem er am dritten Tage auferstand und, nachdem er noch vierzig Tage mit seinen Vertrauten Umgang gehabt, sie über das Reich Gottes noch mehr unterrichtet und zur Ausbreitung desselben verpflichtet hatte; ging er mit ihnen in die Gegend von Bethania

am

am Oelberg segnete sie und unter diesen Segnungen schied er von ihnen und eine Wolke entrückte ihn ihren Augen.

Ich überlasse es den berufenen Geschichtschreibern, die Geschichte Jesu in der Vollständigkeit so wohl theoretisch als praktisch aufzustellen, wie sie es verdient und fähig ist. Für meine Absicht reichen die angezogenen Data hin, weil ich es nur mit den auf sie gegründeten Lehren und ihrer Beurtheilung zu thun habe.

* * *

Die Geschichte Jesu kann als Naturbegebenheit betrachtet werden, und dann suchen wir die Gründe dazu, so weit es möglich ist, in Naturursachen. Diese Ansicht ist für das theoretische Interesse unsrer Vernunft die angemessenste, denn sie geht auf Erweiterung der Erkenntniß und der Einsicht aus Gründen. Aber eben diese Geschichte muß auch teleologisch erwogen werden, und dann fragen wir nach ihrer Beziehung auf den höchsten (moralischen) Endzweck der Welt. Da nun die ganze Geschichte Jesu nicht bloß als Naturbegebenheit, sondern als eine von Gott zu moralischen Absichten veranstaltete Geschichte vorgestellt wird, das Moralische aber der Endzweck ist, so muß dies aus Allem klar zu vernehmen sein, weil es auf die Willensbestimmung gerichtet ist und keinen Zustand der Unentschiedenheit sondern der Entschließung und Handlung fordert.

K. Wir

Wir wollen über die Hauptvorfälle in der Geschichte Jesu nach dieser zweifachen Ansicht reflectiren.

Ueber eine Begebenheit reflectiren, heißt, versuchen, unter welche Principien sie sich bringen läßt, ob der theoretischen oder praktischen Vernunft.

In der Reflexion nach theoretischen Principien über die Geschichte Jesu suchen wir auszumitteln, ob die Begebenheiten bloß natürlich sind oder ob zu ihnen auch noch übernatürliche Gründe hinzugedacht werden müssen. Natürlich ist, was sich nach Naturgesetzen aus Naturursachen verstehen läßt; ist aber eine Begebenheit da, welche wir nicht unter Principien der Natur bringen können; so sind zwei Fälle möglich; entweder nur wir verstehen ihren Ursprung aus Naturursachen nicht, oder sie kann überall nicht aus ihnen abgeleitet werden; im ersten Fall ist der Ursprung aus einer übernatürlichen Ursache bloß möglich und zwar so lange, bis die Naturursache entdeckt wird, im zweiten aber ist es nothwendig, eine übernatürliche Ursache zu denken. Denn da die Vernunft ohne Gründe nichts denken kann, hier aber die Naturursachen gänzlich fehlen, so beschließt sie die Möglichkeit einer Thatsache mit dem im Gedanken gesetzten übersinnlichen Grunde.

Eine übersinnliche Ursache ist eine solche, von welcher wir bloß einen problematischen Begriff haben; eine Ursache die keine Naturursache ist, die wir nicht kennen,

auch

auch nicht erkennen können; deren Wirkungsart uns also gänzlich verborgen bleibt.

Begebenheiten, aus Ursachen gewirkt, die und deren Wirkungsart uns verborgen sind, heißen Wunder. Was also zwar aus unbekannten Ursachen entsteht, deren Wirkungsgesetze uns aber doch bekannt sind, ist noch kein Wunder.

Ob demnach eine Begebenheit ein Wunder sei, kann nicht geradezu erkannt sondern nur geschlossen werden.

Reflectiren wir nun über die Geschichte Jesu, so findet sich in derselben vieles, welches von uns nicht auf Naturursachen zurückgeführt werden kann. Von seiner Menschwerdung an bis zur Hinscheidung aus diesem Erdenleben zeigt sich dieser „Jesus von Nazareth als einen Mann von Gott mit Macht, Wunder und Zeichen bewiesen." Ap. Gesch. 2, 22.

Wollen wir uns hierbei in den Grenzen einer vernünftigen Bescheidenheit halten, und die Rechte der Vernunft eben so wenig als ihre Schranken verkennen, so müssen wir erstlich die Möglichkeit des Uebernatürlichen, ja selbst die Wirklichkeit desselben einräumen, so lange die historischen Beweise ihre Kraft behalten und der Ursprung aus Naturursachen nicht gezeigt werden kann. Zweitens aber darf diese Einräumung dem theoretischen Interesse nicht in den Weg treten; wie

müssen

müssen wenigstens versuchen, ob und in wie weit wir die Begebenheiten auf natürliche Principia zurückführen können; damit wir das, was aus Naturursachen gar wohl verständlich ist, nicht ohne Grund dem Uebersinnlichen beizählen.

* * *

Schon die Menschwerdung des Jesus von Nazareth zeigt sich in der Beurtheilung als eine von allen uns bekannten Naturgesetzen abweichende Begebenheit. Das uns bekannte Gesetz der Naturzeugung erfordert zur Menschwerdung den Beitritt vom beiderlei Geschlechte, dagegen wird der Ursprung Jesu als eine von keiner Geschlechtsgemeinschaft abhängige, bloß jungfräuliche Geburt vorgestellt, und die Ursache davon ins Uebernatürliche, in den zur Menschwerdung Jesu wirkenden Geist Gottes oder Macht des Höchsten, gesetzt. Daburch ist nun die Zeugung dieses Kindes freilich um nichts unbegreiflicher als die eines jeden andern Menschen; denn wie auch aus der Geschlechtsgemeinschaft solche Wesen, wie wir Menschen sind, entspringen können, bleibt gänzlich unbekannt, da auf diese Art nicht etwa bloße Naturwesen, sondern Menschen, das ist, mit Freiheit und Vernunft, also mit moralischen Anlagen begabte, und nur nach Naturgesetzen existirende Wesen entstehen. Der Ursprung aller Menschen kann daher nicht bloß als Naturzeugung, sondern muß auch zugleich als

Ur-

Ursprung aus dem Uebernatürlichen, durch Gottes Allmacht, betrachtet werden, weil das uns bekannte Gesetz der Zeugung die Möglichkeit der Existenz der Menschen allein nicht begreiflich macht.

Wenn daher auch Jesus selbst aus der Geschlechtsgemeinschaft gezeugt wäre, so würde hierdurch zwar seine Geburt in der uns bekannten Ordnung der Natur, hiermit aber sein Ursprung gar nicht begreiflich sein, indem die Möglichkeit seiner Menschwerdung dennoch auf Gott bezogen werden müßte. Da aber seine Zeugung auch als von der bekannten Regel abweichend vorgestellt wird, so muß hierunter noch eine besondere moralische Andeutung enthalten sein, nämlich diese: daß das Außerordentliche in der Geburt dieses Kindes auf etwas Außerordentliches in seiner Bestimmung hinweise.

Da er aber, ungeachtet der jungfräulichen Geburt, laut der eignen Angabe der heiligen Geschichtschreiber, ein Mensch war, wie andere Menschen, so ging der Fingerzeig nicht auf etwas Physisches, sondern etwas Moralisches, nämlich auf seinen sich über alle Versuchung zum Bösen erhebenden Charakter. Hierin unterschied er sich nun von seiner Jugend an bis zum Ende seiner irdischen Laufbahn von allen Menschen. Jedoch nur wie die Menschen sind, nicht wie sie sein sollen. Denn es wird wiederum ausdrücklich gesagt, daß alle Menschen sich bestreben sollen, zu werden, wie er er war; sie müssen es also werden können. In wie fern nun Jesus seine ursprüngliche Unschuld nie verwirkte, erhob er sich über alle Menschen, wie sie sind; in wie fern aber eben dieses doch zugleich Pflicht aller Menschen ist, enthält es auch nichts Uebermenschliches. Daher ist er einzig und außerordentlich, und doch zugleich ein Muster, welches alle Menschen zur Nachahmung verbindet.

Bei der Vorstellung der jungfräulichen Geburt ist es also nicht sowohl das Unbegreifliche aus Naturursachen, welches unsre Aufmerksamkeit enthalten soll, sondern die Anzeige auf seine ursprüngliche, nie verwirkte, Unschuld, auf sein allen Versuchungen zum Bösen siegreich widerstrebendes Gemüth, verbunden mit der überall erkennbaren heiligen Denkungsart und Handlung. „Darum auch das Heilige, das von dir geboren wird, wird Gottes Sohn genannt werden." Luc. 1, 35.

* * *

Eine gleiche Bewandniß hat es mit allen seinen Handlungen, die sich in der Beurtheilung als Wunderthaten, das ist, als solche darstellen, zu deren Möglichkeit noch eine übernatürliche Ursache gedacht werden muß. Bei ihnen bleibt uns, wenn die Forschung ihr Ziel erreicht hat, nichts weiter übrig als die moralische Ansicht, da sie als Hülfsmittel zur Introduction der wahren Religion

ligion dienten. Mit der Ueberzeugung, daß sie dies bewirkten und bewirken sollten, steht und fällt ihr ganzer Werth. Daß nun Gott sie zu diesem Endzweck durch Jesum gethan habe, ist einstimmige Erklärung der heiligen Schrift; ob es aber einer höchsten Weisheit zustehe, sich solcher Mittel zu bedienen, kann weiter keine Frage sein; denn wer will die Wege der Weisheit und die Art, wie sie die Natur zum Zwecke des Sittenreichs gebrauchen soll, bestimmen? Was geschieht und geschehen ist, das muß auch im Rathe der Weisheit beliebt sein, es mag sich dieses in der Reflexion der Menschen als bloße Naturbegebenheit oder als Phänomen darstellen, dessen Gründe wir, nach unsrer dermaligen Erkenntniß, nur als übernatürliche denken können.

Nur muß man bei dergleichen Thatsachen nicht blind auf alle Nachforschung Verzicht thun. Man versuche zu erklären, und gehe so weit man immer kommen kann. Man gebe auch die Hoffnung nicht auf, und lasse den Muth nicht sinken; vielleicht lassen sich noch natürliche Gründe finden, wo sie bisher verborgen waren. Aber man gehe auch dabei mit Unpartheilichkeit und Anstand zu Werke, und bescheide sich über nichts abzusprechen, bevor man zur evidenten Einsicht gekommen ist.

Keine Hypothese ist aber ungereimter als diejenige, da man annimmt, es sei zwar mit allen angeblichen Wundern ganz natürlich zugegangen, allein Gott habe es so veranstaltet, daß die Menschen sich getäuscht und die natürlichen Begebenheiten für Wunderthaten gehalten hätten. Das Ungereimte liegt hierin dem Widerspruche der Hypothese mit den moralischen Eigenschaften Gottes. Trug und Täuschung sind nie erlaubt, auch selbst nicht bei endlichen und ohnmächtigen Wesen; allein bei diesen ist doch noch ein Grund da, weshalb sie sich solcher unerlaubten Mittel bedienen; nämlich, weil die Klugheit sie zur Ergänzung ihrer Schwäche gebraucht; bei Gott aber, dessen Wille so allmächtig als heilig ist, läßt sich auch gar kein Grund denken, warum er zur Erreichung seiner Absichten kleinlicher (wider die Heiligkeit streitender und nur Ohnmacht ergänzender) Mittel bedienen sollte. Was die regierende Weisheit für Wunder gehalten wissen will, die müssen es auch sein. Vor ihr gilt kein Trug und Schein.

Sonderbar ist es aber, daß man die Entscheidung über die Wunder zur Hauptsache macht, da doch, man mag sie begreifen oder nicht, dies noch keinen Menschen im geringsten moralisch besser macht. Sie hatten, nach der ausdrücklichen Erklärung Christi und seiner Apostel, nur den Werth eines Mittels, und dienten zur Einführung eines Religionsglaubens, welcher, wenn er einmal da ist, sich nun fernerhin durch innere Gründe halten kann und soll. Dieser Glaube war Zweck, und blieb, nachdem die anfänglichen Hülfsmittel zu seiner Einführung längst aufgehört hatten. Anstatt also gegen die

simplen

simplen Erzählungen der heiligen Geschichtschreiber zu schikaniren, sollte man lieber den Weg der höchsten Weisheit ehren, auf welchem es ihr gefallen hat, eine Religion in die Welt einzuführen, welche den unverkennbaren Grund der Veredlung und Beruhigung für Jeden enthält, der sich aufrichtig zu ihr bekennen will.

* * *

Schon aus dem Wenigen, was uns von dem thatenreichen Leben Jesu aufgezeichnet ist, erhellet eine Weisheit, welche nicht allein die der ihm vorangehenden Weltweisen weit übertraf, sondern auch noch jetzt der Gegenstand einer uneingeschränkten Hochachtung für Jeden ist, der mit Unpartheilichkeit über sie nachdenkt.

Es entsteht also die Frage: Woher dem Jesus von Nazareth diese Weisheit?

Es ist der Vernunft angemessen, diese Frage nicht sogleich dadurch, daß man sich auf eine übernatürliche Eingebung beruft, abzuschneiden; denn man kann eine göttliche Einwirkung zugestehen und sich dennoch nach den Mitteln umsehen, durch welche sie auch auf eine uns verständliche Weise ihre Zwecke erreicht habe.

Um uns nun, so viel möglich, begreiflich zu machen, wie Jesus zu einem so hohen Grade von moralischer Weisheit und Lebensklugheit gelangt sey, dürfen wir wohl annehmen, daß er von Natur mit außerordentlichen Talenten begabt gewesen sey. Ein wohlausgestatteter Geist trägt auch in sich die Antriebe zu einer frühern und schnellern Entwickelung und Anwendung seiner Anlagen; und deshalb darf es uns nicht befremden, diesen Jesus schon in seinem zwölften Jahre im Tempel und unter Männern zu erblicken, und zu vernehmen, daß er durch Fragen und Antwort die Anwesenden in Verwunderung setzte.

Da er bei seinem glücklichen Genie auch noch viel Gefälliges in seinem Benehmen und Umgang hatte, so verschaffte ihm dies gewiß den Zutritt zu allen solchen Menschen, deren Umgang und Gesellschaft er für sich zuträglich hielt. In der That war seine Bekanntschaft und Verbindung nicht gering, ehe er als öffentlicher Lehrer auftrat; wie wir dieses aus seinem Verständnisse mit Johannes, einem sehr angesehenen und deshalb so gar dem Herodes bedenklichen Manne, deutlich abnehmen können.

Nun müssen wir bedenken, daß die jüdische Nation zu der Zeit durch die mannichfaltigen Schicksale sehr gewitzigt war. Ihre Unglücksfälle, Kriege, Gefangenschaften, Unterjochungen verbunden mit der Erweiterung des innern und äußern Verkehrs hatten sie mit andern Völkern bekannter gemacht und ungeachtet ihrer nationalen Steifheit und Einbildung mußte doch auch fremde Kultur zu ihnen übergehen. Die Gemeinschaft der

Men-

Menschen bewirkt auch Gemeinschaft der Ideen und wie die Juden ehemals von den Egyptern, so mußten sie auch hernach von den Chaldäern und zuletzt von den Griechen und Römern viele Kenntnisse empfangen.

Im Staate selbst fanden sich viele Einrichtungen, welche den Fortgang der Kultur begünstigten. Sie hatten Schulen und öffentliche Versammlungen, wo über religiöse und nebenher auch über andre Gegenstände hin und her gesprochen wurde; sie hatten viele Sekten, unter diesen aber auch einige, welche die Moral und Ascetik zu ihrem Hauptgeschäfte machten, sie hatten ihre kanonische und andere Schriften, in welchen neben andern minder wichtigen Dingen auch viele gediegene Wahrheit zerstreut lag.

Man denke sich einen Jüngling, den der Himmel mit ausserordentlichen Talenten begabt, der Trieb und Lust zum Lernen hat, der für Wahrheit glüht und sie zu befördern Drang und Beruf fühlt; Dieser wird gewiß alle Gelegenheit gesucht und benutzt haben, welche ihm Schriften und Umgang, Geschichte und eigne Erfahrung, Privatverbindung und öffentliche Versammlung darboten; er wird Kraft seines natürlichen Scharfsinns die zerstreueten Körner fremder *) und einheimischer

Weis-

---

*) Ohne eben deswegen selbst außerhalb Landes gereist zu haben; denn der Verkehr der Völker bewirkt von selbst auch den Vertrieb der Ideen, wenn dies auch nicht ausdrückliche Absicht ist.

Weisheit gesammlet, Wahrheit von Irrthum, Schuld von Unschuld, Gottseligkeit von Frohnglauben geschieben haben.

Auf diesem Wege konnte die Bildung und Vervollkommnung Jesu gedeihen und es läßt sich erwarten, daß die höchste Weisheit das, was in der Ordnung, so viel wir einsehen, möglich war, auch innerhalb und durch dieselbe wird erzielt haben. Auf solche Art geschah es denn, daß Jesus zunahm wie am Körper so an Weisheit, und Wohlgefälligkeit vor Gott und Menschen. Luc. 2, 52.

Dennoch aber darf man, wegen des großen Endzwecks, welchen Gott durch Jesum befördern wollte, nicht in Abrede sein, daß seine Weisheit bei der Leitung und Bildung Jesu vorzüglich wirksam gewesen sey; ein Gedanke, welcher mit dem Obigen sehr wohl bestehen kann, und in der Schrift dadurch angeregt wird, daß sie sagt: „Die Gnade Gottes war bei ihm." (Der Segen Gottes ruhte auf ihm.) Luc. 1, 40.

* * *

Ueber das Leben Jesu in der Zwischenzeit seiner Kindheit bis zum Antritt seines öffentlichen Lehramts haben wir keine besondere Nachrichten. Daß er sich, so viel ihm der Aufenthalt bei seinen Eltern und die Geschäfte, womit er ihnen behülflich war, erlaubten, kultivirt und zu seinem Vorhaben vorbereitet habe, versteht sich theils von selbst, theils wird es auch im Allgemeinen angezeigt. Als er auftrat, war er vollkommen vorbereitet und geprüft, was also dazu gedient hatte, ging der letzten Epoche voran. Die Kenntnisse waren schon gesammlet, die Prüfung bestanden und die Weisheit zur Reife gediehen, als er im Einverständniß mit seinen Vertrauten und im Glauben an den Beistand seines himmlischen Vaters die öffentliche Laufbahn betrat.

* * *

Merkwürdig ist die Erklärung bei der Taufe Jesu: „Dies ist mein lieber Sohn, an welchem ich Wohlgefallen habe." Denn sie enthält die unverkennbare Anzeige: daß die Macht, wodurch Jesus und der Zweck zu welchem er wirken würde, bloß moralisch sei. Liebe und Wohlgefallen vor Gott, mithin Uebereinstimmung der Denkungsart Jesu mit dem heiligen Willen Gottes war es, wodurch er sich zum Weltlehrer qualificirte und aus welchem die Menschen abnehmen sollten, daß er ein göttlicher Gesandte sei.

* * *

Diesen Charakter eines himmlischen Gesandten bewies und behauptete Jesus durch eine seiner Abkunft und seines Berufs würdige Lehre und Lebensart, bis er durch einen unverschuldeten und zugleich verdienstlichen Tod, nach-

nachdem er wieder belebt war, dem Umgang der Menschen entrückt und von seinem himmlischen Vater einer seinem Gehorsam angemessenen Herrlichkeit erhoben wurde; in welcher Würde er das unsichtbare Oberhaupt der Christenheit als einer moralischen Gesellschaft bleibt bis ans Ende der Welt.

Die Begebenheit der Auferstehung und Himmelfahrt Jesu, ob sie gleich nur vor den Augen seiner Vertrauten vorging, ist doch so historisch beglaubigt, daß keine entscheidende Zweifel und Einwürfe dagegen gemacht werden können. In der Reflexion lassen sich diese Vorfälle nicht anders als wahre Wunder gedenken; und dies bleiben sie so lange, bis das Gegentheil durch triftige Gründe dargethan sein wird. Mit dem Geständniß aber, daß sie durch übernatürliche Ursachen bewirkte Begebenheiten waren, hört auch alle weitere theoretische Erklärung auf, und es bleibt uns nichts übrig als die moralische Ansicht und Idee, worauf sie hinweisen, hervorzuheben.

Hier ist nun klar, daß sie eine im Beispiel gegebene Darstellung der praktischen Idee von dem Uebergang aus diesem Leben in ein Anderes, mithin von der Unsterblichkeit, zugleich aber auch von der Angemessenheit des künftigen Zustandes zu der Moralität des hier geführten Lebenswandels enthalten. Die Auferstehung Jesu weist auf die Fortdauer moralischer Wesen, aber sein Hingang

zum

zum Sitz der Seligen auf die göttliche Gerechtigkeit hin. In wie fern alles was er gelitten und geleistet hatte, als seine That betrachtet wird, entsteht ihm auch die Belohnung nicht, welche einer so außerordentlichen Verdienstlichkeit angemessen ist. „Weil er gehorsam war bis zum Tode am Kreuz, darum hat ihn auch Gott erhöht." ꝛc.

Dies sind die allgemeinen Religionswahrheiten, welche, ob sie zwar an sich annehmlich und von keiner empirischen Begebenheit abhängig sind, dennoch an diese Geschichte Jesu geheftet werden, in so fern diese eine Bestättigung derselben enthält und doch jeder Mensch im Allgemeinen dasselbe wünscht und glaubt, wenn auch die Art, wie der Glaube in Erfüllung geht, nicht mit den empirischen Eräugnissen, wie bei der Geschichte Jesu, verknüpft ist.

Wer aber diese moralische, sich an allgemeine Vernunftideen wendende, Ansicht der Auferstehung und Himmelfahrt Jesu faßt, wird sich durch die theoretischen Schwierigkeiten, welche ihm die Begebenheiten als solche machen, nicht irre machen lassen. Mögen uns die Ursachen der Eräugnisse verborgen bleiben, so erregen doch die durch dieselben angedeuteten Ideen unsern ganzen Beifall und für Menschen, die an Sinnlichkeit gewöhnt und benen diese Gedanken vielleicht zum ersten Male in ihrer ganzen Reinigkeit und moralischen Kraft enthüllt wurden, war es ungemein wichtig, daß sie zu ihren an

sich

sich ganz reinen und allgemeinen Vernunftvorstellungen gewisse und bleibende Darstellungen hatten, an welche sie jene heften, reproduciren und beleben konnten. — Wer die Menschen kennt, wie sie gewöhnlich sind, wird das Gewicht dieser Anmerkung fühlen.

Da in der Geschichte der Auferstehung und Himmelfahrt Jesu die Idee der Fortdauer und Tugendbelohnung die Hauptsache ausmacht, so ist es nur noch eine Nebenfrage; ob und in wie ferne die Art der Fortdauer durch jene Begebenheit angewirkt wird. Ein berühmter Weltweise unsrer Zeit findet darin den Materialismus, so wohl den psychologischen (der Persönlichkeit unter der Bedingung desselben Körpers) als den kosmologischen (der räumlichen Gegenwart in der Welt überhaupt).

Hierbei bemerke ich; das zwar die Fortdauer Jesu, in wie fern sie Objekt der Erfahrung für seine Vertrauten sein sollte, ihnen nur unter der Bedingung der Identität seines Körpers (denn sonst würden sie ihn nicht leibhaftig haben erkennen können) und der räumlichen Gegenwart (weil sie als Menschen nur der Anschauung im Raume fähig sind) erscheinen mußte; allein dies beweist doch nichts gegen den der Vernunft günstigern Spiritualismus; da überdies Jesus selbst aufhörte durch Identität des Körpers und räumlich gegenwärtig zu sein und selbst lehrte, daß er nach seinem Hinscheiden von dieser Erde als Oberhaupt seiner Gemeine gegenwärtig sein werde bis ans En-

Ende der Welt, welches selbst nichts anders als geistig und moralisch verstanden werden kann.

- Nach der Hypothese des Spiritualismus denkt man sich die **Beharrlichkeit** einer einfachen Substanz als auf ihre Natur gegründet, mithin unabhängig von der Zufälligkeit eines Körpers, welcher auf dem Zusammenhalten eines gewissen Klumpens in gewisser Form beruht, und die **Gegenwart** derselben ohne in irgend einem Orte des unendlichen Raums eingeschlossen zu sein; ohne alle Räumlichkeit; dem Geiste oder der nichtsinnlichen Qualität nach. — Nach dieser Voraussetzung besteht die Identität des Subjekts oder die Persönlichkeit, und der Geist lebt fort, wenn gleich der Körper verfällt; und es findet eine Seligkeit statt ohne räumliche Versetzung. Aber auch diese Idee streitet mit der Lehre des Christenthums nicht, auch nicht mit der Geschichte der Auferstehung und Himmelfahrt Jesu; da wir nicht wissen, welche Veränderung mit ihm vorgegangen, nachdem er dem Umgange mit Menschen entzogen worden.

Es ist zwar nicht abzusehen, was die Menschen mit einem Körper, wie der irdische ist, immerfort anfangen sollten, gesetzt daß er auch noch so sehr verfeinert würde; denn der Grundstoff seiner Organisation scheint doch nur für ihn auf dieser Erde allein angemessen zu sein; allein es hält doch auch eben so schwer, sich die Existenz eines endlichen Wesens ohne alle empirische Bedingung

ℓ vor-

vorzustellen; es kann daher auch wohl sein, daß, ungeachtet die grobe Hülle dahin welkt, doch in der Substanz selbst ein Grund zur Annehmung einer Andern liegt, welche für das folgende Leben geeignet ist. Das Christenthum enthält diese Idee und drückt sie aus durch das Symbol eines gesäeten Samenkorns; durch den Hervorgang des Unverweslichen aus dem Verweslichen; des Herrlichen aus dem Geringfügigen.

Wenn daher auch in andern Weltgegenden auch andere Materien (als die Kalkerde, woraus unser jetziger Körper besteht) die Bedingungen des Daseyns und der Erhaltung lebender Wesen ausmachen, so ist es doch möglich, daß die Grundlage zur Annehmung und der Keim zur Entwickelung schon auf eine uns verborgene Art in der Substanz enthalten ist. Doch dies sind freilich nur Muthmaaßungen, welche, sie mögen so oder anders ausfallen, den allgemeinen Religionsglauben nicht anfechten, da dieser es bloß mit der Fortdauer der Persönlichkeit und einer der Moralität proportinalen Glückseligkeit zu thun hat.

Indem man die Geschichte der Auferstehung Jesu so annimmt, wie sie in der Schrift erzählt wird, kann man noch fragen: warum sich Jesus nicht öffentlich und besonders der jüdischen Obrigkeit gezeigt habe, da dieser Schritt, so viel sich vermuthen läßt, alle Zweifel wegen seiner Person und Sendung auf einmal und gänzlich niederbergeschlagen und ihm alle Welt zu willigen Nachfolgern gegeben haben würde? — Geht man von der Idee aus, daß die Geschichte Jesu eine von der göttlichen Weisheit zu ihren Zwecken veranstaltete Begebenheit war, so gehört diese Frage mit zu derjenigen; wenn man ausmitteln will, warum die höchste Weisheit den Weltlauf grade so und nicht anders, die Anzeigen ihrer Direction grade nur in dem Lichte und in keinem stärkern gegeben habe. Hierüber kann aber kein menschlicher Verstand mit Sicherheit etwas ausmachen, und eine bescheidene Resignation scheint hier die beste Parthei für den sich seiner Pflicht aber auch seiner eingeschränkten Einsicht bewußten Menschen zu sein.

Sollte ich aber irgend einen Grund der Rechtfertigung für die höchste Weisheit angeben, so würde ich ihn aus der Pflicht selbst hernehmen. Diese Pflicht ist das Einzige, welches dem Menschen überall und immerdar mit vollkommener Evidenz einleuchtet und die Vorsehung scheint alles geflissentlich vermieden zu haben; was die Gültigkeit der Pflicht um ihrer selbstwillen auf eine bleibende Weise schwächen oder zurücksetzen könnte.

Aus diesem Grunde erkläre ich es mir, warum die Gottheit sich nicht auf eine demonstrative Art den Menschen geoffenbart habe, sondern ihr Daseyn nur aus der Reflexion nach teleologischen Principien und den Winken

ei-

einer heiligen Pflicht abnehmen läßt, immer aber in einer solche Ferne, daß dem Zweifel noch Raum bleibt und der Glaube nur dann und in dem Maaße fest steht, wenn und in welchem Maaße man das Pflichtgesetz für sich verbindend erachtet. Angenommen also, die Gottheit hätte sich durch irgend eine Demonstration, entweder ihrer Majestät unmittelbar (wie wohl wir hiervon die Möglichkeit nicht einmal denken können) oder durch Wunderthaten vermittelst einer andern Person, durch Wiederlebung und Gestellung derselben in ihrer Unsterblichkeit, auf eine so augenscheinliche Art erwiesen, daß aller Zweifel, aller Widerspruch gänzlich unmöglich wäre, so würde bei den also überführten Menschen die Auctorität offenbar an die Stelle der durch sich selbst gültigen Pflicht treten; zwar eine allgemeine und immerbleibende Beobachtung derselben bewirken, aber nur Beobachtung der Pflicht, nicht aber Beobachtung der Pflicht aus Pflicht; die Triebfeder würde in einer immer gegenwärtigen Auctorität *) nicht im Gesetze selbst liegen. So aber weißt die ganze Geschichte keine Demonstration der Gottheit auf und der Glaube an dieselbe steht und fällt mit der Annahme des Gesetzes zur Maxime; und nur auf diese

Art

---

*) Mithin in etwas Aeußerem und Materialem — da es doch bloß die Form des Gesetzes ist, welche den Willen bestimmen muß, wenn er moralisch sein soll. Denn die Moralität der Maximen besteht allein darin, daß diese sich zu einer allgemeinen Gesetzgebung qualificiren, und in wie fern die Willkühr sich nach einem Gesetze bloß um seiner Allgemeinheit willen bestimmt, ist moralisch.

Art scheint die wahre Veredlung des Menschen gedeihen zu können.

* * *

Ungeachtet des Außerordentlichen, was uns die heiligen Schriftsteller von der Menschwerdung Jesu, seinen wundervollen Thaten, seiner Wiederlebung und Entrückung aus diesem Erdkreis berichteten, ist doch zugleich ihre einstimmige Behauptung, daß er wahrer Mensch, dem Leibe und dem Geiste, den ursprünglichen Anlagen und Talenten, den Bedürfnissen und Empfindungen nach wie ein anderer Mensch war. Philipp. 2, 7. Dieses behaupten sie mit einer solchen Strenge, daß selbst die enge Verbindung dieses Jesus mit Gott und die besondere Beziehung seiner Person als eines Mittlers zu moralischen Absichten darin keine Aenderung machten; denn selbst das, daß er die ursprüngliche Unschuld nicht verwirkte, sondern ohne Fehl und Sünde war, änderte in seiner menschlichen Natur nichts, da er sich hierdurch nur von andern Menschen unterschied, wie sie in der moralischen Beurtheilung befunden werden, nicht, wie sie sein sollten; denn das, was Jesus nach dieser Ansicht war, sollten alle Menschen auch sein.

Es ist daher das Vorgeben einiger Mystiker, die ihn nur für einen Scheinmenschen hielten, eben so unstatthaft, als die Ausflucht anderer grundlos; welche sich aus

dem

dem Grunde der Nachfolge seines Beispiels überhoben wähnen, weil er kein natürlicher Mensch gewesen, mithin die Reinigkeit seines Willens als etwas Angebohrnes Menschen nicht zugemuthet werden könne, welchen sie nicht angebohren wird, sondern die sie erringen und selbst erwerben sollen.

Es war also an diesem Manne (ἀνήρ Apost. Gesch. 1, 22) an diesem Menschen Jesus Christus (1 Tim. 2, 5) nichts Uebermenschliches der Natur nach. Eine Wahrheit, die nicht genug beherzigt werden kann, um allen Schikanen der Freigeister nicht minder als den Träumereien der Mystiker und Doceten zu begegnen und um dem von ihm gegebenen Beispiele nicht seine Kraft und seinen Handlungen nicht die Verdienstlichkeit zu benehmen. Denn daß Gott mit ihm war, daß er den Logos repräsentirte und Abglanz der göttlichen Herrlichkeit war, muß man nicht als eine naturalistische Vermischung (etwa als eine chymische oder alchymische Amalgamation) der menschlichen Natur mit der göttlichen, des Endlichen mit dem Unendlichen denken, sondern als eine moralische Ansicht eines und desselben Menschen, in wie fern er, unter der Leitung Gottes, den Willen Gottes that, welchen zu thun jedes Menschen moralischer Beruf ist und wozu an jeden Menschen Gebot und Weisung ergeht, wie wohl die Menschen durch eigne Schuld hierin zurückbleiben. — Aber wie sich nun Gott des Menschen

Je-

Jesus zur Ausführung seiner väterlichen Absichten bedient habe, wie er auf der einen Seite Mittler in der Hand der Weisheit und doch auf der andern frei und selbst mithin zurechnungfähig und verdienstlich handelnd sein konnte, ist von uns nicht weiter einzusehen, eben so wenig, als alles übrige, wodurch Menschen Werkzeuge in der Hand Gottes und doch Selbstthätig zugleich sind. Nur so viel ist klar, daß die Verbindung endlicher Wesen, als selbstthätiger Wesen, mit der auf sie wirkenden Kraft Gottes nicht als naturalistische Vermischung gedacht werden könne.

Ungeachtet also Jesus ein Mensch war wie andere Menschen, so hindert dies doch nicht, daß durch ihn zugleich der Logos erschien und er den Abglanz der göttlichen Herrlichkeit gab; denn er verkündigte nicht bloß die Idee von der göttlichen Weisheit, sondern betrug sich auch derselben so angemessen, daß ihm kein unpartheiischer Beobachter die Würde eines **geliebten, eingebornen, wohlgefälligen** Sohnes Gottes absprechen kann. Wie aber dieser Logos in den Menschen Jesus gekommen und sich zu der Fülle irdischer Wesen **herabgelassen**, ist eben so unbegreiflich, als woher das Gesetz und Urbild der Heiligkeit in einer menschlichen Seele überhaupt sei; welches doch da ist und für Jeden praktische Gültigkeit hat. Daß aber dies Urbild in Jesu nach seiner ganzen Fülle praktisch war und er dadurch das Bei-

L 4 spiel

spiel eines Gott wohlgefälligen Sohnes im strengsten Sinne gab, ist nun freilich etwas Unterscheidendes, aber doch nur dadurch, daß er war, was die Menschen alle sein sollten. Denn die Idee dessen, was Jesus durch eigne That war, ist verpflichtend für Jedermann, daher fordert er auch einen Glauben an sich und will nicht bloß Gegenstand der Verehrung (die ihm niemand versagen kann) sondern der Nachahmung sein, (die ihm Niemand versagen soll).

* * *

Wenn wir das ganze Leben Jesu, so weit es unser Reflexion gegeben ist, betrachten, so erscheint in demselben die Tugend im Kampfe mit ihren Widerwärtigkeiten.

Zuerst traten alle Versuchungen reißender Art auf und der hinterlistige Feind des Guten bot ihm alle Reiche der Erde an, um sein Herz zu gewinnen und seinen Geist dem Reiche der Finsterniß und der Bosheit zinsbar zu machen. Als dieser Anschlag nicht gelang, kehrten sich seine, durch den mißgelungenen Versuch nur noch mehr erbitterten Feinde gegen ihn. An sich schon von niedriger Geburt, arm und verlassen von allem, was das Leben froh machen kann, wurde er nun auch noch verfolgt; seine eigne Person schwebte in einer steten heimlichen und offnen Gefahr, man bot alles auf, um ihm Leiden und

Krän-

Kränkungen zuzufügen; die der Wohlgesinnte um desto tiefer fühlt, je ungerechter sie sind und jemehr sie seinen lautern Absichten in den Weg treten. Man schmähete seiner Person, verläumdete seine Denkungsart, dichtete seiner Lehre Betrug und seinen Handlungen Laster an; ja man ließ nicht eher nach, bis man ihn durch Leiden ohne Zahl zu dem schmählichsten Tode gebracht hatte.

Denkt man sich zu diesen äußerlichen bis zur wüthendsten Mordlust gediehenen Verfolgungen die innern Leiden, welche seine Seele um so härter und dauernder angriffen, je gefühlvoller und zärtlicher sie war, und wovon uns die Geschichte selbst einige Scenen und Ausbrüche, die auch der abgehärtetste Barbar nicht ohne Rührung lesen kann, aufbehalten hat; den Kampf aller Kämpfe mit dem Vorgefühl seiner schmachvollen Peinigung und Ermordung, so muß man gestehen, daß nie ein Sterblicher in eine solche Versuchung kam und nie Einer mit größerm Bedauern seinen Widersachern unterlag.

Der Ausgang dieses Kampfes ist, natürlich betrachtet, ein Triumph der Feinde über Jesum; denn er unterlag in dem Streite und mußte sein Leben hingeben; aber, moralisch betrachtet, ist der Ausgang dieses Kampfs ein Sieg; denn hier wird die Gesinnung als That der Freiheit erwogen; und da diese hier moralisch war, und gegen die unmoralische kämpfte, so kam es darauf an, ob die Macht der unmoralischen Gesinnung über die moralische (welche ihr keine physische Macht entgegen setzen sollte) siegen, das ist, sie zu ihren Principien gewinnen konnte und dies geschah nicht.

Alle Leiden Jesu, selbst sein qual-und schmachvoller Tod, sind, in wie fern er sie um seines Endzwecks willen übernahm, seine That; denn sie waren Folgen seines Entschlusses, jedoch nicht muthwillig zugezogene Folgen, sondern solche, denen er, ohne seiner moralischen Absicht untreu zu werden, nicht entgehen konnte. Denn er zeigt sich hier ganz in der moralischen Ordnung. Niemand darf sich muthwilliger Weise in Leiden noch weniger in Lebensgefahr stürzen; denn dies würde Selbstmord sein, aber auch niemand darf, wenn er das moralische Gesetz und den Zweck desselben vor sich hat, sich durch die gewissen oder ungewissen Folgen irre machen lassen. Er thue was Pflicht ist und leide, was folgt.

* * *

Alles, was Jesus that (wozu auch die Uebernehmung der Leiden und des Todes gehörte, weil diesen Folgen ein Grund in ihm, ein Entschluß vorausging und er ihnen nur darum nicht entkommen wollte, weil er ihnen ohne Verleugnung seiner Absichten nicht entkommen konnte; sie gehören also moralisch immer mit zu seinen Thaten) hat folgende in der Schrift selbst angedeutete und auch jedem Beobachter offen liegende Beziehungen.

a. Nichts

a. Nichts ist evidenter als Wille und Geheiß Gottes anzusehen, als alles das, was durch das Moralgesetz geboten und mit demselben als Endzweck der Welt aufgestellt wird. In wie fern nun aus dem ganzen thatenreichen Leben Jesu eine reine moralische Absicht hervorleuchtet, muß sein Werk schon als Gottes Werk betrachtet werden. Hierzu kommt noch, daß er es selbst als einen göttlichen Auftrag und Beruf ankündigt. Joh. 4, 34. Kap. 5, 36. Kap. 10, 18. Kap. 14, 31.

In wie fern nun Jesus that, was das Sittengesetz von ihm heischte, erfüllte er seine Pflicht und die Erfüllung dieser Pflicht als eines von seinem Vater empfangenen Gesetzes war Gehorsam gegen Gott.

b. Dieselben Thaten in Beziehung auf die Person Jesu sind Tugend, die, da sie im Kampfe mit ihren Widerwärtigkeiten vollkommen obsiegt, von uns nicht anders als eine vollendete Tugend oder Heiligkeit geschätzt werden kann.

In dieser Qualität ist Jesus das, was alle Menschen sein sollten und es nur durch eigne Schuld nicht sind, mithin ist er dadurch ein Muster, welches jeden Menschen zur Nachahmung verpflichtet. Denn niemand kann in Abrede sein, daß, wenn die Erfahrung ihm auch kein Beispiel aufstellte, er doch schon durch die Idee von einem Gott wohlgefälligen Menschen angezogen wird, sie sich zum Vorbilde zu machen. Wenn nun aber

aber Jesus dieser Idee entsprach, und in einem solchen Grade entsprach, daß sich schlechterdings nichts höheres denken läßt (denn was ist größer als die Liebe zum Gesetz? was lauterer als im Kampf mit den Leiden, im Gehorsam gegen Gott seine Freude, gleichsam seinen ganzen Genuß zu finden? Joh. 4, 34.) so ist er verbindendes Beispiel und der Uebermüthige mag sich äußerlich gebehrden wie er will, innerlich kann er ihm weder die Achtung versagen, noch sich des heimlichen Wunsches erwehren, ihm gleich zu seyn. Denn so will es die Selbstmacht der Tugend.

c. In Beziehung auf die Menschen, auf deren moralisches und physisches Heil alle seine Handlungen hinzielten, ist seine That verdienstlich. Denn niemand hatte einen Rechtsanspruch darauf, daß er zu seinem besten überall etwas hätte thun, noch weniger, daß er ein so großes Opfer hätte bringen müßen.

Wenn es nun ausgemacht ist, daß das Leben Jesu gänzlich in der moralischen Ordnung war, und wer ist es der ihn einer Sünde zeihen könnte? (Es ist aber der Billigkeit gemäß, daß wir das untadelhafte Leben, von welchem wir nur die Gesetzmäßigkeit erkennen, auch der lautersten Gesinnung zuschreiben, wenn wir diese gleich nicht erkennen, sondern nur auf sie schließen können, und dies gilt so lange als keine Beweise des Gegentheils gegeben werden) so ist auch der Zweck kein anderer als ein

mo-

moralischer, nämlich das Weltbeste und die Beförderung desselben an Menschen ist als That für dieselben nichts als reines Verdienst.

Dieses Verdienst ist genugthuend, wenn es von seiner Seite alles enthält, was zu eines Menschen moralischer Seligkeit von einem Andern geleistet werden kann, und nun, ob es Effect habe oder nicht, davon nicht die Schuld in dem Heilande sondern in dem sich dessen Verdienst entschlagenden Menschen selbst liegt.

Nun kann aber von einem moralischen Heilande (σωτηρ) nicht mehr verlangt werden, als daß er ein untadelhaftes Beispiel zu dem gibt, was er lehrt; daß er eine Gesinnung zeigt, die um des Weltbesten willen im Kampfe mit allen ersinnlichen Leiden selbst bis zum schimpflichen Tode besteht; denn diese ist eine vor der höchsten Gerechtigkeit gültige und für die, zu deren Besten sie geschah, bis zum höchsten Grade verdienstliche That. Damit nun dieses Verdienst nicht verscherzt werde, muß der Mensch an sich die Bedingungen erfüllen, unter welchen er es sich allein zueignen kann.

Diese Bedingungen bestehen nun kurz und gut im Glauben an Jesum als den Weltheiland, nicht aber bloß im dem theoretischen Glauben, daß man das für wahr hält, was er zum Weltbesten gelehrt und gethan

hat,

hat, sondern in dem praktischen, daß man seine Gesinnung in sich aufnimmt, denkt und handelt, wie er, und den Willen des himmlischen Vaters thut, wie er ihn that. Unter dieser Bedingung vertritt Jesus uns bei Gott und wir können, ob wir gleich durch unsere Uebertretungen die Güte Gottes verwirkt hatten, doch in wie fern. und weil wir Jesu Gesinnung haben, wieder Herz und Vertrauen zu Gott fassen (Gott als versöhnt mit uns betrachten). Denn moralischer Weise jemanden bei Gott vertreten, heißt, ihm die Bedingungen bekannt machen, unter welchen er sich der Güte Gottes versichern darf.

d. Da nun die ganze Geschichte Jesu nach ihrer teleologischen Beziehung auch als eine von Gott zum Weltbesten veranstaltete Begebenheit zu betrachten ist, so gibt sie zugleich ein Symbol und einen Erweis der göttlichen Gesinnung gegen die Menschen.

Diese Ansicht hat zwar die ganze Geschichte Jesu, allein sie geht am kläresten aus seinem zum Weltbesten erduldeten Tode hervor. Das Opfer welches er hierdurch bringt, zeugt von einer so reinen und den höchsten Grad des Wohlwollens erreichenden Gesinnung, daß sie für uns Menschen das vollkommenste Symbol der göttlichen Gesinnung abgibt.

Wir Menschen können uns übersinnliche Beschaffenheiten z. B. die moralischen Eigenschaften Gottes nicht
wohl

wohl faßlich machen, ohne sie nach einer Analogie mit Naturwesen zu denken. Es beruht dies auf der Eingeschränktheit unsrer Vernunft; und, wenn wir uns einer solchen Analogie bedienen, so ist das Einzige, welches wir über sie hinaus noch bemerken können, dieses, daß es nur Analogie, mithin bloße Vorstellungsart zur Erläuterung nicht Objektsbestimmung zur Erweiterung (unsrer Erkenntniß) ist. Auf diese Art machen wir uns die Liebe und Wohlwollen Gottes gegen die Menschen durch die Liebe und das Wohlwollen der Menschen gegen Menschen faßlich, nicht als wenn dies in Gott an sich auch wie bei Menschen (so pathologisch) verstanden werden müßte, sondern weil wir uns das moralische Verhältniß nicht anders versinnlichen können. So auch, um den Grad der göttlichen Liebe auszudrücken, nehmen wir wiederum unsre Zuflucht zu einer analogischen Vorstellungsart. Wir können uns nämlich den moralischen Werth an der Handlung einer Person nur dadurch als vorzüglich und ausgezeichnet vorstellen, wenn wir die Handlung mit einer Aufopferung verbunden denken; je größer diese (als etwas in die Sinne Fallendes) ist, desto größer schätzen wir auch den moralischen Werth (das nicht in die Sinne Fallende, den Grund der Aufopferung).

Hieraus muß nun verständlich sein, in wie fern der Tod Jesu oder der für das Weltbeste sterbende

Je=

Jesus ein Symbol der göttlichen Gesinnung ist. Nämlich: Wie lauter und rein (fern von allem Eigennutz und aller Selbstsucht) die Gesinnung Jesu (seine Liebe und sein Wohlwollen) gegen die Menschen war, für welche er Leiden und Tod übernahm; so lauter und rein ist auch das Wohlwollen Gottes gegen die Menschen. Wie die Liebe Jesu sich in ihrem höchsten Grade durch seine Hingebung in den Tod am Kreuze offenbarte, so offenbarte sich auch die überschwengliche Liebe Gottes in dem daß er Sünde vergiebt (indem daß er die Menschen zu sich versöhnt). — Diese Versöhnung, (Aufnahme zu Gnaden) ist gleichsam ein Opfer, welches die Liebe Gottes den Menschen um des Weltbesten willen bringt.

Nach diesem, hoffe ich, wird es vollkommen deutlich sein, was damit gesagt sein soll; daß der für das Heil der Menschen sterbende Jesus ein Symbol des die Menschen zu sich versöhnenden Gottes sei (oder „daß ihn Gott vorgestellt habe zu einem Sühnopfer".)

Aber, der sterbende Jesus ist nicht allein Symbol der Versöhnung, sondern er ist auch Erweis der göttlichen Liebe. Denn dieses ganze Faktum soll auch als von der höchsten Weisheit beliebt und zum Wohl der Menschheit veranstaltet betrachtet werden und so müssen wir es auch ansehen, in wie fern dadurch moralische Zwecke beabsichtigt wurden. Denn die ganze Weltge-

schichte,

schichte, mithin auch die in sie eingeflochtene Geschichte Jesu muß von uns in der teleologischen Beurtheilung auf den Endzweck der Welt bezogen und Gott als die wirkende Ursache ihrer Uebereinstimmung zum Zwecke der moralischen Weisheit gedacht werden. Die Geschichte Jesu also, und ins besondere seine hohe Aufopferung kann, in wie fern sie als von Gott zum Weltbesten geordnet erwogen wird, nicht anders als ein Beweis der göttlichen Liebe betrachtet werden. Ein Beweis der um desto stärker ist, je wohlgefälliger ihm die Person war, durch deren Aufopferung er gegeben wurde. „Also hat Gott die Welt geliebt, daß er seinen eingebornen Sohn gab." Joh. 3, 16.

———

Es ist eine Bemerkung, die sich auf alle Theile des Religionsglaubens, auch in wie fern er ein christlicher ist, erstreckt, daß die Art, wie die Lehren vorgetragen werden, nur eine symbolische, sich auf Analogie gründende, Vorstellung ist; nicht weil sich Jesus dadurch zur Schwachheit der Menschen seiner Zeit allein herabgelassen hätte, sondern weil die Menschen überhaupt keiner andern Erläuterung und Verständigung in diesem Fache fähig sind. So denken wir uns die Uebertretung des Sittengesetzes als eine Verletzung desselben und in wie fern das Gesetz Gottes Wille ist, die Uebertretung desselben als eine Beleidigung Gottes. Dies ist offenbar, nur

nur eine menschliche Vorstellung (κατ' ἀνϑρωπον) und darf nicht als Objektsbestimmung (κατ' ἀληϑειαν) genommen werden; denn Gott an sich kann nicht von Menschen beleidigt (in Leiden versetzt) werden. Dennoch aber drückt diese Vorstellung das Verhältniß des Menschen zu Gott, als dessen Willen er nicht gethan hat, sehr wohl aus. Eben so ist es auch mit der Rückkehr des Menschen zum Gehorsam gegen das Gesetz und dem daraus für ihn entspringenden Verhältniß gegen den Gesetzgeber bewandt. Die vorige Beleidigung wird dadurch aufgehoben und Gott nun als der Versöhnte und Begnadigende vorgestellt. An sich kann diese Veränderung (Uebergang vom Unwillen zum Wohlwollen) in Gott nicht Statt finden; dennoch aber drückt diese Sprache das moralische Verhältniß genau aus und wir können es uns auf keine andere als diese menschliche (symbolische) Weise verständlich machen.

Die Schrift, welche sich zu Menschen auch nur der menschlichen Sprache und Verstellungsart bedienen kann, berechtigt uns auch zu dieser Bemerkung, wenn sie sie gleich nicht selbst erörtert; denn sie liegt allen ihren Erklärungen zum Grunde. Denn wenn sie einmal lehrt, daß in Gott keine Veränderung und kein Wechsel des Lichts und der Finsterniß Statt findet und zum andern ihn doch als beleidigt und versöhnt, mithin einmal anders afficirt als das anderemal vorstellt, so kann dieser Vertrag nur dadurch einig mit sich selbst gedacht werden, daß
die

die letztere Vorstellung menschlicher Weise (nicht als Objektsbestimmung) gedacht wird. Es sind also diese Vorstellungen nichts als verschiedene Verhältnisse des Menschen zu Gott, welche durch Symbole erläutert werden.

Diese Bemerkung verbunden mit einer andern, daß wir bei allen solchen Darstellungen nur die moralische Ansicht vor Augen haben müssen, hebt alle Schwierigkeiten und bahnt den Weg zur wahren Erbauung und Besserung, als dem einzigen Zwecke aller Religionslehre.

* *

Der vollendete Gehorsam Jesu gegen seinen himmlischen Vater; seine mit allen Versuchungen kämpfende und sie siegreich überwindende Tugend und Heiligkeit der Gesinnung; sein alle Menschen ohne Ausnahme zur Nachfolge verpflichtendes Beispiel; seine durch Lehre und Thaten bis zum Ueberschwenglichen erprobte Verdienstlichkeit für die Menschen erregen ihm eine unwillkührliche Achtung in den Augen eines jeden Redlichen und machen ihn zum Herrn und Oberhaupte der ganzen Christenheit. — Eine Würde, für die er sich hier auf Erden qualificirte und die ihm bleiben muß, so lange die moralische Ordnung der Welt besteht und Verdienste einen Werth in den Augen der endlichen Wesen und der heiligen Gottheit haben.

Die Geschichte Jesu würde sich für uns in ein widriges Ende verlieren, wenn der Ausgang derselben nicht mit der Erfüllung der Erwartung gekrönt würde, wohin sich die moralische Betrachtung eines Jeden unwiderstehlich gezogen fühlt. Denn wer würde nicht mit Wehmuth und Widerwillen sein Auge von einer Begebenheit abwenden, in welcher das Muster der Menschheit ein Opfer unheiliger Wuth wird und sich die Scene mit einem eben so unschuldigen als schmerzlichen Tode beschlöße?

Freilich findet die Tugend in sich selbst nicht einen Rechtsanspruch auf Belohnung, aber die Würdigkeit doch und mit ihr die Hoffnung zu derselben; und diese wird in der Beurtheilung der Dinge nach sittlichen Principien fester Glaube und gewisse Zuversicht.

Aus diesem Gesichtspunkt wird auch der Ausgang der Geschichte Jesu vorgestellt. Worauf er so oft in seinem Leben hingedeutet hatte, daß er, ungeachtet aller Leiden und Demüthigungen hier auf Erden, dennoch endlich von seinem Vater verklärt werden würde, das ging auch in Erfüllung. Die unpartheiische Welt erkannte seine Unschuld und seine großen Verdienste; seine Feinde wurden bestürzt und beschämt; und er in den Sitz der Seligkeit, zur Rechten seines Vaters, erhoben; von allen Zungen als Herr bekannt und so er von Gott und Gott durch ihn verherrlicht.

Daß

Daß er von Gott auf solche Art erhöht und zum Oberhaupt der Seinigen gesetzt sei, ist nicht ein Satz der Erfahrung, sondern des Glaubens, welcher sich auf den Begriff der moralischen Ordnung gründet. In einem Reiche der Freiheit aber, wo allein moralische Principien machthabend sind, und wo der Gesetzgeber auch zugleich der allmächtige Vollzieher seines Willens ist; muß das, was den Gesetzen gemäß geschehen soll, auch als geschehend gedacht werden. Die Erhöhung Jesu also, sein Sitzen zur Rechten Gottes, seine fortgehende Herrschaft über die Seinigen wird demnach zwar als Geschichte, aber nicht der empirischen Erkenntniß oder theoretischen Demonstration sondern für eine der moralischen Gesetzgebung glaubenden Vernunft vorgetragen. Denn das, was ein jeder nach seinem hier geführten Lebenswandel und moralischen Zustande hofft, muß er auch verhältnißmäßig für Jesu in Erfüllung gegangen denken.

Wie aber das Reich Jesu kein Reich von dieser Welt, sondern nur ein moralisches ist, so ist auch seine fortdauernde Herrschaft nur eine moralische; folglich eine Herrschaft über die Gemüther durch machthabende Principien. Hier ist niemand Sklave, sondern nur freier Unterthan; niemand wird hinein gezogen, sondern jeder muß selbst hinzutreten; niemand wird gehalten, sondern jeder bleibt so lange er will. Die innere Nöthigung durch das Moralgesetz (als Gesetz der Frei-

Freiheit) ist das einzige Band, wodurch die Gesellschaft zusammen gehalten wird.

Das, was jeder Mensch, in wie fern er unter moralischen Gesetzen steht, von Gott als seinem höchsten Gesetzgeber zu erwarten hat, Urtheil und Verhängniß dessen, was seine Thaten werth sind; hat jeder Christ ebenfalls von Gott, aber weil er Christ ist, durch Jesum, als seinen Herrn, zu erwarten. Dieser war die Mittelsperson, durch welche ihm das Reich der Freiheit geöffnet und die Gesetze desselben ans Herz gelegt wurden. Er ist es auch, der ihm vorsteht, wenn er Entschuldigung seiner Unthaten suchen wollte, aber auch der ihn vertritt, und Macht gibt, ein Kind Gottes zu sein, wenn er gesinnet war, wie sein Herr und Lehrer, Jesus Christus.

Schlüßlich bemerke ich noch folgendes. Die allgemeinen Religionswahrheiten des Christenthums sind zwar von der Beschaffenheit, daß sie sich, da sie einmal öffentlich geworden sind, gar wohl durch Vernunftgründe allein erhalten können; denn sie sind ursprünglich in jedes Menschen Herz geschrieben; aber sie werden doch mit der Person und Geschichte Jesu in eine so enge Verbindung gesetzt, daß man sie von dieser nicht trennen kann, ohne zugleich der ausdrücklichen Willenserklärung Jesu zuwider zu handeln.

Der Grund hierzu liegt theils in der gerechten Prätension eines so erhabenen und verdienstlichen Weltlehrers, theils ist diese Anordnung den Menschen eben so sehr Bedürfniß als heilsam.

Um den allgemeinen Wahrheiten Eingang, Dauer und Kraft zu verschaffen, ist es nöthig, daß ihnen etwas untergelegt werde, wodurch sie Leben und Deutlichkeit, einen gewissen Punkt der Reproduction und Haltung gewinnen. Nichts ist dazu geschickter als das Beispiel und die Geschichte einer Person, an welcher sich, so viel wir urtheilen können, die moralische Ordnung in ihrer ganzen Reinigkeit gleichsam vor Augen stellt.

Die allgemeine Religionslehre erörtert und beantwortet in moralischer Hinsicht die Fragen: Was kann ich wissen? was soll ich thun? was kann ich glauben? was darf ich hoffen? Der Auflösung dieser Probleme geht in der christlichen Religion eine Begebenheit zur Seite; jeder Punkt findet in ihr außer der moralischen Weisung auch seine Hypothese; Jesus hat in allen Stücken den Vorgang, und seine Geschichte ist das Vorbild der Geschichte eines Jeden. Der Christ hat in moralischer Hinsicht nur zu wissen, was Jesus wußte, nur zu thun, wie er that, nur zu glauben und zu hoffen, was er glaubte und hoffte, in ihm erblickt er gleichsam die Fülle der moralischen Ordnung.

Wahrlich, niemand ist so weise und groß, daß er bei der Reflexion über die Weisheit und Größe Jesu sich des heimlichen Wunsches erwehren könnte, zu sein, wie er war; seine Ergebung in den Willen Gottes, seine, aus reinem Pflichtgefühl fließende Uebernehmung der Leiden und des Todes übersteigt alles, was uns je die Geschichte Großes und Ehrwürdiges aufstellt; man sollte daher nicht seine Person, sein Beispiel und seine Geschichte aus der Acht lassen; in der Meinung, daß der reine Religionsglaube auch ohne sie seine Haltung, seine Kraft und Wirkung haben könne. Denn das kann er zwar allerdings, aber er verliert an Leben und Deutlichkeit, besonders bei dem gemeinen Manne, welcher der Auffassung allgemeiner Ideen nicht so gewachsen ist, und wenn sie bei ihm wirksam sein sollen, der Belebung und Darstellung derselben gar sehr bedarf. Welche Geschichte wäre nun dazu wohl geeigneter, als die des Heiligen in unserm Evangelium? Nicht zu gedenken, daß eine solche Isolirung der ausdrücklichen Verordnung Jesu zuwider ist, und gegen die Achtung und Dankbarkeit streitet, welche man einem so lautern und verdienstlichen Vorgänger schuldig ist.

Es ist aber etwas ganz anders: den Glauben an eine Begebenheit (als theoretisches Fürwahrhalten) zur Bedingung der Seligkeit machen, als dieses: die Ideen von der moralischen Ordnung an ein Beispiel heften,

wel-

welches wir derselben vollkommen angemessen finden. Dort wird theils etwas Unmögliches verlangt, denn niemand kann ohne Gründe für wahr halten, wenn er auch will, oder er belügt sich selbst; theils ist es Aberglauben, wenn an sich gleichgültige Dinge zu Bedingungen der Seligkeit erhoben werden; denn nichts qualificirt dazu, als eine moralische Denkungsart. Hier aber geht die Pflicht vorauf, findet sich im Beispiel dargestellt, und der Mensch nimmt es in sich auf, weil und in wie fern es dem in seiner Seele vorhandenen Urbilde gemäß ist. Ein solcher Glaube an Jesum ist praktisch und kann zur Pflicht gemacht werden; denn er beruht auf der Achtung gegen die sittliche Vollkommenheit desselben als eines Vorgängers.

Zehnter Abschnitt.
Von der Sinnesänderung.

Wir haben eben (im siebenten Abschn.) gesehen, daß, ob zwar alle Menschen sündige Menschen, sie es doch nur durch eigne Schuld sind. Denn ob wir gleich die ursprüngliche Sünde für ein angebornes und natürliches Verderben erklären müssen, so will und kann dies doch nicht mehr sagen, als daß wir uns im Rückgang nach dem Zeitursprunge immer schon als unsittlich erkennen, und dieses mit so tiefer Einwurzelung, daß es allen Ernst und Fleiß erfordert, wenn der Ausgang vom Bösen zum Guten gelingen soll. Wollte jemand in philanthropischer Meinung die Sache nicht so schlimm ansehen, so läuft er Gefahr, die moralische Beurtheilung durch ein Blendwerk des Eigendünkels zu bestehen und ein sträflicher Pharisäer gegen sich selbst zu werden.

Ist nun die Sünde eine Selbstverschuldung, mithin aus Freiheit entsprungen, so muß die Herzensbesserung ein Werk der Selbstthätigkeit sein. Der Mensch soll sich selbst bessern, er muß es also auch können.

Diese

Diese Möglichkeit beruht darauf, daß, ob er gleich der That nach böse ist, doch dadurch die Anlage zum Guten nicht verlohren wurde. Zu dieser Anlage gehört nun das in ihm unvertilgbare Gesetz, verbunden mit der Freiheit, dasselbe sich zur Regel zu machen, und mit der Empfänglichkeit der Achtung gegen dasselbe oder des moralischen Gefühls. Ginge eins von diesen Stücken durch den Sündenfall verloren, so wäre die Besserung durch den Menschen selbst nicht möglich; denn, ohne Gesetz hätte die Freiheit keine Regel für sich, ohne Freiheit fehlte das Vermögen, ihr zu folgen, und ohne Empfänglichkeit der Achtung (moralisches Gefühl) fehlte die Triebfeder zur Bestimmung des Willens. Alsdann wäre aber auch das Gebot zur Besserung widersinnig; denn was dem Menschen unmöglich ist, darf ihm nicht geboten werden.

Aber die Anlage zum Guten ist noch nicht das Gute selbst. Es muß noch die That hinzukommen, das heißt, der Mensch muß die in ihn für das moralische Gesetz gelegte Triebfeder in seine Maxime aufnehmen, wenn er ein guter Mensch sein will.

Wie ist es aber möglich, daß der böse Mensch sich selbst zu einem guten Menschen mache?

Dies kann von uns nicht eingesehen werden; denn ein Mensch ist nur dadurch böse, daß der oberste Grund seiner Maximen dem Moralgesetze entgegen ist; wie kann nun

nun aus diesem obersten und bösen Grunde etwas Gutes, ein oberster und guter Grund, hervorgehen? Allein, dies ist nicht minder unbegreiflich als dieses: wie der oberste Grund selbst verderbt werden konnte. Es sind dies Thaten der Freiheit, und alles, was durch Freiheit geschieht, ist uns unerklärbar. Genug, die Besserung wird geboten, und dies Gebot erschallt aus der ursprünglichen Anlage zum Guten, welche nicht verloren ging; sie muß also auch möglich sein und jeder Mensch ist sich nicht bloß der Pflicht, sondern auch des Vermögens bewußt, daß er sich bessern könne.

Wenn aber die Anlage zum Guten blieb, so kann die Besserung nicht darin bestehen, daß jene wieder hergestellt wird; also nicht in der Wiederherstellung einer verlornen Triebfeder zum Guten, sondern allein in der Wiederherstellung der Reinigkeit derselben zum obersten und zureichenden Grunde aller Maximen. Denn in der Sünde ist die Triebfeder des Moralgesezjes andern untergeordnet und durch sie verunreinigt; dies soll nicht sein, vielmehr will das Gesetz in seiner ganzen Reinigkeit und zuoberst den Willen bestimmen, und alle andere Triebfedern sollen nur in so fern auf das Begehrungsvermögen einfließen, als sie dem sittlichen Gesetze nicht zuwider und seinem Zwecke dienlich sind.

Da nun die Besserung vom obersten Grunde der Maximen anfängt, dieser aber als eine absolute Einheit

heit zu betrachten ist; so folgt, daß die Umänderung dieser Regel nicht allmählig geschehen könne, denn sie ist eine reine Vernunftvorstellung, und steht an sich gar nicht unter Bedingungen der Zeit; auch nicht theilweise, denn sie ist eine Einheit ohne Theile; was sie also ist, das ist sie ganz oder gar nicht.

Der oberste Grund der Maximen kann daher nur durch eine einzige unwandelbare Entschließung umgekehrt werden, und besteht nicht in einer Reformation, sondern Revolution oder Umwandlung der Gesinnung, als einer intelligiblen That, wodurch die reine Vorstellung der Pflicht zum obersten Bestimmungsgrunde der Willkühr erhoben wird. Durch diesen ursprünglichen Actus der Freiheit wird zuerst ein übersinnlicher Character (eine beharrliche Denkungsart) gegründet, für welchen die reine Vorstellung der Pflicht allein und hinlängliche Triebfeder ist.

Die also bewirkte Gesinnung ist, weil sie dem Gesetze nicht bloß angemessen, (legal) sondern um des Gesetzes willen aufgenommen ist, reinsittlich oder heilig, (nicht bloß Annäherung zur Heiligkeit, sondern heilig an sich; denn der oberste Grund kann das, was er ist, nur ganz oder gar nicht sein; er ist entweder gut oder böse, heilig oder unheilig). Hierin besteht die Moralität oder Tugend nach dem intelligiblen Character (virtus noumenon) oder der Wohlgefälligkeit vor Gott;

die

die daher mit vielem Nachdruck von der heiligen Schrift durch das Symbol eines neuen Menschen, einer Wiedergeburt oder neuen Schöpfung angedeutet wird, oder als etwas, das nur durch Aenderung des Inwendigen im Menschen, durch Herzensänderung bewirkt wird und Heiligung heißt. Gal. 6, 15. Jak. 1, 18. 1 Cor. 1, 2.

* * *

Von der Umwandlung der Denkungsart, (der übersinnlichen Tugend) muß man die Umbildung der Sitten (den empirischen Charakter der Tugend) unterscheiden. Jene ist das Werk eines einzigen und augenblicklichen Actus der Freiheit; diese die Frucht einer dauernden, nach und nach immer mehr gewinnenden, Bestrebung. Jene ist das ursprüngliche Gute, und besteht in der Heiligkeit der Maximen; diese in der Aenderung der Sinnensart. Durch die Herzensänderung (Annahme einer heiligen Maxime) ist der Mensch ein für das Gute empfängliches Subjekt; da aber die Sinnensart der Macht und Anwendung jener Hindernisse in den Weg legt und diese überwunden werden müßen, so beginnt die moralische Denkungsart einen Kampf mit der verdorbenen Sinnesart und durch das kontinuirliche Wirken des guten Willen entspringt ein kontinuirliches Werden des guten Menschen (nicht bloß der Gesinnung sondern auch der That nach).

In dieser Bedeutung befindet sich der Mensch in einem beständigen Fortschreiten vom Schlechten zum Bessern, die allmählige Reform des Hanges zum Bösen wird bewirkt und die Tugend nach und nach erworben.

Die Reform ist aber nur dann wirklich moralisch, wenn sie aus der Heiligkeit der Maxime, mithin aus Pflicht um der Pflicht willen bewirkt wird; wo nicht, so hat sie bloß den Schein der (intelligiblen) Tugend, nicht ihren Werth. Wie, wenn einer zur Mäßigkeit kehrt bloß um der Gesundheit willen, nicht weil sie Pflicht an sich ist; wenn er die Lügen meidet, um der Ehre willen, die Ungerechtigkeit um der Ruhe und des Erwerbs willen; denn eine solche Sinnensart würde wieder zur Unmäßigkeit, zur Unredlichkeit und Lügenhaftigkeit schreiten, wenn und so bald sie nur versichert wäre, daß dadurch weder Gesundheit noch Ehre noch Ruhe und Erwerb gefährdet würde.

Da wir Menschen aber die Reinigkeit und Stärke unsrer Maximen nur nach dem Uebergewicht, welche sie der Sinnesart in der Zeit abgewinnen, schätzen können, so dient uns die Reform unsrer Sitten zum Grunde, um von ihr auf die Umwandlung der Denkungsart zu schließen. Der empirische Charakter des Menschen (die Legalität seiner Handlungen) ist daher zwar noch nicht Beweis des Intelligiblen (der Moralität seiner Handlungen) aber sie geben doch die Vermuthung und

diese

diese wächst an Stärke; je unveränderter und bleibender die Legalität ist.

Dies ist die Regel, wornach wir den Charakter eines Andern schätzen müssen, aber wodurch überzeugen wir uns selbst, daß wir wirklich im Geiste Gottes wandeln?

Welche Gründe zu unsern Handlungen mitgewirkt haben, können wir selbst nicht mit Untrüglichkeit ausmitteln, da uns die Tiefe unsers Herzens, der Antheil der Natur und der Freiheit zur Handlung, ja auch der erste Grund der Annehmung einer Maxime, unerforschlich ist; aber ob die oberste Maxime dem Gesetze gemäß sei und wir sie nur um des Gesetzes willen annehmen und behalten, ist etwas worüber uns unser Bewußtseyn untrüglich belehrt. Hier „gibt der Geist dem Geiste Zeugniß." Unser Gewissen stellt die Prüfung, so bald wir nur wollen, mit unbestechbarer Treue an, ob die Maxime die Form der Allgemeinheit habe und sich zur Regel für alle Vernunftwesen qualificire; ob sie bloß wegen dieser Form (der Allgemeinheit) von uns angenommen und behalten werde; — und das, was des Resultat dieser innern Prüfung ist, verbirgt sich uns auch nicht; wir werden uns durch unser Gewissen, der Reinigkeit der Maxime, aber auch, ob sie unsere Maxime sei, aufs klareste bewußt. Eben so belehrt es uns, ob und wenn wir sie anwenden und der Grad der Gegenwirkung gegen

den

den unlautern Sinnenhang bestimmt uns auch den Grad der Macht und Festigkeit unsers obersten (moralischen) Grundsatzes in uns. — In wie fern wir uns also bewußt sind, daß wir unter der Leitung einer heiligen Maxime (eines guten Willens) alle Hindernisse siegreich überwinden; sind wir auch versichert im Geiste Gottes und unter seinem Wohlgefallen zu leben.

Es ist daher nicht genug, daß der Mensch auf seine einzelne Gebrechen oder Laster Acht hat: sondern er muß auf die allgemeine Wurzel derselben hinsehen und diese zu vertilgen suchen. Der oberste Grund der bösen oder guten Handlungen aber liegt allemal in einer Maxime. Denn Handlungen sind Wirkungen der Freiheit, Freiheit aber ist nicht unmittelbar durch bloße Eindrücke, sondern nur mittelbar, (in wie fern sie unter Begriffe gebracht sind) mithin bloß durch Vernunftvorstellungen bestimmbar. Daher ist Alles und das Einzige, was die Freiheit bestimmt, eine allgemeine Vorstellung. Eine allgemeine Vorstellung aber heißt, in wie fern sich die Freiheit durch dieselbe bestimmt, eine Maxime. Diejenige Maxime, worauf sich alle Andere zurückführen lassen, ist die Oberste. Will man daher nicht bloß die Sitten, sondern die Denkungsart bessern, so muß man mit der Umwandlung der Maxime anfangen und zuerst eine dem heiligen Gesetze (der reinen Pflicht) huldigende Gesinnung (einen guten Willen) hervorbringen. Diese wird nun das

N Prin-

Princip (virtus noumenon) aller andern aus ihm bewirkten Handlungen (virtus phaenomenon).

Der Mensch, indem er sich dieser Herzensänderung bewußt ist, befindet sich in der sittlichen Ordnung, aber auch nichts mehr; denn er thut seine Pflicht, und hat sich darüber weder zu bewundern noch eigentliches Verdienst zuzuschreiben. Vielmehr ist eine kindliche (nicht knechtische) Demuth verbunden mit einer heitern Selbstzufriedenheit und bleibenden Achtung gegen das Gesetz die einzige Stimmung, welche einem so erhabenen Berufe angemessen ist.

Dennoch aber gibt es etwas in uns, welches eben so bewundernswürdig ist als es die Seele erhebt und stärkt; und dies ist die ursprüngliche Anlage zum Guten in uns, welche uns gleichsam unsre göttliche Abkunft und erhabene Bestimmung verkündigt. Apost. Gesch. 17, 28 — 29. Auf diese göttliche Stimme in uns, und die aus ihr angekündigte Erhabenheit unsrer Bestimmung muß man vorzüglich hinweisen, um die Gemüther mit Achtung gegen die Menschheit und ihren Gesetzgeber zu erfüllen.

* * *

Die in der heiligen Schrift sich auf die Herzensbesserung beziehenden Ausdrücke und Lehren können nach dem Obigen leicht verstanden und beurtheilt werden. Sie

be-

begreift die Hauptsache durch das Wort μετανοια (resipiscentia, Umwandlung der Denkungsart, Rückkehr zur Gesetzgebung des Geistes) und nennt die positive Gemüthsstimmung des Gebesserten πνευμα, Φρονημα πνευματος, Φρονησις Χριςου etc. Röm. 7, 6. Kap. 8, 5. 6. Phil. 2, 9. ꝛc. Von diesem Grunde aller guten Handlungen unterscheidet sie die Folgen. Aus jenem Grunde (dem guten Willen) ἁγιασμος του πνευματος 1. Theff. 5, 23. sollen die guten Handlungen (die guten Werke ἁγιασμος τ. ψυχης και τ. σωματος) hervorgehen und wenn wir gleich der That nach noch fehlen, so soll doch der Wille immer gut bleiben; damit durch stetes Bestreben der empirische Character (das Vollbringen) dem intelligiblen (dem Wollen) immer angemessener gemacht werde.

Elfter Abschnitt.

Von den Gnadenwirkungen.

Das was der Mensch selbst zu seiner Seligkeit thun soll und kann, besteht darin; daß er seiner Pflicht huldigt und seinen Lebenswandel derselben so angemessen macht, als ihm nur immer möglich ist. Dies ist aber auch alles, was er kann und da er hierdurch noch weiter nichts als seine Schuldigkeit thut, so muß er sich von selbst bescheiden, daß er zwar die subjektive Empfänglichkeit oder Würdigkeit zur Seligkeit habe, aber keinesweges einen Rechtsanspruch aus Verdienstlichkeit oder sonst irgend einem Grunde.

Nun finden wir aber in der Betrachtung über uns selbst, daß wir weit mehr sind, haben und wünschen, als wir durch uns selbst sind, haben und erlangen können. Dahin gehört zu oberst das Daseyn unsers Selbsts mit allen seinen Anlagen und Verhältnissen. Wer könnte einen Rechtsanspruch auf seine Existenz, auf seine Anlagen, auf die Verhältnisse, worin er gesetzt wird, auf die Erfüllung seiner Wünsche, selbst wenn sie moralisch zulässig sind, aufweisen? Wir müssen

sen demnach dieses Alles aus einem andern Princip ableiten, nämlich aus der mit der Heiligkeit Gottes ein-
verstandenen Güte desselben.

Wie unserm Ursprunge und der Fortdauer nach,
so auch der Verbindung und den Verhältnissen nach
hängen wir von Gott ab, und daß und wie die Dinge
auf uns wirken, muß in der teleologischen Reflexion zuletzt doch als ein Werk und eine Einrichtung seiner regierenden Weisheit betrachtet werden. Wenn aber Gott
alles zu unserm Besten lenkt und leitet, so ist dies doch
für uns, selbst wenn wir unsre Pflichten aufs vollkommenste erfüllten, nichts als freie Güte und Wohl-
that Gottes.

Als Menschen haben wir einen doppelten Character, einen rationalen und einen empirischen. Nach jenem sind wir Wesen an sich, und existiren unter moralischen Gesetzen; nach diesem sind wir Sinnenwesen
und existiren nach Naturgesetzen. Nach jenem sind
wir frei, und handeln nach Vernunftvorstellungen; nach
diesem sind wir bedingt, und stehen unter der Naturnothwendigkeit. Wie beide Reiche, das Reich der Freiheit und das der Naturnothwendigkeit zur Einheit verknüpft sind, begreifen wir nicht, haben aber das Gesetz,
daß wir uns nach Vernunftvorstellungen selbst bestimmen
und die Eindrücke der Sinne keine andere Macht auf
uns haben sollen, als in wie fern sie dem sittlichen Zwecke

untergeordnet sind. Hiermit wird unsre Freiheit als Gebieterin der Natur aufgestellt; sie kann und soll bei allen Eindrücken der Natur nie aufhören, Freiheit zu sein, und jede That, wenn sie auch auf Veranlassung der sinnlichen Eindrücke ausgeübt wird, wird doch als frei angesehen und uns zugerechnet.

Wenn nun aber gleich die äußern Gegenstände den Willen nicht nothwendig bestimmen können und sollen, so sind sie doch Veranlassungen zur freien Willensbestimmung, und wenn sie gleich zum Theil von uns selbst herbeigeführt werden, so stehen sie doch nicht gänzlich in unsrer Gewalt. Da sie aber doch sämtlich eine teleologische Beziehung haben, so muß ihnen diese von einem obersten Gesetzgeber und Regierer gegeben werden; und in wie fern sie von uns unabhängige Mittelursachen zur Selbstthätigkeit sind, so müssen wir Gott als denjenigen ansehen, welcher durch sie Anlaß gibt und Einfluß hat, wie auf unsere Selbstthätigkeit überhaupt, so auf unsere moralische Bildung insbesondere.

Hieraus entspringt der Begriff von einer göttlichen Mitwirkung zur Beförderung des Endzwecks der Welt an den Subjekten des Sittengesetzes; mithin nicht allein zur Beförderung ihrer Glückseligkeit, sondern auch der Würdigkeit dazu, der Moralität ihrer Person. Niemand kann die Realität dieses Gedankens verläugnen, wer sich seiner Abhängigkeit, seiner Hin-

fällig-

fälligkeit und Schwäche bewußt ist, und bedenkt, wie viel die äußern Verhältnisse und Eindrücke zur Erwekkung seiner freien Vernunftthätigkeit beitragen.

Wenn nun aber Gott und in wie fern er zur moralischen Besserung der Menschen mitwirkt; so kann dies nicht als Etwas, welches die Menschen rechtlich zu fordern hätten, sondern allein als etwas, welches ihnen aus göttlichem Wohlwollen zu Theil wird angesehen werden. Daher steht alles das, was Gott selbst zur sittlichen Bildung der Menschen thut, unter dem allgemeinen Begriffe der Gnadenwirkungen.

* * *

Die Art, wie die Gnade Gottes zur Besserung und Veredlung der Menschen wirksam ist, ist uns entweder bekannt oder unbekannt. Jene begreift die natürlichen, diese die übernatürlichen Gnadenwirkungen. Man kann jene auch die mittelbare und diese die unmittelbare Wirkung Gottes nennen. Unter der letztern verstehen wir aber nicht bloß solche Einwirkung, welche wir nicht bloß nicht kennen, aber doch wohl erkennen könnten, sondern solche, welche uns durchaus unerkennbar und unbegreiflich bleibt.

A. Zu den mittelbaren Gnadenwirkungen gehört nun alles, was uns zum Gebrauch gegeben wird, und welches wir als Mittel zu unsrer Veredlung anwenden können und sollen.

N 4 Dahin

Dahin gehört nun zuoberst die uns anerschaffne Anlage zum Guten, das in aller Herzen geschriebene Gesetz der Heiligkeit als immer gegenwärtiger Wille Gottes. Röm. 1, 18 ff. Nächst diesem alles, was uns zur Erweckung und Weisung gegeben wird, es sei durch mündlichen oder schriftlichen Unterricht, durch fremde oder eigne Erfahrung, durch angenehme oder unangenehme Schicksale. Besonders aber gehört hieher die durch Jesum geschehene Offenbarung und Verkündigung des göttlichen Willens oder Worts; welche eine Einladung zur Selbstbesserung und Theilnehmung an den ersprießlichen Folgenderselben enthält. Joh. 8, 32. 36.

Aller dieser Mittel kann und soll sich der Mensch bedienen, und sie kommen ihm nur in so fern zu Statten, als er selbst einen Gebrauch davon macht. Gelangen sie zu seiner Erkenntniß, und steht es nur bei ihm, ob und welchen Gebrauch er davon macht; und läßt er sie dennoch unbenutzt, so hat er die Schuld und Folgen sich selbst beizumessen, und sein Gewissen ist darob sein eigner Ankläger und Richter. Röm. 1, 20 Kap. 2, 15.

Alles aber, was durch den Gebrauch der gegebenen Mittel in uns durch Selbstthätigkeit gewirkt wird, heißt auch, in wie fern diese Mittel von Gott verliehen sind, Werk Gottes.

Das, was nun auf solche Art in dem Menschen bewirkt wird, heißt, in Beziehung auf seinen innern Gemüthsmuthszustand, Berufung, Bewußtsein der Einladung zur sittlichen und Gott gefälligen Denkungsart. Ephes. 1, 17 — 19. Erleuchtung, Aufklärung, richtige Begriffe von der Erhabenheit menschlicher Bestimmung und der Würde eines in der moralischen Ordnung (im Reiche Gottes) handelnden Wesens, u. s. w. 2 Cor. 4, 6. Herzensänderung, Bekehrung, Wiedergeburt, Erneuerung, Heiligung und Befestigung in derselben, Bewußtsein des Ausgangs vom Bösen zum Guten, zur Heiligkeit der Maxime oder des reinen, formalen, guten Willens u. s. w.

Jedoch wird dieses alles nur in so fern Gottes Werk genannt, als er die Mittel dazu giebt, deren sich der Mensch bedienen soll und kann; in wie fern sich aber der Mensch derselben bedient, sind eben dieselben Gemüthszustände (Bewußtsein der Berufung, Erleuchtung, Besserung rc.) auch als Wirkungen seiner Selbstthätigkeit anzusehen.

So viel von den mittelbaren Gnadenwirkungen, bei welchen alles in der uns bekannten Ordnung und Gesetzmäßigkeit zugeht. Außer diesen erwähnt aber auch

B. die Schrift eines göttlichen Einflusses und Beistandes zu unsrer Seligkeit, dessen Art und Weise uns gänzlich unbekannt ist, und weil wir, wie Gott an sich thätig ist, gar nicht einsehen können, uns immer unbekannt bleiben muß. Wir nennen diesen Einfluß übernatürlich, verborgen, geheimnißvoll, weil wir ihn unter keine Regel bringen können; nicht aber, weil wir ihn an sich für gesetzlos hielten. Denn alles, was Gott thut, ist gewiß in seiner unendlichen Vernunft und Weisheit gegründet; nur wir können die Tiefen derselben nicht erforschen.

Es bleibt daher der Begriff von der übernatürlichen Gnadenwirkung für uns bloß problematisch und wir bezeichnen durch denselben etwas, dessen Möglichkeit wir nicht einsehen aber auch nicht ableugnen können; weil wir die Art und Gesetze, welche wir erkennen und bermalen nur erkennen können, nicht für die Einzigmöglichen ausgeben dürfen; denn hierzu gehörte die Einsicht, daß sie nur die einzigmöglichen und außer ihnen gar keine andere mehr möglich seien; eine Einsicht, die sich kein Sterblicher ohne Vermessenheit zutrauen darf.

Im Grunde stoßen wir selbst auch bei der Betrachtung der Mittelursachen, welche die göttliche Weisheit zu unsrer Veredlung gegeben hat, zuletzt auf Unbegreiflichkeiten. Denn da unsere Vernunft nicht bei ihnen stehen bleiben kann, sondern zu ihnen als den bedingten die unbedingten sucht, so muß sie im Aufsteigen von Ursachen zu Ursachen, zuletzt das Erkennbare mit einem bloß Denkbaren beschließen.

Da aber der menschliche Verstand, wenn er sich einmal über die Grenzen des Erkennbaren hinweggeschwunschwungen hat, in der Gefahr schwebt, die für ihn bloß denkbare, an Objekten leere, Region durch willkührliche Schöpfungen der Einbildungskraft zu besetzen und dadurch der Schwärmerei und dem Aberglauben freies Spiel zu geben, so ist es ungemein wichtig, hier die Regel festzusetzen, durch welche Pflicht und Glaube im Gleichgewicht erhalten werden.

Angenommen also: daß die göttliche Weisheit auch auf unsere Berufung, Erleuchtung und Herzensbesserung auf eine uns unerforschliche Art Einfluß hat, daß wir auch in Hinsicht auf unsre moralische Selbstthätigkeit oder Freiheit unter ihrer Obhut und Leitung: in Hinsicht auf unser Wollen und Vollbringen unter ihrer Einwirkung und Beihülfe stehen; was haben wir hierbei zu thun, um dieser himmlischen Hülfe theilhaftig zu werden?

Hier ist nun zuerst klar, daß der bloße Glaube (das todte für wahr halten) nicht hinreicht, um Theil an diesem Beistand aus der Höhe zu nehmen. Denn zu diesem Glauben würde der beharrlichste Frevler eben so geneigt sein, als der emsigste Pflichtbeobachter. Ferner kann auch das Forschen, um hinter die Geheimnisse der göttlichen Weisheit zu kommen, weder verdienstlich noch ersprießlich sein; nicht zu gedenken, daß ein solches Beginnen in sich selbst widersprechend ist; denn schon der Begriff von einer solchen Einwirkung bringt es mit sich, daß hier alle Forschung aufhört.

Was

Was soll also der Mensch thun? Nichts anders als seine für ihn hier immer erkennbaren Pflichten. Alles, was er kann, das soll er thun. Nun hat er aber die Pflicht sich selbst zu bessern, es werden ihm Mittel genug zugeführt, wodurch er erweckt und berufen wird, wodurch er erleuchtet und aufgeklärt werden kann; dieser soll er sich bedienen, weil er es kann. Thut er dies; so bewirkt er an sich die Würdigkeit; und auf dem Grunde dieser Würdigkeit darf er vertrauen; daß ihm das „Uebrige alles zufallen" werde.

Hieraus entspringt nun der seligmachende Glaube, welcher aus zwei Elementen besteht; erstlich daß der Mensch selbst zu seiner Seligkeit thut was er kann, und zweitens daß er im Uebrigen der Weisheit Gottes vertraut.

In der Qualität einer der Pflicht um der Pflicht willen geweiheten Gesinnung darf der Mensch glauben, daß ihm die Gnade Gottes nie entstehen werde, daß ihn Gott

1) berufen habe zum Bürger des Himmelreichs,

2) daß er ihn erleuchtet habe über seinen Willen und Zweck,

3) daß er erneuert, wiedergeboren, gerechtfertigt und geheiligt sei in seinen Augen,

4) daß er ihn ferner in alle Wahrheit leiten und in der Pflichtbeobachtung erhalten werde.

Daß

Daß nun Gott dieses alles thue, ist Glaube; aber der Glaube ist ohne Haltung, wenn die der Pflicht huldigende Gesinnung, die durch die Heiligkeit der Maxime Gott wohlgefällige Denkungsart, nicht die Basis derselben ist. Denn wie dürften wir der göttlichen Weisheit vertrauen, in dem, was wir nicht verstehen und nicht vermögen, wenn wir uns dem Gesetze derselben entzögen, das wir verstehen und zu befolgen vermögen. Zuerst „bessert euer Herz (thut Buße) und dann glaubet dem Evangelium."

Daß Gott nicht allein auf eine uns begreifliche, sondern auch auf eine uns unbegreifliche Art für uns sorgt, und zu unsrer sittlichen Bildung mitwirkt, ist also Glaube; wie er es aber thue, ist uns unerforschlich; daß er es aber so thue, daß dabei die Ordnung und Gesetze bestehen, welche er einmal gegeben, leidet keinen Zweifel; denn dies dürfen wir nicht bloß glauben, sondern ersehen es aus unsrer täglichen Erfahrung. Daß folglich die Einwirkung Gottes zu der moralischen Kultur der Menschen eine solche sei, wobei Freiheit und Vernunft in ihrem Wesen, Rechte und Berufe bleiben, ist evident; mithin haben wir alles zu thun, was durch Vernunft und Freiheit möglich ist; folglich ist Selbstgebrauch der gegebenen Mittel, Selbstbesserung, selbstthätige Umwandlung der Denkungsart dasjenige, wovon wir anheben und ausgehen müssen, um des Uebrigen würdig und theilhaftig zu werden.

Aber

Aber eben hierin besteht auch das Geheimnißvolle. Wie ist es möglich, daß Gott auf die sittliche Bildung der Menschen wirken und sie doch zugleich als Wirkung der Freiheit und deshalb als zurechnungsfähig angesehen werden könne? Dies ist es, was man nie einsehen und befriedigend beantworten wird. Und doch sind beide Theile der Frage solche Säße, denen man ihre Gültigkeit nicht abstreiten kann. Man kann sich wohl über das Mittelbare oder Unmittelbare der göttlichen Gnadenwirkung entzweien, allein wenn man bedenkt, daß dieser Ausdruck nur symbolisch und von empirischen Verhältnissen zur Verdeutlichung eines Rationalen entlehnt ist; (denn von Gott an sich hat das Mittelbare oder Unmittelbare keine Bedeutung, und wenn wir auch von einer Wirkung bis zu ihrer letzten Ursache noch Zwischenursachen denken, so ist doch am Ende die ganze Reihe der Mittelursachen gleichsam in der Hand der letzten Ursache und die entfernte Wirkung gehört ihr so gut zu, wie die mittlern, durch welche sie erzielt wurde) so kann dieser Streit von keiner Dauer sein und beide Partheien müssen am Ende auch einen Einfluß Gottes eingestehen, dessen Art und Gesetze für uns unerforschlich bleiben.

Ein Anders ist es aber, sich des Urtheils, wie Gott an sich zum Weltbesten thätig sei, enthalten; und ein Anderes, das Vertrauen auf den göttlichen Beistand zum sträflichen Vorwand zu brauchen, um sich der Selbstbesserung zu überheben. Da wir wissen, was wir zu thun

thun und zu lassen haben, so müssen wir auch thun, was wir können. Nun erkennt jedermann in sich durch seine moralische Anlage (durch Vernunft, Freiheit und sittliches Gefühl) seinen Beruf zur sittlichen Veredlung seiner Selbst; folglich würde es nicht bloß unschuldige Schwärmerei sondern sträflicher Unglaube sein, wenn er diesen erkennbaren und wirksamen Einladungen vorübergehen und in nichtswürdiger Faulheit auf eine übernatürliche Anregung und Erleuchtung harren wollte. Phil. 2, 12.

* * *

Nach diesen Erörterungen werden sich die Streitigkeiten einiger Kirchenlehrer über Natur und Gnade, über die Freiheit im Natürlichen und den Mangel der Freiheit im Geistlichen leicht beurtheilen lassen. Sie beruhen sämmtlich auf Mißverstand und einer willkührlichen Deutung der heiligen Schrift.

Unter Natur versteht man alles, was der Mensch Gutes nach Freiheitsgesetzen für sich selbst thun kann; und unter Gnade den übernatürlichen Beitritt zu unserm moralischen (mangelhaften) Vermögen. Natur wird dann in der Bedeutung genommen, da sie nicht die sinnliche, sondern die übersinnliche Natur in uns (Freiheit und Vernunft) befaßt; in so fern uns von ihr die Gesetze bekannt sind.

Nun haben einige Kirchenlehrer die Besserung allein als ein Gnadenwerk angesehen und dem Menschen an sich

alles

alles Vermögen dazu abgesprochen; andere hingegen sie bloß als ein Naturwerk (besser: als eine Freiheitswirkung) betrachtet und allen göttlichen Einfluß gänzlich geleugnet.

Daß beide Partheien zu weit gehen, fällt bald in die Augen; denn, daß der Mensch durch sich selbst nichts zu seiner Veredlung thun könne; ist so ungegründet, als wenn einer behaupten wollte, der Mensch wäre weder ein freies, noch vernünftiges, noch der Achtung für das Sittengesetz empfängliches Wesen. Nun aber hat er ja eben hierdurch Vermögen, Gesetz und Beruf zur Besserung; mithin kann und soll sie ein Werk seiner Freiheit (oder wie sie es nennen wollen: der Natur) sein. Daß aber die Gnade Gottes nichts weiter zu unsrer sittlichen Vervollkommung thue, als wovon wir die Art und Weise, die Mittel und Gesetze erkennen; können wir wenigstens nicht aus Einsicht behaupten. Denn wir sind doch unsrer ganzen (nicht bloß der sinnlichen) Existenz nach von Gott abhängig, der letzte Grund aller Einflüsse auf uns liegt im Uebernatürlichen und Daseyn und Lauf der Dinge muß von uns als in der Hand der höchsten Weisheit gehalten und geleitet gedacht werden. Wer vermag hier das Wie, die Art der Verbindung der Weltwesen zu Gott, nach dem Maaße seiner Erkenntniß und Einsicht zu bestimmen?

Dem sei aber, wie ihm wolle, so ist so viel klar, daß uns das, was wir nicht wissen, auch nicht erforschen können,

können, nicht zur **Regel** dienen kann; wir müssen uns demnach mit unserm Thun und Lassen gänzlich innerhalb der Grenzen **unsers** Vermögens, **unsrer** Gesetze und Berufung halten. Ein jeder folge also nur der Natur oder, wie man besser sagen würde, den ihm von Gott gegebenen Anlagen zum Guten; gebrauche die ihm gegebenen Mittel zu seiner sittlichen Besserung und vertraue im übrigen Gott.

Wenn das absprechende Verneinen aller göttlichen Einwirkung außer der uns erkennbaren Weise, Unglauben ist, so ist die Verwerfung aller Besserung aus eignen Kräften verbunden mit einem müssigen Harren auf eine übernatürliche Erfahrung Erleuchtung, Besserung ꝛc. Unglaube und sträfliche Schwärmerei zugleich. Jesus begegnet diesem Wahn sehr treflich in dem Gleichnisse. Luc. 16, 29 — 31. „Sie haben Mosen und die Propheten: laß sie dieselbigen hören — hören sie diese nicht, so werden sie auch nicht glauben (und sich bessern, μετανοησουσιν. v. 30), ob jemand von den Todten auferstünde." Jeder hat, kann man hiernach sagen, Freiheit, Vernunft und moralisches Gefühl in sich, tausendfältige Anlässe, Mittel zur Belehrung, und immer wiederkehrende Erweckungen von innen und von außen; will er gegen dies alles unregsam und verstockt bleiben; so würde ihn auch kein Wunder (übernatürliche Einwirkung) besser machen.

Die Unterscheidung des Natürlichen vom Geistlichen muß nach eben den Principien beurtheilt werden. Die freie Willkühr vermöge nichts im Geistlichen, und das Geistliche soll hier die christliche Religion sein. Wenn aber die freie Willkühr hier nichts vermag, so müßte alles durch übernatürliche Einwirkung erzielt werden, und dies widerstreitet der Erfahrung und dem Bewußtsein eines jeden, der von den Weisungen Jesu Gebrauch machen will. — Die freie Willkühr vermöge nur im Natürlichen etwas, und das Natürliche sind hier die durch Vernunft erkannten Pflichten als göttliche Gebote gedacht. Aber dies ist ja eben das Geistliche, wohin wir selbst durch die Lehre Jesu geleitet werden. Ein leidiger Wortstreit! Wir wollen uns dabei nicht aufhalten. Man sehe hierüber die genügenden Berichtigungen eines Storr, Ammon, Morus, Eckermann und Henke, in ihren Grundrissen der christlichen Religionslehre.

Anhang vom Glauben, als einer Bedingung zur Seligkeit.

Unter den Bedingungen zur Seligkeit pflegt man den Glauben oben an zu stellen. Allein, aus dem Vorhergehenden ist klar, daß er als Folge nur auf das Bewußtsein des moralischen Gesetzes und der Besserung nach demselben gegründet werden kann.

Der

Der Glaube an sich ist ein Fürwahrhalten aus subjektiv hinlänglichen Gründen. Es steht aber nicht in unsrer Macht, ob wir etwas für wahr halten wollen oder nicht, sondern es hängt gänzlich von Gründen ab, die uns entweder zu dem Einen oder Andern mit physischer Nothwendigkeit zwingen. Es ist daher widersinnig, jemanden einen Glauben zu gebieten, und es ist unter der Würde der Menschheit, Jemanden ohne Gründe (blindlings) Glauben zu geben; am allerwenigsten darf es gefordert werden, daß man in Sachen, die der Seelen ewiges Wohl betreffen, blinden Beifall schenken solle.

Aller Glaube gründet sich auf ein Wissen, und von diesem muß auch der Religionsglaube ausgehen. Alle Religion gründet sich auf die Moral; sie muß also von dieser ausgehen und durch sie ihren Glaubenssätzen, in so fern sie Erweiterungen über das Sittengesetz hinaus enthalten, Werth und Gewicht geben.

Daß nun alle Menschen zur Beobachtung der Pflicht aus Pflicht berufen sind, ist kein Satz des Glaubens, sondern des Wissens; denn die moralische Anlage spricht in jedes Menschen Herzen und schlägt jeden Widerspruch durch ihre innere Heiligkeit nieder. Daher eröffnet die Religionslehre ihre Zumuthung nicht mit Sätzen des Glaubens, sondern mit Geboten der Sittlichkeit. „Bessert euch"!

Die Kraft und das Gewicht dieses Zurufs erkennt und fühlt jeder Mensch. Aber wenn er sich bessert, wenn er durch Umwandlung seiner Denkungsart und Umbildung seiner Sinnesart und Sitten sich selbstthätig in die moralische Ordnung begibt; so entsteht die Frage: was darf er glauben und hoffen? denn nun fühlt er seine Verwerflichkeit; nun blickt er mit geschlagenem Herzen zu seinem heiligen Richter, mit bangen Regungen in die Zukunft und der Wunsch steigt in ihm auf; daß er mit sich selbst und seinem Gotte in gutem Vernehmen sein und bleiben möchte. Da erweitert sich nun das Sittengesetz zum Behuf seiner Wünsche und verheißt ihm unter der Bedingung der Besserung, des ernstlichen und fortdauernden Bestrebens, seine Sinnesart und Sitten dem geheiligten Willen angemessen zu machen, ungeachtet seiner ihm schwer aufliegenden Verwerflichkeit, die Gnade und das Wohlwollen Gottes. Er darf glauben, daß Gott dasjenige, was er nun selbst nicht ändern kann und was in Zukunft über sein Vermögen gehen dürfte, aus Gründen und nach Regeln der Weisheit ergänzen und verleihen werde; er kann Herz und Muth zu seinem Vorhaben fassen.

Dieser Glaube an die Verheißungen des Sittengesetzes ist nicht blind, sondern durch Vernunftgründe gewirkt, nicht Frohn- und Lohnglaube, sondern ein freies aus der Herzensgesinnung quillendes Fürwahrhalten. Es wäre ungereimt ihn zu gebieten, da jeder Mensch das Bedürfniß desselben und den Wunsch, daß die Gegenſtände deſſelben wahr ſein möchten, ſchon von ſelbſt hat und die Frage gar nicht iſt; ob jemand den Glauben habe, ſondern nur, ob er ihn haben dürfe?

Anſtatt alſo, daß man Jemanden dieſen Glauben aufdringen wollte, müßte man ihn vielmehr auf die Bedingungen zurückweiſen, unter welchen er allein Grund und Gültigkeit habe; wie es auch Jeſus that: „Es werden nicht alle, die zu mir ſagen, Herr, Herr, in das Himmelreich kommen, ſondern die den Willen thun meines Vaters im Himmel."

Ob aber gleich dieſer Glaube nicht geboten werden kann, ſo kann er doch zugemuthet werden, das heißt, es läßt ſich erwarten, daß jeder, welcher das ſittliche Geſetz und den Zweck deſſelben beherzigt, auch den Verheißungen deſſelben trauen werde.

* * *

Um endlich alles zu erſchöpfen, bemerke ich, daß der Glaube entweder **formal** (ſubjektiv) oder **material** (objektiv) iſt. Der formale iſt entweder **theoretiſch** allein oder zugleich **praktiſch**. Unter dem formalen Glauben verſteht man den **Gemüthszuſtand im Fürwahrhalten**, in wie fern er durch Gründe beſtimmt iſt. Beziehen ſich Gründe bloß auf das Erkenntnißvermögen, ſo iſt der Glaube theoretiſch; wie wenn Einer glaubt, daß er unſterblich ſei, daß es eine Vergeltung gebe und

f. w. ohne daß diese Ueberzeugungen aus der Nothwendigkeit der Willensbestimmung durchs Sittengesetz entsprungen ist und auf sie zurückwirkt. Beziehen sich aber die Gründe auf das Begehrungsvermögen, so ist der Glaube praktisch; sind die Gründe in der unbedingten Gesetzgebung der Vernunft enthalten, so ist der Glaube ein reiner Vernunft- und moralischpraktischer Glaube. Dieser praktische Glaube setzt also die Willensbestimmung durchs Sittengesetz voraus und besteht erstlich in der Aufnahme des Sittengesetzes als eines göttlichen Gebots zur obersten Maxime des Willens, zweitens in dem Vertrauen auf die Verheißungen des Sittengesetzes.

Wenn demnach ein Glaube zur Pflicht gemacht werden kann, so ist es bloß der praktische, und dieser auch nur in dem Theile, wo er That ist; wo der Mensch die moralische Gesetzgebung zur Maxime macht.

Der materiale Glaube bezieht sich auf das, was Gegenstand des Fürwahrhaltens ist; mithin zuoberst auf alles, was als Bedingung der Möglichkeit des Endzwecks der Welt gedacht werden muß; z. B. Dasein Gottes, Unsterblichkeit, Verbindung des Naturreichs mit dem Sittenreich durch ein sie zum absoluten Zweck einigendes Princip u. s. w. Sind die Objekte des Glaubens durch reine Vernunftideen angegeben (wie die eben Genannten), so ist der materiale Glaube rational, sind sie aber Thatsachen, so ist er empirisch (historisch). Jeder ner beruht auf bloßen Vernunftgründen; dieser auf andern, außer dem eignen Nachdenken, (obgleich zur Prüfung) gegebenen Gründen, z. B. Nachrichten, Handlungen u. s. w. Wie wenn wir aus der Legalität des Verhaltens eines Menschen auf dessen Moralität schließen, und, daß er guter Mensch sei, glauben.

In der Religion ist, außer dem Sittengesetze und den willkührlichen obgleich zweckdienlichen Instituten, alles Sache des Glaubens und das Christenthum hat dies Verdienst, daß es zuerst zwischen Aberglauben und Unglauben hindurch ging und den reinen (moralischen oder) Vernunftglauben hervor hob. Es hat keinen Zweifel, daß alle oben aus einander gesetzte Bedeutungen ihre Anwendungen im Christenthume finden.

Der Grund der christlichen (als einer moralischen und zugleich öffentlichen) Religion ist nicht ein Glaubenssatz, sondern ein apodiktisches Gebot; mithin etwas, das Jedermann nicht allein wissen kann, sondern das auch die Kraft der Verpflichtung in sich selbst hat. Alles aber, was Angelegenheit des Glaubens ist, wird nun auf jenem Grunde erbaut. Daher ist der christliche Religionsglaube (wie es auch schon der Begriff der Religion mit sich führt) seiner Form nach nicht bloß theoretisch, sondern praktisch; das heißt, er verknüpft die moralische Gesinnung als That mit ihren Folgen als Verheißung. Hätte man dies von jeher immer beherzigt,

zigt, so würde im Christenthum nie ein Glaubenszwang haben auskommen können. Denn mit dem bloßen Fürwahrhalten ohne gute Gesinnung hat das Christenthum nichts zu thun. „Der Glaube ohne Werke ist todt."

Wenn also auch Jemand alles, was Jesus lehrte, oder was Andere unter seinem Namen debitirten, für baar und wahr annimmt, so ist dies so viel wie nichts; weil es nicht auf einen todten, sondern lebendigen, das ist, die gegebenen Lehren zu seiner Maxime aufnehmenden, Glauben ankommt. An Jesum, an Gott glauben, heißt, die Gesinnung Jesu zur seinigen machen, den Geboten Gottes Gehorsam leisten. Ist dies, so darf er versichert sein, daß die gegebenen Verheißungen auch für ihn gelten; wo nicht, so darf er nicht, wenn er gleich möchte.

Der christliche Glaube der Materie nach bezieht sich auf alles, was er hoffen darf, wenn er an sich ist und thut, was er sein und thun soll. Alles nun, was Objekt des christlichen Glaubens ist, wird nicht und kann nicht geboten werden; sondern es wird nur zugemuthet, in wie fern Gründe da sind, welche eine Beistimmung bewirken und erwarten lassen. Der oberste Grund hierzu ist aber die evidente sittliche Gesetzgebung und ob z. B. Jesus der war, wofür er sich ankündigte und betrug, ob die an sich zufälligen Einrichtungen befolgt werden dürfen oder nicht, hängt von der Reflexion über sie nach sittlichen

Grund-

Grundsätzen, mithin von der moralischen Ansicht und Zweckbeziehung ab. Nach diesen muß ein jeder den Eindruck wahrnehmen, welchen die ungetheilte Betrachtung in ihm zurückläßt; kann er sich nicht überzeugen, so darf ihm keine Gewalt geschehen; denn der Glaube muß frei und ein Product der Herzensgesinnung (fides ingenua) sein; oder er taugt gar nichts.

Man darf daher zwar, ja man hat die Pflicht, seinen Mitmenschen zum seligmachenden Glauben (zur Beherzigung seiner Pflicht und zum Vertrauen auf die Verheissungen derselben) hinzuleiten; aber diese Leitung darf nur moralisch, das ist, auf Erweckung des sittlichen Gefühls und der Selbstthätigkeit gerichtet sein. Dabei ist es aber eben so sehr Pflicht, den blinden Glauben und das todte Fürwahrhalten in seiner ganzen Unzulässigkeit und Trüglichkeit darzustellen.

Zwölfter Abschnitt.

Von dem zukünftigen Leben.

Es ist eine für den Gutgesinnten ungemein tröstliche aber auch für den beharrlich Bösen sehr schreckende Lehre des Christenthums, daß der Mensch für die Zukunft keinen andern Zustand erwarten dürfe, als wozu er hier auf Erden durch seinen eignen Lebenswandel den Grund gelegt hat. „Was der Mensch gesäet hat, das wird er erndten."

Die Lehre von der Unsterblichkeit wird von der heiligen Schrift mit Recht als Glaubenssatz und Verheißung aufgestellt. Denn wenn auch eine Demonstration dafür statt fände, so würde sie doch in einem populären Religionsunterricht nicht gegeben werden müssen. Da aber selbst die feinste Spekulation es hierin nicht bis zur Demonstration bringen kann, sondern aller Grund des Fürwahrhaltens nur aus der Allgemeinheit und Nothwendigkeit des Sittengesetzes hervorgeht, so ist es am räthlichsten, sich mit den Versuchen der Spekulation in der Religionslehre gar nicht zu befassen. Dagegen aber

aber ist es um so mehr Angelegenheit derselben, den Glauben an ein zukünftiges Leben mit dem praktischen Interesse des Gegenwärtigen in Verbindung zu setzen und ihn für die moralische Bildung zinsbar zu machen.

Zu diesem Behuf ist es wohl gethan, den moralischen Beweis oder vielmehr den Glauben an die Verheissung der Fortdauer der Persönlichkeit aus dem Moralgesetze bestmöglich zu stärken, weil dieser seinen praktischen Einfluß nicht allein mit sich führt, sondern auch der gemeinste Verstand desselben empfänglich ist.

Jedermann erkennt unmittelbar seine moralische Anlage und mit ihr das Gesetz der Heiligkeit für seinen Willen und Verhalten. Dieses Gesetz ist an keine Zeitbedingungen gebunden, sondern gilt absolut und durch sich selbst. Es gebietet Heiligkeit des Willens und der Sinnesart. Jene ist dem Menschen möglich, indem er sie durch einen ursprünglichen Actus der Willkühr hervorbringen kann und soll, diese (die Heiligkeit der Sinnesart) kann und soll er durch unaufhörliches Bestreben bewirken. Alle empirische Wünsche und Bedürfnisse sind der Forderung jenes rationalen Gesetzes untergeordnet und im Fall sie nicht mit demselben bestehen können, so sollen sie aufgeopfert werden. Hiervon ist selbst das empirische Leben nicht ausgenommen. Wäre nun das empirische Leben die einzige Bedingung, unter welcher nur den

Pflicht=

Pflichtgesetze genügt werden könnte, so würde es widersinnig sein, um das Gesetz zu befolgen die subjektive Bedingung der Möglichkeit der Befolgung aufzugeben. Nun fordert aber das Gesetz ohne Widerrede diese Aufopferung, mithin muß die Persönlichkeit (die Identität und Fortdauer des Subjekts an sich) dadurch nicht aufgehoben werden. Wiederum ist eben die Fortdauer der Persönlichkeit an sich die Bedingung, unter welcher das Gebot der Sittlichkeit, durch eine ins Unendliche gehende Annäherung des Subjekts zur Heiligkeit, erfüllt werden kann; soll ich nun den Zweck des Gebots unter keiner Bedingung aufgeben, so muß die Bedingung der Möglichkeit desselben an meinem Subjekte (unaufhörliche Identität des Subjekts und des Selbstbewußtseyns) wahr sein.

Dieser Satz ist nun eigentlich nicht Beweis der Unsterblichkeit, denn er enthält keine Einsicht in das Wesen des Subjekts, so daß die Fortdauer der Substanz als Folge aus der Beschaffenheit derselben abgenommen werden könnte; sondern er ist ein Machtspruch der sich ihres absoluten Gesetzes bewußten Vernunft. Das Eigenthümliche dieser Vorstellung liegt aber darin, daß dem Menschen seine Fortdauer nur darum wichtig wird, weil er unter einem moralischen Gesetze lebt; mithin auch nur dann wünschenswerth sein kann; wenn und in wie fern er sich der Unterwerfung unter seine Pflicht bewußt ist.

Aus

Aus diesem Grunde führt auch das ganze Argument seine Verständlichkeit und Kraft für Jedermann mit sich.

* * *

Die Fortdauer betrifft nun zunächst den Geist oder übersinnlichen Theil des Menschen. „Vater, deinen Händen übergebe ich meinen Geist." Luc. 23, 46. — Daß hierin die Identität des Bewußtseyns begriffen sei, versteht sich von selbst; denn ohne diese würde es keine Fortdauer sein.

Es entsteht aber die Frage: was wird mit dem empirischen Theil unsers Daseyns? Die heilige Schrift verheißt nicht bloß die Fortdauer der Persönlichkeit an sich, als einer Existenz ohne Bedingung der Zeit und des Raums und des in ihnen nur möglichen Körpers; sondern sie verspricht auch eine erneuerte, verbesserte und verklärtere empirische Existenz; auch aus dem Verweslichen soll etwas Unverwesliches hervorgehen.

Dieser Idee scheint die Erfahrung sehr entgegen zu sein, indem unser Leib dahinwelkt und durch seine Verwesung in andere organische Körper übergeht. Auch ist es nicht abzusehen, was wir in der Zukunft mit einem solchen Körper machen sollten, von welchem Kalkerde der Grundstoff und die Basis der Organisation ist; gesetzt wir hielten es auch für möglich, daß wir denselben Körper

per wieder erhalten könnten. Da aber in der fortgehenden Organiſation der Menſchen auf Erden dieſelben Beſtandttheile für ſehr viele Menſchen gedient haben, ſo würde es unmöglich ſein, jedem ſeinen eigenthümlichen Körper wieder zu geben; weil an dieſelbe Theile viele einen gleichen Anſpruch haben.

Daß alſo die Menſchen in der Zukunft denſelben Körper, wie er hier war, wieder erhalten ſollten, iſt für uns eben unmöglich zu denken, als wir es auch für unzuträglich halten müſſen, wenn wir in Ewigkeit mit einer Hülle von derſelben Maſſe belaſtet blieben. Es kann daher nur, falls wir uns hier ſchwache Vermuthungen erlauben dürfen, von einer empiriſchen Exiſtenz überhaupt gelten, wozu unſre gegenwärtige den Grund und die Anlage enthält.

Denn es wird uns ſchwer zu denken, daß wir als endliche Weſen irgend einmal ohne alle ſinnliche Bedingungen, bloß als Subſtanzen ohne räumliche und anſchauliche Gegenwart exiſtiren könnten. Irgend einer Bedingung, wodurch etwas gegeben und empiriſche Erfahrung möglich wird, müſſen wir immer unterworfen ſein oder aber unſere Vernunft müßte die Einrichtung bekommen, daß ſie durch ſich ſelbſt anſchauen, mithin nicht vom Allgemeinen zum Beſondern, wie jetzt, ſondern vom Einzelnen zum Allgemeinen durch ſich ſelbſt gelangen könnte; — eine Einrichtung, wovon wir wohl einen problematischen Begriff haben, aber die Möglichkeit gar nicht einsehen.

Wenn uns aber neben dem reinen Denkungsvermögen noch ein reines Anschauungsvermögen bleibt, und die Bedingungen desselben fernerhin der Raum und die Zeit sind, so werden die empirischen Bedingungen unsers Lebens auch denen des gegenwärtigen Daseyns analog sein und der Unterschied unsrer künftigen empirischen Hülle von der Gegenwärtigen wird nicht in der gänzlichen Aufhebung, sondern einer angemessenen **Vervollkommnung bestehen.**

Nun ist es aber der Analogie mit Naturgesetzen weit gemäßer, den Grund der Vervollkommnung in der Anlage des Vorhandenen als in einer neuen Schöpfung zu suchen und so würde die Angabe der heiligen Schrift, welche aus dem Unvollkommnen das Vollkommnere entstehen läßt, mit den Vermuthungen der Vernunft immer sehr verträglich sein.

Hiermit stimmt nun sehr wohl zusammen, daß durch den Tod alles dasjenige von unsrer sinnlichen Existenz hinweg fällt, was uns in der Zukunft nicht mehr dienlich sein würde; dennoch aber der Anlage und dem Keime nach so viel übrig bliebe, daß die Identität nicht allein des transscendentalen sondern auch des empirischen Selbstbewußtseyns erhalten würde. Die Gegend der Welt, worin wir in der Folge leben und wirken sollen, wird auch

auch die Materien hergeben, welche zu unsrer empirischen Existenz und Erhaltung erforderlich sind.

Dies ist nun freilich etwas, welches man wohl als Vermuthung einräumen kann, allein eine andere Frage ist die: Wie wird diese Revolution und Reformation in der Art unsers Daseyns bewirkt werden?

Die Schrift erklärt sich hierüber nicht, sondern läßt es bei allgemeinen Andeutungen bewenden. Denn die Vorstellungen von der Wiederbelebung der todten Körper oder der plötzlichen Verwandlung der noch lebenden Menschen enthält erstlich keine Erklärung der vermuthlichen Veränderung und Vervollkommnung unsrer empirischen Existenz, zweitens soll sie nicht in der Bedeutung, als wenn dieselben Körper ihrem ganzen Stoffe nach wieder belebt würden, genommen werden; denn es soll nur das Edlere und Geistige unser zukünftiger Antheil bleiben; (welcher durch den Tod nicht verlohren geht, sondern nur durch ihn der Hindernisse seiner Entwickelung überhoben wird). Es bezieht sich aber drittens diese Vorstellung auf eine der Welt bevorstehende große Revolution, auf ein Ende der Welt, nicht als Ende und Aufhörung der Welt an sich, sondern nur der Art, wie sie jetzt ist, mithin auf einen revolutionairen Uebergang aus einer Epoche in die andere; so daß dieser Zeitpunkt gleichsam der letzte Tag der gegenwärtigen Epoche, der Tag des Ausscheidens aller Menschen, der

noch

noch Lebenden durch eine schnelle Verwandlung, aus dieser Welt, zugleich aber auch der Tag des Gerichts und der Entscheidung für Alle sei. —

Man sieht also, daß diese Angabe von der Vorstellung der Fortdauer dem Geiste und der Anschauung nach, wie sie durch den Tod und zwar gleich mit und nach demselben*) für jeden Ausscheidenden erfolgt, gänzlich unterschieden werden muß; denn sie deutet auf eine einzelne Begebenheit. Aber was sollen wir von dieser Anzeige selbst halten? — Durch bloße Vernunft ist darüber nichts auszumachen; denn ob der Welt oder wenigstens unsrer Erde eine solche gewaltsame Veränderung bevorstehe; können wir nicht wissen. Dennoch aber kann es sehr wohl möglich sein und muß der höchsten Weisheit überlassen werden, durch welche Mittel und Abschnitte sie den Endzweck der Welt befördern wolle. Dennoch aber sind wir auch hier nicht ohne alle Anlässe zu Vermuthungen. Durch eine große Revolution ward unsre Erde in den jetzigen Zustand gesetzt und wer will behaupten, daß der gegenwärtige in Ewigkeit so fortdauern werde? Hierzu kommen einige astronomische Bemerkungen, nach welchen sich unsre Erde in einer schneckenförmigen Annäherung zur Sonne befindet, wovon der

Grund

---

*) „Noch heute wirst du mit mir im Paradiese sein." Luc. 23, 43. Wäre jene Begebenheit der Tag der Entscheidung für Alle, so hätte Jesus dies hier nicht sagen können.

Grund in dem Uebergewicht der Anziehung der Sonne über die Fliehkraft der Erde gesucht werden muß. Mag nun diese Annäherung durch Tausende oder Millionen von Jahren erreicht werden, so scheint es doch, daß diese gesetzliche und allmälige Annäherung entweder durch eine außerordentliche Direction gehoben werden muß oder endlich die Ursache von einer großen Begebenheit sein wird. Dem werde nun wie ihm wolle, so stehen wir *), nach unsrer damaligen Beobachtung des Verhältnisses unsrer Erde gegen die Sonne und der Analogie der Natur, die im Großen wie im Kleinen ihre Epochen der Revolution zu haben scheint, in der Erwartung großer Eräugnisse; und da Alles, was geschieht, seine Beziehung auf moralische Zwecke hat, so haben wir den Glauben, daß auch dergleichen Begebenheiten Fügungen der göttlichen Weisheit, mithin Erweise ihrer Gerechtigkeit und Güte nicht minder als ihrer Herrlichkeit sein werden.

Ohne nun diese Vorstellung in allen ihren einzelnen und besonders in den unsrer Beurtheilung nach zufälligen Theilen mit einem dogmatischen Steifsinn zum unentbehrlichen Glaubenssatz zu machen, wird doch jeder in ihr etwas Erhabenes und Feierliches entdecken, welches durch die

---

*) Wir, nämlich nicht in diesem Zeitpunkte allein, sondern wir, als Menschengeschlecht in seinen fortgehenden Zeugungen diese Erde bewohnend.

die ihm gegebene Verbindung mit moralischen Ideen sehr wohl benutzt werden kann, um die Begriffe der Menschen von der göttlichen Weisheit zu erweitern und zu beleben. Wer kann in dem Gedanken etwas Unzuläßiges finden, daß Gott die Entscheidung über die Moralität seiner Weltwesen mit großen und anschaulichen Begebenheiten verbinden, das ins Unendliche gehende Daseyn derselben in Epochen vertheilen, und die Ausführung seines Gerichts durch erprobte Mittler (z. B. durch Jesum) geschehen lassen werde. Wenn hier nur nicht auf das Theoretische alles gesetzt, sondern die eigentliche moralische Ansicht ausgehoben und zu Gemüthe geführt wird (und das ist doch die Absicht der heiligen Schriftsteller); so verschwindet nicht allein alles angeblich Anstößige, sondern auch diese, dem Vortrage nach bildliche und symbolische Vorstellung ist nützlich zur Lehre, zur Weisung und Besserung.

* * *

Ungeachtet uns aber von der Art, wie wir in die Unsterblichkeit übergehen, unter welchen reinen oder empirischen Bedingungen wir leben und Erhaltungen finden werden, endlich ob es Epochen der Entscheidung über unser Daseyn gebe und welche sie sein werden; ob sie mit großen anschaulichen Begebenheiten und mit welchen sie begleitet sein werden; ungeachtet wir von diesem nur allgemeine Winke in der Schrift finden und wir selbst nur schwa-

schwache Vermuthungen haben, so ist doch der Satz; daß wir nur das hoffen dürfen, wozu wir uns in diesem Leben durch Pflichtbeobachtung würdig gemacht haben, durch Schrift und Vernunft gleich stark und ernstlich zu Gemüthe geführt.

Ob wir also gleich unser Dasein wie unsere Fortdauer, unser gegenwärtiges wie unser zukünftiges Wohlsein allein von der Gnade Gottes (und nicht aus eigner Gerechtigkeit) erwarten dürfen; so ist doch diese Erwartung nur dadurch zuläßig und erlaubt, daß wir uns der Güte Gottes wenigstens nicht unwürdig gemacht haben. Und dazu gehört nicht etwa eine Gunstbefließenheit durch äussere und scheinheilige Werke, nicht eine durch Angst abgedrungene Bekehrung auf dem Todtenbette (wo man nicht mehr böses thun will, weil man es nicht mehr kann) sondern eine der Pflicht geweihete Gesinnung und Lebensart.

Und diese Ordnung der Welt steht so fest, daß der Frevler seinen Strafen eben so wenig entgehen kann, als der Tugendhafte gewisse Hoffnung auf die Beweise der Güte Gottes hat.

Die aus dem Sittengesetze angewinkte Ordnung der Welt ist nun diese: daß der natürliche Zustand der Weltwesen als Folge des moralischen derselben, mithin alles Unglück, welches ein Wesen trifft, als selbstverschuldete und alles Wohl als selbsterworben an-

angesehen werden müße; jedoch so, daß die Vollziehung dieser Ordnung nicht in der Gewalt der Wesen selbst, sondern in der eines allmächtigen und weisen Regierers stehe.

Das Uebel nun, in wie fern es als Folge der Selbstverschuldung betrachtet wird, heißt **Strafe**. Diese ist nun entweder **natürlich** oder **willkührlich**; jene ist diejenige, welche als Folge mit der Handlung nach Naturgesetzen verknüpft ist, diese, welche bloß durch Freiheit im Urtheile der höchsten Vernunft verhängt wird.

Man muß aber bemerken, daß diese Unterscheidung bloß **menschlich ist**, indem sie **von Gott an sich nicht gilt**. Denn ob Gott, indem er etwas auf die Handlungen der Menschen verhängt, dies durch Natur oder durch willkührlichen Eingriff in dieselbe thue, wissen wir gar nicht. Denn das, was uns ganz zufällig erscheint, kann doch sehr wohl mit der Natur zusammen hängen und nach ihren Gesetzen erfolgen. Wer hierüber entscheiden wollte, müßte die Art, wie die Natur aus dem Uebersinnlichen folgte, mithin die ganze Natur kennen. Wenn wir also sagen: Gott strafe willkührlich, so ist dies bloß ein symbolischer Ausdruck (κατ' ἀνθρωπον) und heißt weiter nichts, als daß wir die Verbindung der natürlichen Folge mit der sittlichen Handlung nach Naturgesetzen nicht einsehen, wir uns daher Gott zu den Menschen in dem **Verhältnisse** denken, wie einen Menschen zum Andern, wenn jener diesen straft, ohne daß die Strafe nach Naturgesetzen aus der Handlung von selbst folgt. Aber, wie gesagt, es ist nur Identität des **Verhältnisses**, nicht der sich verhaltenden **Subjekte**; denn die Willkühr des Menschen kann z. B. ungerecht verfahren; aber der Wille Gottes muß immer als gerecht gedacht werden. — Also, bei einem und eben demselben Verhältnisse können doch ganz verschiedene Gründe desselben obwalten. So z. B. kann eine von Gott verhängte Strafe, die wir als willkührlich beurtheilen, nicht allein in seiner Gerechtigkeit sehr wohl gegründet sein, sondern auch durch die Natur mit der Handlung des Uebelthäters zusammenhängen; nur wir sehen es nicht ein. — Nur so viel können wir aus dem Sittengesetze abnehmen; die göttlichen Strafen mögen (unserer Beurtheilung nach) willkührlich oder natürlich sein, so sind sie doch jederzeit **gerecht** und die Verbindung der Uebertretung mit Uebeln ist an sich **gut** und als **Zweck** in der göttlichen Weisheit gegründet.

* * *

Es hat demnach ein jeder Mensch nach dem Tode ein solches Schicksal zu erwarten, als ihm das Bewußtseyn seines moralischen Zustandes hier auf Erden verspricht; der Böse sieht seiner Bestrafung der Gute seiner Beseligung entgegen.

Hier

Hier entsteht nun die Frage: von wie langer
Dauer werden die Strafen sein?

Einige behaupten, sie werden ewig, Andere sie
werden endlich sein.

Wenn es hier auf dogmatische (theoretische) Entscheidung ankommt, so muß ein jeder gestehen, daß er
derselben gar nicht gewachsen ist. Denn wie will man
einsehen, wie weit die Folgen, welche als Uebel mit der
Uebertretung durch die Natur verbunden sind, reichen?
Will man sie in irgend einem Zeitpunkte aufhören lassen,
so fragen wir, in welchem? und woher die Einsicht, daß
sie in diesem aufhören. Offenbar gehört hierzu Einsicht
und Uebersicht der ganzen Natur und der Art, wie sie
zum Sittenreiche verknüpft ist.

Der dem Bewußtsein unsers Unvermögens (hierin
theoretisch entscheiden zu können) angemessene Ausdruck
wird also dieser sein: daß wir die Reihe der Folgen unsrer Uebertretungen nicht absehen können; und hierzu
stimmt auch der Vortrag der heiligen Schrift; welcher
sich des Ausdrucks der Ewigkeit zwar bedienet, aber
nicht bestimmt, ob darunter eine (absolute) objektive
Unendlichkeit oder eine (relative) subjektive Unabsehlichkeit verstanden werden soll. — Entscheidungen, welche
auch gar nicht in die Religionslehre gehören; da diese
durchaus praktisch ist und die Willensbestimmung (nicht

P 4

Auf-

Auflösung metaphysischer Probleme) zum Gegenstand hat.

Es kommt also alles darauf an, diese Lehre so zu stellen, daß sie erstens den richtigen Ausspruch der theoretischen Vernunft enthält; und zweitens zum moralischen Zwecke geeignet wird.

Das Erste geschieht dadurch, daß wir nur die Unabsehlichkeit der Folgen unsrer Sünden behaupten; denn dies ist klar und ergiebt sich aus der Würdigung unsers Erkenntnißvermögens.

Das zweite wird auf folgende Art bewirkt. Man verhüte, daß keine irrige und anmaaßliche Behauptung zum praktischen Nachtheil diene.

Wollte man also sagen, wie es einige in philanthropischer Meinung gethan haben; die Strafen wären endlich; so würde der entschlossene Bösewicht hieraus folgern; daß er sie überstehen könne und dieses Dogma zur Beharrlichkeit in seiner Uebertretung benutzen. Die Verweisung auf seine an sich gültige Pflicht und die aus seiner Pflichtvergessenheit entspringende persönliche Nichtswürdigkeit würde gegen die verkehrte Denkungsart und den mächtigen Sinnenhang desselben wenig ausrichten. Was aber das Wichtigste ist, so sieht man, daß der Lehrer der Endlichkeit der Strafen, außerdem, daß er sein Dogma nicht beweisen kann, noch in der Gefahr stehe,

eine

eine Verantwortlichkeit wegen eines Andern auf sich zu laden, welches kein guter Lehrer wollen darf.

Wollte man sagen, wie es einige dogmatische Rigoristen gethan haben, die Strafen sind ewig; so würde der Bösewicht hieraus folgern: „Da es ihm nun doch einmal nicht mehr möglich sei, den verdienten Strafen in aller Ewigkeit zu entkommen; so habe er sich auch keine Mühe weiter zu geben; und die etwanigen noch folgenden Uebertretungen möchten vielleicht, wenn sie unterblieben, seine Strafe mildern, aber selig könnten sie ihn doch nicht mehr machen"; er würde daher entweder in einer Verstocktheit fortleben oder, falls das moralische Gefühl in ihm erwachte und Stärke bekäme, ein Opfer der Verzweiflung werden. Würde der Prediger ihm die Versicherung geben, daß er durch Reue und Glauben alles gut machen und selbst die Ewigkeit der Strafen abwenden könne, so wäre die Gefahr noch größer, denn nun würde er es wagen, seine Reue bis zu einem Zeitpunkte aufzuschieben, wo ihm die Uebertretung kein Behagen mehr gewährte und der letzte Augenblick des Lebens würde ihm der bequemste zur Besserung zu sein scheinen. Auf solche Art würde der Mensch mit dem ruchlosesten Leben doch die Hoffnung einer völligen Straflosigkeit verbinden.

Um dennoch allen Nachtheil zu verhüten, muß man den Menschen zur Prüfung und Selbsterkenntniß seines sittlichen Zustandes führen und es seiner eignen moralischen Beurtheilung überlassen, was für ein zukünftiges Schicksal er sich versprechen dürfe. Das Bewußtseyn seiner persönlichen Qualität wird ihn den Schluß auf die Qualität seines künftigen Schicksals von selbst machen lassen. Zugleich wird er inne werden, daß er die Reihe der üblen Folgen seiner Unthaten nicht absehen kann und dies, verbunden mit dem Antriebe des Gesetzes, welches seine Kraft bei der Selbstprüfung zu äußern nie unterläßt, wird ihn bestimmen, das Geschehene, so viel möglich, ungeschehen zu machen; und sein Gewissen, das ihn selbst unbestechlich und strenge richtet, wird ihm sagen, daß er nur durch Selbstbesserung Trost und Hoffnung für die Zukunft schöpfen kann.

Wenn man aber beide Meinungen mit einander vergleicht, so ist es doch rathsamer den Ausdruck der Rigoristen als den der Philanthropen beizubehalten. Denn Jener schließt doch die Unabsehlichkeit mit ein, da dieser das Ende gradezu bestimmen will. Da nun überdies das Wort Ewigkeit in allen Sprachen dem gemeinen Sprachgebrauche gemäß nicht so wohl in der Bedeutung der absoluten Unendlichkeit als vielmehr der subjektiven Unabsehbarkeit genommen wird, so kann es im öffentlichen und populären Vortrage sehr wohl beibehalten werden. Denn es versteht sich von selbst, daß der Lehrer es hier nicht mit der Behauptung eines theoretischen Satzes, sondern mit der Besserung der Menschen zu thun haben wolle.

Die

Die Gründe aber wodurch man sonst noch die Unendlichkeit oder Endlichkeit der Strafen zu beweisen sucht, sind sämmtlich untriftig. So, z. B., beruft sich derjenige, welcher die Endlichkeit der Strafen lehrt, auf die unendliche Güte Gottes; aber ist denn seine Heiligkeit nicht auch unendlich. Der Vertheidiger der absoluten Ewigkeit der Strafen beruft sich auf die Beleidigung der göttlichen Heiligkeit, als etwas Unendlichen, die deshalb auch eine unendliche Strafe nach sich ziehe; allein die Heiligkeit Gottes muß doch als eine solche gedacht werden, deren Zweck durch nichts absolut unmöglich gemacht werden kann. Nun würde aber die ewige Verdammniß an den Subjekten die Möglichkeit des Zwecks der Heiligkeit aufheben; mithin eben das, was Endzweck der ganzen Geisterwelt ist, auch nicht Endzweck der ganzen Geisterwelt sein. Es muß demnach möglich sein, daß ein Sünder begnadigt werde und die subjektive Bedingung dazu kann keine andere sein, als Rückkehr zur Beobachtung des Gesetzes der Heiligkeit. Doch wir haben gar nicht nöthig uns auf die Gründe für oder wider die entgegengesetzten Dogmen einzulassen, da sie als theoretische Sätze beide unser Vernunftvermögen übersteigen; denn alle äußere Gründe können nicht entscheiden, wenn man zuvor nicht dargethan hat, ob wir auch innerliches Vermögen haben, unser Erkenntniß bis zu solchen Objekten zu erweitern.

* * *

Man

Man pflegt sich nun auch noch über die Art des zukünftigen Elends oder Glücks auszulassen.

Die Schrift hält sich hier im Allgemeinen und weiter kann die Vernunft auch nicht kommen. Nur muß man nie abergläubische Meinung auszurotten suchen, wo man sich die zukünftige Seligkeit als einen ewigen Genuß in Muße und Ruhe und die Bestrafung als eine ewige Quaal in beständiger Unruhe vorstellt.

Freie und vernünftige Wesen können durch keinen Naturfall (z. B. durch das Sterben) aufhören freie und vernünftige Wesen zu sein, mithin werden sie wie jetzt, so in Zukunft, ihren Beruf, ihre Pflichten, ihren Wirkungskreis und Schauplatz der Selbstthätigkeit (nicht des faulen Genusses) haben.

Das zukünftige Leben wird eine Fortsetzung des jetzigen, mithin auch Fortsetzung der Entwickelung der ursprünglichen und wesentlichen Anlagen, Talente und Kräfte sein. Und eben durch die fortgehende Entwickelung der Anlagen, Bildung der Vermögen, Anwendung der Kräfte, Erweiterung des Wirkungskreises, Vervielfältigung der Verhältnisse wird der Tugendhafte seines Lohns und seiner Freuden theilhaftig werden; er wird sich glücklich finden, daß ihm nur noch mehr Gelegenheit gegeben wird, seine Pflicht zu thun. „Du bist über wenig getreu gewesen, ich will dich über Vieles setzen."

Der Unterschied der Gestraften von den Belohnten wird daher wohl nicht darin bestehen, daß etwa jene an einem Ort der Verdammniß und der Quaal gehalten würden, (welches eine morgenländische, populäre Vorstellung ist) sondern darin, daß sie, sich ihrer Unwürdigkeit bewußt, nicht zu dem höheren Berufe zugelassen werden, dessen Erfüllung eine Quelle größerer Pflichtleistung und größerer Freude für sie hätte sein können, und s. w.

Doch es ist uns hier nichts als schwache Vermuthung vergönnt, welche auch nur dann noch diesen Namen verdient, wenn sie nach der Analogie der Natur (der ursprünglichen Anlagen im Menschen) durch Vernunft geleitet wird.

Aber es ist auch gar nicht nöthig, das Dunkel der Zukunft mit schimmernden Farben zu mahlen, da aller Zweck der Religion nicht so wohl auf Erweiterung unsrer Erkenntniß jenseits der Erfahrung als auf Gründung eines moralischen Characters und Beförderung des Guten in diesem Leben gerichtet ist. Damit nun der Mensch hier nicht unüberwindliche Hindernisse in seiner eignen Vorstellungskraft zu finden meine, ist es hinreichend, wenn er darauf aufmerksam gemacht wird; wie aus der Pflicht selbst die Hoffnung seiner Fortdauer und einer Vergeltung im Allgemeinen hervorgehe.

Drei

Dreizehnter Abschnitt.

Von der Kirche
oder
der moralischen Verbindung zum Behuf der Gottseligkeit.

Da der Mensch verpflichtet ist, nach moralischen Gesetzen zu handeln, so führt dies auch die Verbindlichkeit mit sich, alles anzuwenden, wodurch die moralische Denkungsart befördert und gestärkt werden kann. Nichts ist hierzu geschickter und dienlicher, als eine **Gesellschaft nach Tugendgesetzen**.

Diese also zu errichten, sie auszubreiten und in der Grundlage ihrer Verfassung das ganze Menschengeschlecht zu befassen, ist Aufgabe und Pflicht zugleich.

Eine Gesellschaft aber kann von mancherlei Art sein; doch zeichnen sich unter allen zweie aus, die das Eigenthümliche haben, daß sie **durch sich selbst Pflicht** sind, nämlich die **rechtliche** und die **ethische Gemeinschaft**. Unter jener versteht man den Verein der

der Menschen zur Behauptung und Handhabung des Rechts, unter dieser den Verein der Menschen zur Beförderung der Moralität. Beide werden dadurch, daß man sich zu ihnen verbindet, öffentlich.

Das Princip des rechtlichen Gemeinwesens ist Einschränkung der Freiheit eines Jeden auf Bedingungen, unter welchen sie mit der Freiheit eines jeden Andern nach allgemeinen Gesetzen bestehen kann, mithin Einschränkung der Freiheit jedes Einzelnen durch den allgemeinen Willen. Die Auslegung dieses allgemeinen Willens enthalten die öffentlichen Gesetze und da sie durch den allgemeinen Willen gegeben und geheiligt sind, so darf sich ihnen Niemand entziehen, sie sind also Zwangsgesetze.

Das Princip des ethischen Gemeinwesens ist Verbindung der Individuen zur Beförderung einer sittlichen Denkungsart; mithin nicht unter Zwangsgesetzen, sondern Gesetzen der Freiheit.

Beide Vereine unterscheiden sich daher sowohl durch das einem jeden eigenthümliche und besondere Princip der Vereinigung, als auch in der Form und Verfassung. Dennoch aber findet auch eine Analogie zwischen beiden statt, denn sie beide sind Vereine, sind öffentlich, haben ihre Form, Verfassung und Zwecke; sind Pflicht durch sich selbst. (Es ist nicht beliebig, ob ich zutreten will oder nicht, sondern es ist Pflicht, zum Zwecke derselben

ben mitzuwirken ꝛc.) Wie man die Idee von einem rechtlichen Naturzustande hat, so hat man sie auch von einem ethischen Naturzustande. Unter dem rechtlichen Naturzustande versteht man das Verhältniß der Menschen unter einander, wo ein jeder sein eigner Richter ist. In diesem Zustande fehlt nicht etwa das Recht selbst oder die praktische Gültigkeit desselben, sondern es fehlt nur die Verbindung zu demselben, die dasselbe rechtskräftig bestimmende und unwiderstehlich schützende Gewalt; mit einem Worte, nur eine gerechte bürgerliche Verfassung; daher ist dieser Zustand zwar nicht immer ein wirklicher Krieg Aller gegen Alle, aber doch der Möglichkeit und der steten Gefahr einer Befehdung und Unterdrückung. — Unter dem ethischen Naturzustande versteht man den Zustand der (möglichen) unaufhörlichen Befehdung der Tugendgesetze durch das Böse, welches in jedem Menschen angetroffen wird, mithin den Zustand der innern Sittenlosigkeit. Auch in diesem Zustande fehlt nicht etwa das Gesetz der Tugend oder die praktische Gültigkeit, sondern bloß die Verbindung zu demselben; die gemeinschaftliche und öffentliche Anerkennung desselben. Daher ist dieser Zustand nicht immer der der innern Sittenlosigkeit, aber doch derjenige, in welchen durch öffentliche und gemeinschaftliche Verfassung nichts zur Bekämpfung des Bösen und Wereblung der Menschen gethan wird.

* * *

Wie

Wie es nun Pflicht ist, aus dem Zustande einer gesetzlosen (äußern) Freiheit und Unabhängigkeit von Zwangsgesetzen, mithin der unaufhörlichen Gefahr vor Ungerechtigkeit, Krieg Aller gegen Alle und Unterdrükkung herauszutreten; so ist es auch Pflicht, aus dem Zustande der gesetzlosen (innern) Freiheit und wechselseitigen Befehdung der Tugendgesetze heraus und in eine Verfassung überzugehen, wo die sittliche Bildung öffentliche Angelegenheit ist.

Denn jeder Mensch ist an sich zur Beförderung des Guten und zwar in einem so hohen Grade, als ihm nur immer möglich, verpflichtet. Sollte dies durch Vereinigung noch mehr und besser geschehen können, so ist er auch dazu verbunden. Nun kann aber durch die Bestrebung einer einzelnen Person zu ihrer eignen moralischen Vollkommenheit das höchste Gut nicht bewirkt werden; sondern nur dadurch, daß die Tugendgesetze Macht und Gültigkeit haben in der Verbindung und den wechselseitigen Einflüssen, denen die Menschen gegen einander nicht entgehen können und auch nicht (um etwa ihrer Pflicht los zu werden) entgehen sollen; es wird also zur Bewirkung des höchsten sittlichen Guts eine Vereinigung der Menschen, ein System wohlgesinnter Menschen, erfordert; denn nur durch die Einheit aller einzelnen Willen zu einem und demselben Zweck kann dieser im höchstmöglichen Grade bewirkt werden. Die Idee von

einem

einem solchen Ganzen ist praktisch, mithin verbindend für Jedermann.

* * *

Zu einem Gemeinwesen gehört die Unterwerfung aller Einzelnen unter eine **öffentliche Gesetzgebung**; die Gesetze selbst aber müssen als Gebote eines gemeinschaftlichen Gesetzgebers angesehen werden können.

Es frägt sich also, welches ist der Gesetzgeber? Im rechtlichen Verein ist es der allgemeine Wille der Verbündeten selbst. Nicht so kann es in einem ethischen Gemeinwesen seyn, denn hier kommt es nicht bloß auf die Legalität (äußere Uebereinstimmung mit dem Gesetze) sondern auf Moralität an (Achtung und Beobachtung des Gesetzes, um des Gesetzes willen; **innere Güte des Willens**.) Es muß daher ein Anderer als Gesetzgeber gedacht werden, welcher außer der Legalität auch die Moralität beurtheilen kann, welcher folglich das Innerste der Gesinnung eines Jeden durchschaut und einem Jeden zutheilt, dessen seine Thaten werth sind. Zu einem solchen **Gesetzgeber, Richter und Vollzieher** qualificirt sich allein Gott. Da aber das Gemeinwesen ein moralisches ist, so können die Gesetze desselben nicht als ursprünglich vom Willen des Oberhaupts ausgehend gedacht werden, sondern sie müssen verbindende Kraft in sich selbst haben, mithin solche sein, die sich ursprünglich als Pflichten ankündigen und eben deshalb für

Ge-

Gebote Gottes gehalten werden. Denn nur dadurch ist freie Tugend (das Ziel dieses Gemeinwesens) allein möglich.

Gott ist also zwar Gesetzgeber, aber nur moralischer Gesetzgeber des gedachten Vereins; und dieser verdient deswegen vorzugsweise Reich Gottes genannt zu werden.

* * *

Hiermit stünde nun die Idee des Vereins aller moralischen Wesen zu einem System, als einem allgemeinen Freistaate nach Tugendgesetzen, um das höchste sittliche Gut zu bewirken.

Ein solches System aller Vernunftwesen kann nun zwar allein Gott als moralisches und zugleich allmächtiges Oberhaupt der Welt zu Stande bringen; allein jedes Vernunftwesen und folglich auch jeder Mensch hat doch die Pflicht, zu einem solchen moralischen System mit hinzuwirken, folglich zu demselben so viel zu thun als er kann. Aber was kann der Mensch hierzu thun?

Er kann sich mit Seines Gleichen zum Behuf der moralischen Kultur verbinden, um sich jener erhabenen Idee eines Reichs Gottes, so viel möglich zu nähern.

Der Bund der Menschen zu diesem Zwecke, oder ein Gemeinwesen unter moralischen und zugleich göttlichen Gesetzen heißt Kirche. Sie ist eine unsichtbare und eine sichtbare. Jene ist das Urbild, welches jeder Mensch in seiner Idee hat und bedeutet die Vereinigung der Wohlgesinnten unter der göttlichen unmittelbaren aber moralischen Weltregierung. Diese ist das Nachbild, welches die Menschen durch wirkliche Vereinigung zu einem Ganzen auf Erden, jener Idee gemäß, zu Stande bringen. Der unmittelbare Oberherr dieses Vereins ist Gott; die durch Unterordnung der Glieder nach Gesetzen vereinigte Menge ist die Gemeinde; und die das Geschäft des unmittelbaren Oberhaupts verwaltende Bevollmächtigte sind die Lehrer; die weil sie nur Aufträge zu entrichten haben, nicht Herrscher sondern sämmtlich Diener, obgleich achtungswerthe Diener des Gemeinwesens sind. Denn ihr Beruf, ob er gleich keine irdische Macht zum Zweck hat, ist doch der erhabenste, welchen man nur denken kann, da sie die Pflicht haben, den Menschen moralisch frei zu machen, das ist, zu einem willigen Gehorsam gegen alle Tugendgesetze zu bringen.

Die Erfordernisse einer wahren Kirche sind 1. Allgemeinheit. Es mögen wohl viele solche Gesellschaften existiren, allein sie haben alle nur einen Grundsatz und Zweck der Stiftung und Vereinigung; sie müssen daher alle den Keim und die Anlage zur numerischen Einheit, zur Vereinigung Aller zu Einer Gesellschaft enthalten. Jeder Sektenspalt ist ein Zeichen, daß das wahre Princip der Vereinigung noch nicht zum Princip der

Kon-

Konstitution erhoben und anerkannt ist. Die wahre Kirche ist nicht Kephisch, nicht Apollisch, nicht Paulisch, auch nicht christisch, sondern sie ist ein Reich, in welchem der Wille Gottes auf Erden durch Fleiß in guten Werken geschieht. Denn ob wohl Jesus ein solches Reich zu stiften beflissen war, so will er doch das Wesen desselben nicht in das leere Bekenntniß seines Namens (daß man ihn Herr, Herr, nennt,) sondern in die Beobachtung des Willens seines Vaters im Himmel gesetzt wissen.

2. Lauterkeit. Es sollen keine andere Triebfedern zur Vereinigung und Zusammenhaltung der Mitglieder gebraucht werden, als allein solche, welche das Pflichtgesetz und die Tugend in sich selbst hat, um die Menschen zur vereinten Bestrebung nach dem höchsten Gute zu bewegen. Hier gilt also nicht abergläubischer Blödsinn, sondern Besonnenheit, Nüchternheit und erleuchtete Erkenntniß des Geistes; nicht schwärmender Wahn, sondern eine durch Selbstkenntniß geleitete Pflichtbeobachtung und gründliches Fürwahrhalten; nicht ob Jemand Glauben geben will; sondern ob er glauben, vertrauen und hoffen dürfe.

3. Freiheit, so wohl innere im Verhältniß der Glieder unter einander, als äußere im Verhältniß zur politischen Macht. Im Innern der Gesellschaft herrscht nichts als das Sittengesetz und zu der Aufnahme desselben in die Maxime kann Niemand gezwungen werden, sondern ein Jeder muß es selbst thun. Folglich ist aller

innerlicher Zwang und Drang der Glieder gegen einander mit dem Zwecke der Gesellschaft widersprechend. Aber auch die politische Macht hat nichts mit dem Innern des ethischen Vereins zu thun; denn was hier vorgeht ist Sache der Sittlichkeit und des Gewissens; folglich ein Gebiet, wohin fremde Macht nicht reicht, und wovon sie auch nichts zu fürchten hat; wenn der Verein nur rechter Art ist.

4. Endlich ist die wahre Kirche ihrer Konstitution nach unveränderlich: denn das Princip der Vereinigung ist ein an sich unbedingt gültiges Gesetz; dessen Zweck immer ein und eben derselbe bleibt. Es mag also wohl in der Administration der Gesellschaft nach Zeit und Umständen eine Aenderung statt finden, allein auch hierzu enthält schon die Konstitution sichere Grundsätze; denn alle Aenderung der zufälligen Anordnungen in der Verwaltung hat die Regel, daß sie der höchstmöglichen Annäherung der sichtbaren Kirche zur unsichtbaren (des Nachbildes zum Urbilde) diene. Es müssen mithin alle willkürliche Symbole, alle zufällige, nur für einen gewissen Grad der Kultur paßliche Anordnungen mit der Zeit aufhören.

Nichts ist aber der wahren Kirche fremder, als die Vermischung derselben mit der politischen Verfassung; denn, da sie eigentlich nichts anders als eine den Menschen mögliche Nachbildung des Reichs Gottes ist, so

findet

findet in ihr nichts von politischer Herrschaft statt; sie ist daher weder monarchisch unter einem Pabste oder Patriarchen, noch aristokratisch unter Bischöfen oder Prälaten, noch demokratisch unter Aussprüchen der Mehrheit der Mitgenossenschaft; unter Sektenzwang, sie mögen ein Schild aushängen welches sie wollen. Vielmehr ist der einige Oberherr als moralischer Gesetzgeber, Richter und Vollzieher nur allein Gott; dessen Stelle nicht weiter als allein durch diejenigen vertreten werden kann, welche seinen Willen verkündigen; aber auch nur in so ferne als sie ihn verkündigen, folglich durch Lehre und Beispiel vorangehen.

* * *

Eine solche wahre Kirche auf Erden zu gründen, ist zwar allgemeine Pflicht der Menschen, sie ist auch der bleibende Endzweck, worauf alle moralische Vereinigung gerichtet seyn muß, allein sie ist es nicht, was der Zeit nach zuerst zu Stande kommt.

Es ist daher diensam alle erlaubte Mittel stufenweise zu ergreifen, wodurch eine reine und wahre Kirche eingeführt werden kann. — Das Menschengeschlecht wird zwar mit moralischer Anlage gebohren, zur Moralität selbst aber soll es erzogen werden. So lange die Anlage zum Guten nicht entwickelt ist, kann auch der Mensch nicht selbstgesetzgebend handeln; damit er es aber lerne, muß ihm das Gesetz der Freiheit unter einer

Auctori-

Auctorität angekündigt werden. — Der Autonomie geht der Zeit nach eine Heteronomie vorauf; diese aber ist nur Mittel und jene ist Zweck.

Daß ein Gott sey, daß er Gesetzgeber der Menschen sey, daß alle Menschen zu einem System der Vernunftwesen gehören, in welchem das höchste Gut Endzweck ist, und daß Gott derjenige sey, welcher seinen Gesetzen den ganzen, in einer Welt möglichen und zum sittlichen Endzweck zusammenstimmenden Effekt verschaffe, ist Sache des Glaubens, folglich eines Fürwahrhaltens aus subjektiven Gründen. Die Gründe dieses Glaubens sind nun entweder empirisch (historisch) oder rational (moralisch.) Hieraus entspringt eine doppelte Art des Glaubens, der historische, empirische, besondere Glaube und der reine, rationale, moralische, allgemeine Glaube. Jener beruht auf Auctorität, dieser auf Vernunft. Jener auf Belehrung durch Mittelspersonen, deren sich Gott in der Vorzeit auf mancherlei Art und Weise bediente, Ebr. 1, 1. dieser auf dem in allen Menschen unmittelbar sprechenden sittlichem Gefühl und Gewissen. Röm. 1, 19-20. Kap. 2, 10-15.

Der historische Glaube geht nun der Zeit nach dem moralischen voran, und dient diesem zur Vorbereitung und Einleitung.

Da nun kein Mensch ein moralisches Gemeinwesen auf eignes Ansehn und durch eigne Gesetzgebung gründen

den kann; denn in der moralischen Ordnung ist Gott allein Oberhaupt; so müssen alle Stiffter einer Kirche davon ausgehen, daß sie von Gott bevollmächtigt sind. Sie handeln daher nur als Diener, Gesandten, Beglaubigte Gottes; im Namen, auf Geheiß und unter dem Schutz Gottes.

Wenn nun aber ein empirischer Glaube gegründet werden soll, so fragt es sich, durch welche Mittel er sich am besten erhalte und fortpflanze? Hier gibt es nur zwei Mittel, entweder durch Sage (Tradition) oder durch Schrift. Da aber Jene nichts Bleibendes und Gewisses hat, indem sie sich unter der Hand und dem Einflusse der Menschen leicht verändert und verliehrt, so ist eine Schrift allerdings das zweckdienlichste Mittel, einen empirischen Glauben einzuführen und zu erhalten. Da eine solche Schrift die sittliche Bildung der Menschen unter göttlicher Veranstaltung zum Zweck hat, so bekommt sie Ansehn, Achtung und wird heilig gehalten und eine Weisung aus ihr entlehnt, macht Eindruck und schlägt allen Widerspruch nieder.

Ein heiliges Buch erfordert nun auch seine beständigen Ausleger; deren Geschäft ein doppeltes ist, erstlich ein theoretisches; dies bezieht sich auf den Ursprung, die Aechtheit, den Sprachgebrauch, Alterthumskunde, mit einem Worte auf alles, was Objekt der Schriftgelehrsamkeit ist und nicht in den Volksunterricht gehört.

Zwei-

Zweitens ein moralisches. Dies ist der Endzweck der Auslegung. Sie hat daher in dieser Absicht nichts zu thun, als alles, was in der heiligen Schrift zur Gründung einer sittlichen Denkungsart, einer reinen Verehrung Gottes und eines tugendhaften Vertrauens auf die Vorsehung enthalten ist, auszuheben und mit Gewissenhaftigkeit und Redlichkeit zu benutzen.

Der moralische Ausleger hat daher Principien, die auf keinen historischen oder empirischen Gründen beruhen, sondern welche in seinem, wie in aller Menschen Gemüthe gleich klar und stark wirken. Er zieht das Grundgesetz seiner Unterweisung und Weisung nicht eigentlich aus der Schrift, (ob es wohl auch darin angegeben wird) sondern sucht bloß das, was in der Schrift mit dem Sittengesetze und dessen Verheißungen einstimmig ist, um durch den empirischen Glauben den moralischen zu befördern. Da aber Aufrichtigkeit selbst die heiligste Pflicht des Interpreten ist, so darf er in die Schrift selbst keinen fremden Sinn hineintragen; den Aussprüchen derselben keine Gewalt anthun, sondern alles Unverständliche, Zweideutige, Streitige überläßt er der Schriftgelehrsamkeit, und hält sich bloß an dem, was ohne allen Zweifel verständlich, reinmoralisch und zur Besserung brauchbar ist.

Vortreflich ist die Weisung, welche schon der Ap. Paulus hierüber dem Timotheus gibt, (1 Tim. 1, 3-8.

Kap.

Kap. 6, 3 — 6. V. 20.21. Er verbietet alles unnütze Geschwätz, (ματαιολογια) alle Achtsamkeit auf Fabeln, und Streitfragen (μυθοι, ζητησεις) den Hang dazu für Verblendung und eine üble Sucht (τετυφωται — νοσων) und für eine Quelle des Neides, Habers, der Lästerung, Sinnenzerrüttung u. s. w. Dagegen schärft er ein: daß der Endzweck der Belehrung gerichtet seyn solle auf die Gründung einer aus reinem Herzen quillenden Liebe, eines guten Gewissens und eines ungeheuchelten *) Glaubens. — Es kommt also alles darauf an, wie jemand eine heilige Schrift gebraucht, ob bloß theoretisch oder praktisch; nur in letzterm Falle kann sie für die Erbauung benutzt werden. „Wir wissen aber daß das Gesetz gut ist, so sein Jemand recht brauchet." V. 8. — Freilich, wer den Religionsunterricht als einen Gegenstand seines Witzes betrachtet, oder als ein Gewerbe (πορισμος) betreibt, der wird den Sinn und die Pflicht einer moralischen Auslegung nicht so leicht beherzigen.

Wenn aber nur das, was ohne Zwang einer reinsittlichen Deutung fähig ist, für den praktischen Unterricht gebraucht werden soll, so ist es klar, daß der moralische

In-

---

*) Wie vortreflich! Der Glaube soll nicht erzwungen oder abgelockt, nicht aus falschem Interesse oder blinder Anhänglichkeit gegeben seyn, sondern er soll aus dem Bewußtseyn der Gründe allein fließen. Nur der, welcher sich einer reinen Liebe gegen seinen Nächsten und eines guten Gewissens bewußt ist, darf die Verheißungen auch als ihm gegeben ansehn.

Interpret seine Grenzen überschreitet, wenn er nun gerade alles Geschichtliche, Zeitliche und Oertliche, was in einem geheiligten Buche vorkommt, moralisch deuten und ihm ausser seinem buchstäblichen Sinne noch einen geistigen unterlegen will. Es ist nicht anders möglich, als daß eine Schrift, welche zu einer bestimmten Zeit verfaßt wird, auch die Spuren dieser Zeit an sich trage und Vieles enthalte, was zu der Zeit zwar verständlich und fruchtbar seyn konnte und in die Reihe der Mittel zur Introduction eines reinsittlichen Glaubens aufgenommen werden durfte, allein eben dies, daß es nähere Beziehung auf die damalige Zeit hatte, ist auch schon Beweis genug, daß es nicht für alle folgende Zeiten gültig seyn und bleiben sollte. Die Lehrerweisheit bringt es mit sich, daß man nur von dem Gebrauch macht, was sich für die Zeit und das Volk, mit dem man zu thun hat, schickt. Paulus wurde Allen alles, um sie zu gewinnen. Und so muß es auch fernerhin seyn. Es versteht sich, daß die Mittel erlaubt, der Gebrauch derselben redlich und der Zweck nie ein anderer, als reine Gottseligkeit seyn dürfe.

* * *

Da aber aller historischer Glaube nur Mittel zur Introduction des moralischen ist, so folgt, daß jener in sich selbst die Ursache seiner Auflösung und Endschaft enthält. Denn er trägt in sich den Keim

, und

und die Grundlage der reinen Religion und wirkt zur Emporkunst derselben. Je mehr aber diese empor kommt, desto mehr werden die Vehikel zur Introduction derselben entbehrlich; endlich müssen diese ganz wegfallen; die statutarischen Gesetze machen den moralischen Platz, an die Stelle der Tempel kommen Kirchen, an die Stelle der Priester treten Prediger, und der ganze Gottesdienst löset sich in reine Pflichterfüllung und Erweckung dazu auf. „Alles (was als Mittel zur Gründung und Einführung diente) wird aufhören, aber drei Stücke bleiben, Liebe, Glaube, Hoffnung" (denn dies sind wesentliche Theile des reinen Religionsglaubens. Man vergleiche hiermit die vortreflichen Winke des Ap. Paulus. 1 Cor. 12, 31. Das ganze 13te und 14te Kap.) wo es gar nicht schwer fällt, abzunehmen, was der Geist und der Zweck des Christenthums war. Es wird eine Zeit kommen wo die wahren Verehrer Gottes ihn nur im Geist und in der Wahrheit anbeten werden." Luc. 4, 21. ꝛc.

* * *

Es kann daher viele empirische Glaubensarten geben, aber es gibt nur einen reinen und moralischen Glauben und nur eine wahre Religion. Alle auf Auctorität gegründete Glaubensarten sind aber gut, wenn sie in sich das Princip der reinen Religion und dadurch den Anlaß zum Uebergang aus der Heteronomie zur Autonomie, mithin

mithin aus dem Kirchenglauben zum allgemeinen Religionsglauben haben. — Da die Zeit der Annäherung des historischen Glaubens zum moralischen mit Hindernissen zu kämpfen hat, (Uneinigkeit und Streit der Secten gegen einander, innerer Kampf des Gemüths gegen die Anfechtungen des Bösen) so wird die auf Auctorität gegründete Kirche und wie lange sie eine solche ist, die streitende seyn; dadurch aber, daß sie endlich in den alleinseligmachenden Glauben übergeht, schlägt sie in die triumphirende aus, und wird ein Reich Gottes. 1 Cor. 15, 24. 28. „Darnach das Ende, wenn er das Reich Gott und dem Vater überantworten wird; wenn er aufheben wird alle Herrschaft, alle Gewalt, und alle Obrigkeit. — Wenn aber ihm alles unterthan seyn wird, alsdenn wird auch der Sohn selbst unterthan seyn dem, der ihm alles unterthan hat, auf daß Gott sei alles in Allem." — „(Eine sehr merkwürdige Stelle, die viele und wichtige Winke zur Auflösung vieler und wichtiger Probleme, worüber sich die christlichen Dogmatiker noch nicht einigen wollen, enthält!)

* * *

Da nun der Ausschlag der ganzen Untersuchung und Erörterung der Idee von einem ethischen Gemeinwesen, als einem Reiche Gottes dahin geht, daß alle Versuche dazu endlich nichts weiter bezielen, als den Menschen an sich gut und Gott wohlgefällig zu machen, so scheint

scheint es, daß es zu einem solchen Zwecke solcher Vorkehrungen nicht bedürfe und es schon hinreiche, wenn nur ein Jeder seiner Privatpflicht gehorche. Allein hieraus könnte wohl eine *zufällige* Zusammenstimmung Aller zu einem gemeinschaftlichen Guten entspringen; nicht aber alles, was durch Verbindung zu einem und demselben Zweck erreicht werden kann. Wenn nun in einem Gemeinwesen mit vereinigter und darum auch stärkerer Kraft gegen die Versuchungen und Anfechtungen des Bösen und zum Behuf einer sittlichen Denkungsart gewirkt werden kann, so ist es auch Pflicht, dies Mittel zur sittlichen Bildung des Menschengeschlechts in Anwendung zu bringen.

Wenn nun gleich durch Menschenfleiß ein Reich Gottes gestiftet werden kann, denn zu seinem Reiche ist Gott allein Urheber und Gesetzgeber, so ist es doch Menschen möglich eine Kirche, als ein Analogon oder sinnliche Darstellung derselben zu errichten. Aber auch schon hierzu gehört mehr Weisheit, als sich Menschen wohl zutrauen dürfen; denn eben das, was durch eine solche Anstalt erst beabsichtigt wird, mithin noch nicht da ist, wird doch schon in demjenigen, der Hand ans Werk legt, als gegenwärtig vorausgesetzt. Die Idee von einem Reiche Gottes muß in ihm selbst gegenwärtig und praktisch, er muß derjenige seyn, „an welchem Gott schon ein Wohlgefallen hat."—
Da ferner die Menschen noch nicht sittlich gut sind, denn

das

das sollen sie erst durch die Anstalt werden, so werden sie den sittlichen Gesetzen, die ihnen verkündigt werden, nicht um ihrer selbst Willen Gehör geben; es wird
also ein anderes Mittel voraufgehen müssen, um sie erst
aufmerksam und dadurch der innern Ansprache empfänglich zu machen. Es wird daher der Stifter eines
auf moralische Zwecke gerichteten Gemeinwesens mit
Auctorität auftreten müssen.

Daß er also mit Kraft und Hülfe einer Auctorität
anhebt, ist nothwendig, um der Schwachheit der Menschen willen, welche unfähig sind zu glauben, wenn sie
nicht Zeichen und Wunder sehen. Daß aber diese Art, ein
Gemeinwesen zu errichten, nicht dem Tadel ausgesetzt sei,
erhellet dann und daraus, daß sie nur Mittel nicht Zweck
ist und sich in der Andeutung beschließt: „Selig sind,
die nicht sehen und glauben."

Die Errichtung einer Kirche hebt also nothwendig
mit Auctorität und statutarischen Gesetzen an, und man
kann von dem Stifter nichts weiter verlangen, als daß
er den Grund zur freien Gesetzlichkeit und Autonomie
legt.

Wenn nun ein Lehrer auftritt, und eine reine aller
Welt faßliche und eindringende Religion verkündet, die
Besserung des Herzens und Beobachtung der Pflichten
zur obersten Bedingung der Wohlgefälligkeit vor Gott
macht, wenn er selbst in seiner Person das nachahmungs-
würdigste Beyspiel der Welt vor Augen legt; so gibt dieses

ses seinem Anspruch und seiner Berufung auf göttliche Auctorität, und hiermit allen seinen übrigen an sich zufälligen Anordnungen eine unverkennbare Sanction und die von ihm errichtete Gemeinde muß als eine wahre Kirche und er selbst als berufener Stifter derselben angesehen werden.

Wenn man sich in der Geschichte nach einer Person umsieht, welche sich vorzugsweise so wohl an ihr selbst als auch durch das Princip der Religion zur Errichtung eines sittlichen Gemeinwesens qualificirte, so muß jeder unpartheiische Beobachter allein auf Jesum fallen und in ihm den Stifter der ersten wahren Kirche (durch ihre Qualifikation zur Allgemeinheit) verehren. Und wer sich bescheidet, nicht die Weltgeschichte nach ihrer mechanischen und naturalistischen Ansicht allein, sondern auch nach moralischen Zwecken, mithin als Anordnung der göttlichen Weisheit zu würdigen, wird auch in diesem Factum die Spuren einer Direction, wodurch die Menschengattung zur Entwickelung der sittlichen Anlage und Verbindung zum moralischen System geleitet wird, nicht verkennen.

* * *

Da die sichtbare Kirche nur Mittel ist, um eine unsichtbare oder ein Reich Gottes zu befördern, „welches inwendig in dem Menschen ist" (Luc. 17, 21. 22.) so wird

wird die Pflicht der Lehrer sein, dahin zu arbeiten, daß reine Moralität immer mehr Eingang und Kraft gewinne; denn in dem Maaße, als diese aufkommt, nimmt die relative Nothwendigkeit (Nützlichkeit) der empirischen Anstalt ab. Aber dies geschieht nicht dadurch, daß man die empirische Anstalt, wegen des Zufälligen und Willkührlichen, was in ihr ist, und dessen sie als eines zur Zeit erforderlichen Vehikels bedurfte, bewitzelt, schikanirt und in Verachtung zu bringen sucht*); sondern dadurch, daß man die Menschen immer unverrückt auf das Eine, was Noth ist, auf ihre Herzensbesserung hinleitet, sie zum Anerkenntniß ihrer Pflichten bringt und überzeugt, daß aller Werth der Person und alle Hoffnung auf Wohlseyn allein aus dem Bewußtseyn eines reinen Herzens und guten Verhaltens hervorgehe. Die Gründung einer solchen Denkungsart führt die Entbehrung der zufälligen Mittel dazu in seinem Gefolge.

Es kommt daher einem Lehrer zu, wohl zu beurtheilen, ob, wie lange und für wen ein Mittel, das dem allgemeinen Religionsglauben zur Einführung, Faßlichkeit, Ausbreitung und Beharrlichkeit dient, noch brauchbar ist und deshalb geschätzt und kultivirt werden muß. Denn der Religionswahn und Afterdienst besteht nicht

---

*) Ein Geschäft kleiner Geister, die sich über die Freude ihrer unwichtigen Entdeckungen nicht halten können und aller Welt den hohen Grad ihrer freilich nur theoretischen Aufgeklärtheit, denn die moralische Kultur ist ihnen Nebensache, zur Schau stellen wollen.

nicht darin, daß man in einer sichtbaren Kirche ist und ihre Anordnungen befolgt, sondern darin, daß man das Sein in derselben und die Befolgung der Statuten für Zweck hält. Die wahre Aufklärung besteht daher darin, daß man die Kirche und ihre Statute für bloße Mittel zur moralischen Gesinnung erkennt, sie als solche schätzt und benutzt, bis die Menschen durch die Gewalt des innern Gesetzes vereint sind und bloß durch dasselbe ein Gott wohlgefälliges Leben führen. Alsdenn bedürfen sie keines äusserlichen Mittels, mithin auch nicht der empirischen Kirche mehr, denn sie sind, was sie sein sollen.

Anhang über das Verhältniß der Kirche zum Staat.

Wie wichtig die Frage über das Verhältniß des rechtlichbürgerlichen Vereins zum sittlichbürgerlichen sei, erhellet schon daraus, daß man sich, ungeachtet des großen Nachtheils, welcher bald dem Einen bald dem Andern aus der Unbestimmtheit der Grenzen erwachsen ist, noch nicht darüber hat einigen können. Es muß aber doch möglich sein, auch hierin zur Festigkeit und gegenseitigen Einigung zu gelangen, da dieses Problem gar nicht ausserhalb der Sphäre einer durch Vernunft möglichen Entscheidung gelegen ist.

Ich will es versuchen, zur Auflösung des Problems, der Theorie nach, etwas beizutragen.

Um hierin mit sichern Tritten zu gehen, werden wir das Princip und den Zweck des Staats von dem Principe und dem Zwecke der Kirche nach dem, worin sie sich spezifisch unterscheiden, bestimmen müssen. Der Begriff der Sittlichkeit liegt der Kirche, der der Rechtlichkeit dem Staate zum Grunde. Beide sind Vernunftbegriffe, kündigen sich durch Allgemeinheit und Nothwendigkeit an; stehen in unmittelbarer Beziehung auf den Willen, sind praktisch und haben die Triebfeder zur Bestimmung der Freiheit in sich selbst. Sie sind einander nicht beigeordnet, sondern untergeordnet. Der Begriff der Sittlichkeit umfaßt alles durch Freiheit Mögliche, der der Rechtlichkeit nur einiges durch Freiheit Mögliche.

Die Freiheit ist ein Vermögen, erste unabhängige Ursache zu sein, mithin der unbedingten Bestimmung des Begehrungsvermögens. Da aber die Freiheit nicht an sich gesetzlos ist, so muß sie doch etwas haben, was ihr als Grund der Bestimmung dient, und dies kann nichts anders als ein Gesetz der Vernunft sein, weil die Vernunft allein einen unmittelbaren Einfluß auf die Freiheit hat. Denn gesetzt die Sinnenneigung bestimmte die Freiheit, so thut sie dies nicht unmittelbar, sondern nur vermittelst der Vernunft, in so fern diese der Freiheit eine Regel vorhält und die Freiheit diese Regel (dem Sinnenhang zu folgen) zum Grunde ihrer Bestimmung erhebt.

Das

Das Charakteristische der Vernunft ist Allgemeinheit und Nothwendigkeit. Wenn sie daher Bestimmungsgrund der Freiheit ist, so ist sie es bloß durch die Allgemeinheit, welche sie den Vorstellungen ertheilt. Denn nur diese Allgemeinheit der Gesetzgebung ist es, welche die Triebfeder für die Freiheit enthält.

Die Vernunft gibt also die Form und die Freiheit den Stoff der Handlung, aber wohlverstanden, den ursprünglichen, intelligiblen Stoff. Mit andern Worten. Die Freiheit ist das sich Bestimmende und die Vernunft ist die Form des sich Bestimmenden.

Da nun die Freiheit sich durch Gründe bestimmen muß, die Vernunft aber allein durch die Form der Allgemeinheit unbedingte Gründe enthält, so folgt, daß die Freiheit als Ursache in allen Wirkungen dem Gesetz der reinen Vernunft unterworfen ist. Nur nicht durch eine physische Nothwendigkeit (denn dadurch würde sie aufhören Freiheit zu seyn) sondern bloß durch moralische Nöthigung, in wie fern die Allgemeinheit des Gesetzes eine Triebfeder enthält und Achtung einflößt.

Das Vernunftgesetz an sich ist eben wegen seiner Allgemeinheit auch einig und untheilbar, und es findet in seiner Form an sich keine Verschiedenheit statt. Soll diese daher statt finden, so muß sie bloß in der Beziehung desselben auf die ihm unterworfne Materie (Freiheitshandlungen) gesucht werden.

Dies Gesetz nun, bezogen auf die durch Freiheit möglichen Handlungen und nach den Momenten der Modalität beurtheilt macht folgenden Unterschied. Es erklärt einige Handlungen für *sittlichmöglich* oder erlaubt; andere für *sittlichwirklich* oder Pflichtleistungen; andere endlich für *sittlichnothwendig*, welche durchaus geschehen sollen.

Sittlichmöglich oder erlaubt sind alle Handlungen, welche dem Gesetze nicht widerstreiten. Man kann sie thun, aber auch unterlassen und das Kriterion der Vernunftmäßigkeit des Unterlassens oder Thuns besteht darin, daß beides, so wohl Thun als Lassen als allgemeines Gesetz der Welt gelten kann.

Sittlich wirklich ist eine Handlung, wenn sie um des Gesetzes der Vernunft willen gethan ist; wenn also die Regel, wodurch sich die Freiheit zur Handlung bestimmte, bloß dadurch Triebfeder war, daß sie allgemein mithin als Regel für alle Vernunftwesen gelten kann.

Sittlichnothwendig ist eine Handlung, wenn sie ohne Verletzung des allgemeinen Vernunftgesetzes gar nicht unterlassen werden darf.

Man sieht hieraus, daß der Mensch in allen Fällen unter der Vernunftgesetzgebung steht, so wohl in dem, was sie ihm frei läßt, als auch in dem, was sie ihm bindet. Da nun in allen Menschen eine und dieselbe Vernunft spricht, so haben sie auch alle eine und dieselbe Gesetzgebung,

setzgebung, und was sie bindet oder löset, darf kein Anderer entgegengesetzt bestimmen.

Hieraus ergibt sich der Begriff des Rechts. Was die Vernunft für moralischmöglich erklärt, dazu ertheilt sie auch das Recht, denn Recht ist nichts anders, als die durch Vernunft gegebene Erlaubniß etwas zu thun oder zu lassen. Nun gibt es aber keine höhere Instanz als die Vernunft, mithin kann durch Nichts in der Welt das für unerlaubt erklärt oder unmöglich gemacht werden, was Jene einmal für zuläßig erklärt hat.

Der Begriff des Rechts umfaßt also bloß das Moralischmögliche; denn was durch Vernunft zu thun unbedingt und bestimmt geboten wird, von dem kann man nicht sagen: daß man dazu ein Recht habe; denn das versteht sich von selbst, daß alles, was moralisch nothwendig ist, auch moralichmöglich seyn müsse; aber es ist nicht bloß moralischmöglich, (ich habe nicht bloß die Erlaubniß dazu) sondern es ist moralischnothwendig, (ich soll es durchaus nicht unterlassen.)

Die Erklärung der Vernunft ist aber eben so allgemein und heilig in dem, was sie erlaubt, (was sie frei stellt) als in dem, was sie zur Pflicht macht; daher sind die durch die Vernunft gegebenen Befugnisse oder Rechte eben so heilig und unverletzlich, als die Gebote, wodurch sie unbedingte Bestimmung der Freiheit und Gehorsam verlangt.

Man kann das Gebiet des Rechtlichen und das des Sittlichen dadurch anschaulich machen, wenn man das Rechtliche als die engere Sphäre, das Sittliche aber als die Weitere, welche der Engere einschließt und unter sich begreift, vorstellt. Das Sittliche erstreckt sich auf alle Handlungen der Freiheit, auch auf die rechtlichen, aber diese machen nur einen Theil von Jenen aus. Es ist eine und dieselbe Vernunft, welche bestimmt was geschehen soll und was der Willkühr frei gelassen wird. Und eben dies ist es, was den Rechten die Sanction ertheilt und sie unverletzlich macht. Man darf daher nicht etwa denken, wie Einige geäußert haben, daß die Vernunft in Absicht des Rechts schweigt; sie spricht vielmehr und entscheidet, was allein rechtlich ist. Wäre dies nicht, so konnte die Heiligkeit des Rechts gar nicht deducirt werden.

* * *

Folgte nun Jeder dem Geheiße der Vernunft, so würde nichts Unsittliches, mithin auch nichts Widerrechtliches in der Welt seyn. Da aber die Menschen außer der Vernunft auch noch von andern Bestimmungsgründen afficirt werden, so kommen sie in die Versuchung, sich dem Moralgesetze zuwider, mithin auch dem Rechte zuwider, zu bestimmen. Diese Versuchung nimmt zu, je mehr die Menschen in ihren empirischen Verhältnissen und Bedürfnissen an einander stoßen. Sie wird um so weniger überwunden, je weniger die moralische Anlage

lage in dem Menschen entwickelt ist. Und im Zustande der Kindheit der Menschengattung und der Rohheit ihres Gemüths wird eine durch Vernunft gewirkte Achtung der Pflicht und des Rechts gar nicht zu erwarten sein.

Da aber die Verletzung nicht etwa Einen, sondern Alle trifft und doch ein Jeder für sich gern gesichert wünscht, was er wohl für Andere allenfalls verletzt sehen und geschehen lassen möchte, so erzwingt die N o t h zuerst, was die Vernunft eigentlich bewirken sollte. Man denkt auf Mittel, das Recht zu sichern; man verträgt und vergleicht sich deshalb unter einander.

Die Verträge sind mancherlei Art, aber derjenige, ohne welchen die Beförderung des sittlichen Endzwecks auf der Erde entweder gar nicht möglich ist, oder ihm doch beinahe unübersteigliche Hindernisse gelegt werden, ist P f l i c h t a n s i c h. Es hat demnach Jeder die Verbindlichkeit, in einen Vertrag zur Sicherung des durch die Vernunft geheiligten Rechts zu treten, oder wenn er ihn eingegangen hat, darin zu bleiben.

Der Verein zum Schutz der Rechte, ist ein politisches Gemeinwesen, oder Staat. Das Princip dieser Vereinigung ist die Einschränkung der Willkühr aller Einzelnen durch einen a l l g e m e i n e n Willen; mithin kann kein Gesetz in demselben statt haben, als wozu allgemeine Einstimmung möglich ist. Die Einheit des allgemeinen Willens ist also der Souverain und damit dieser machthabend werde, sind folgende Stücke nothwendig. Erstlich eine den allgemeinen Willen auslegende Gewalt: Die Gesetzgebung. Zweitens eine das Besondere unter den allgemeinen Willen subsumirende Gewalt: Rechtspflege. Drittens eine das durch Subsumtion herausgebrachte Urtheil zur Gültigkeit bringende Macht; die vollziehende Gewalt oder Verwaltung.

Der Zweck eines rechtlichen Gemeinwesens wird erreicht, wenn Jeder den Gesetzen gehorsamt und weil die öffentliche Gewalt darauf hält, so muß ein Jeder gehorsamen; alle rechtliche Gesetze sind zugleich Zwangsgesetze. Das politische Gemeinwesen hat daher nur die Legalität zum Zwecke. Wenn nur Jeder gehorcht, er mag es aus Furcht oder aus Achtung für das Gesetz thun, darum bekümmert sich die öffentliche Gewalt nicht.

Nun entsteht die Frage, ob die bloße Rechtlichkeit schon den Zweck der Menschheit erfüllt, oder ob ausser ihr auch noch etwas Höheres zum Ziel gesetzt sei. Da aber das Recht nur einen Theil von der Sphäre der Sittlichkeit ausmacht, diese sich aber auf alle Handlungen der Freiheit erstreckt, so folgt, daß der moralische Zweck durch die Rechtlichkeit nicht allein erreicht wird. Wenn wird er aber ganz erreicht? Wenn die Vernunft durch ihre Form oberste und allgemeine Triebfeder des Willens wird. Dies ist aber etwas Innerliches, denn dadurch wird nicht bloß Legalität, sondern Moralität bezielt.

Unter

Unter Moralität aber versteht man die Erfüllung der Pflicht um der Pflicht willen; eine gute Denkungsart.

Die Menschen können sich (und, wie wir oben gesehen haben, sollen sich) miteinander verbinden, um ihre moralische Kultur zu befördern. Das Princip dieses Vereins ist nun ein ganz anderes, als jenes des bloß rechtlichen Bundes. Denn der moralische Bund steht unter Tugendgesetzen, der politische unter rechtlichen.

Die Verschiedenheit der Principien und des Zwecks wird uns auch die Scheidewand des rechtlichen Vereins von dem moralischen Bunde bestimmen.

1. Der Zweck des Staats ist Sicherheit des Rechts; der Zweck der Kirche ist Beförderung einer sittlichen Denkungsart.

2. Dem Staate genügt Legalität, äußere Uebereinstimmung des Verhaltens mit den öffentlichen Gesetzen; die Kirche will Moralität, innere Uebereinstimmung des Willens mit der Pflicht.

3. Alle politische Gesetze sind sämmtlich Zwangsgesetze und über sie wacht eine äußere öffentliche Gewalt, alle kirchliche Gesetze sind Gesetze der Freiheit und über sie wacht nichts als die in ihnen liegende innere Triebfeder. Zwang und Legalität vertragen sich mit einander, aber Zwang und Moralität widersprechen sich. Der Staatsbeamte bringt auf Gehorsam mit Gewalt, der Kirchendiener kann nichts als lehren und ermahnen.

4. Im

4. In rechtlichen Verein ist der allgemeine Wille gesetzgebend und macht die Konstitution. Im moralischen Verein ist Gott Gesetzgeber, Richter und Vollzieher; jedoch nicht durch willkührliche Befehle, sondern durch moralische Gesetze, das ist, durch solche die ihre verbindende Kraft schon in sich selbst haben; die also nicht erst durch vorausgehende Promulgation in der Zeit Gesetze werden, sondern welche schon durch sich selbst Gesetze sind und eben, weil sie es sind, als göttliche Gebote betrachtet werden müssen. Jede wahre Pflicht ist auch göttliches Gebot.

5. In einen Staat zu treten kann der Mensch gezwungen werden; weil Niemand einem Andern die Freiheit, das Recht zu verletzen, gestatten darf. Ich mag seyn wo ich will, da muß ich den öffentlichen Gesezen gehorchen. In eine Kirche zu treten kann Niemand nicht gezwungen werden, weil dies ein Widerspruch (in adjecto) ist. Ich mag seyn wo ich will, da muß ich meine Gewissensfreiheit behalten. Dem Staatsgesetze muß ich folgen, wenn ich auch nicht von seiner Rechtlichkeit überzeugt bin (es sei, weil das Gesetz selbst nicht taugt, oder weil ein Privatinteresse mich verblendet); dem Kirchengesetze kann ich nur folgen, wenn und weil ich mich von der Güte desselben überzeuge.

6. Die Konstitution des Staats kann mancherlei seyn, monarchisch, aristokratisch, demokratisch. Die Kon=

Konstitution der Kirche ist theokratisch. In ihr erkenne ich durchaus jene fremde Gewalt, und die Gottheit ist mir nicht fremd; denn sie spricht in meiner moralischen Anlage; und durch diese erkenne ich nur Gott als meinen Gesetzgeber, Richter und allmächtigen Verwalter seines Reichs. In Angelegenheiten dieses meines Gewissens hat Niemand zu befehlen, nicht ein Einzelner, kein Pabst oder Patriarch, Nicht Mehrere, kein Koncilium von Bischöfen, Prälaten unter welchem Namen oder Titel sie zusammentreten; keine Mehrheit, nicht eine demokratisirende Secte von Naturalisten oder Supernaturalisten, Illuminaten oder Mystiker und wer sie alle seyn mögen.

7. Der Staat kann ohne sichtbare gewalthabende Beamten nicht bestehen; die wahre Kirche hat nur einen unsichtbaren Gewalthaber, alle Mitglieder bindet nur eine freiwillige, allgemeine und fortdauernde Herzensvereinigung; und diejenigen welche die öffentliche Geschäfte der Kirche bestreiten, sind nur Diener derselben; deren Zweck es ist, die Gewissensfreiheit zu befördern, nicht sie zu binden. Denn der Zweck der Kirche ist Kultur der Freiheit, das ist, derjenigen Gemüthsstimmung, worin der Mensch das Sittengesetz um sein selbst willen und selbstthätig befolgt.

8. Es kann viele Staaten geben, aber es gibt nur eine wahre Kirche. Die empirischen Verbindungen

gen der Menschen zu einer sichtbaren Kirche sind nur dürftige Nachbilder des Ideals; sie können aber doch alsdenn von Namen der wahren Kirche führen, wenn sie von dem Princip der einzigwahren Kirche beseelt sind und ihre provisorische Anstalt den Zweck hat, die allgemeine Kirche herbeizuführen. Es mag also, da die Menschen nicht vom Besten anheben, sondern vom Schlechten zum Bessern fortschreiten, auch die menschliche Unvollkommenheit in der Vielheit der Kirchen ihre Spuren zeigen, allein eine jede Kirche auf Erden kann nur den Anspruch auf Aechtheit machen, wenn sie d e n K e i m d e r m o r a l i s c h e n T h e o k r a t i e , das ist einer unter bloßen Tugendgesetzen und zur Tugend vereinigten unter der Herrschaft der selbstständigen und allgenugsamen Weisheit stehenden Gesellschaft in sich trägt; wenn sie nicht allein mit der allgemeinen Kultur der Menschen gleichen Schritt hält (welches das wenigste ist, was sie thun soll) sondern zur Veredlung der Menschheit vorangeht und leuchtet.

* * *

Nach diesen Erörterungen des Begriffs von Kirche und Staat läßt sich auch leicht das Verhältniß derselben zu einander bestimmen. Sie haben beide ihr Gebiet, und sind durch deutliche Grenzmarken von einander gesondert. Der Staat besorgt das Recht, die Kirche die Moralität.

Da

Da es aber doch dieselben Menschen sind, welche in einer Beziehung zum Staate, in der andern zur Kirche vereint sind, und die Kirche auf Erden eben wegen des Provisorischen und Propädeutischen noch vieles enthält, welches mit der Politik verwandt ist, und in ihr Gebiet eingreift oder doch einzugreifen droht, wiederum auch der Staat selbst leicht seinen Arm in das Gebiet der Kirche zu strecken geneigt ist, um die Macht des Moralischen dem Interesse der Politik zinsbar zu machen; so ist es nicht undienlich, die Punkte auszufinden, in welchen sich beide Vereine berühren und die Grenzen zu bestimmen, welche keiner überschreiten darf, ohne seinem eigenen Zwecke zu schaden.

Zuerst ist klar, daß keine moralische Gesellschaft zu Stande kommen kann, wenn sie nicht schon ein rechtliches Gemeinwesen vor sich findet. Der Mensch muß gegen die Angriffe seiner Rechte, so viel es durch Menschen unter Menschen möglich ist, gesichert seyn, wenn er systematisch an der Beförderung der Moralität arbeiten will. Auf solche Art ist der Staat die unentbehrliche Bedingung der Kirche; aber er ist darum noch nicht die zureichende Bedingung derselben; denn es liegt der Errichtung einer Kirche ein eigenthümliches Princip zum Grunde, und der Zweck derselben ist von dem der Politik sehr verschieden, (wenn gleich nicht entgegen gesetzt).

Da die Kirche eine Republik unter Tugendgesetzen ist, so findet so wohl in ihr, im Verhältniß der Glieder

zu

zu einander, als auch im Verhältniß des Ganzen zu Allem außer demselben, mithin auch zum Staate völlige Freiheit statt. Nichts kann und darf einen Menschen zwingen in eine Kirche zu treten, selbst der Staat nicht, wovon er ein Mitbürger ist.

Dennoch aber muß es der Staat wünschen daß seine Glieder auch in einer moralischen Gemeinschaft leben. Denn der Zweck derselben ist Beförderung der Moralität. Je mehr diese empor kommt, desto entbehrlicher wird der rechtliche Zwang und wie wohl ist es einem Staate, wo sittliche Triebfedern das bewirken, was der äußere Zwang bezielt! denn, wenn die kirchliche Verbindung ächter Art ist, so gründet sie eine Herrschaft über die Gemüther nach Tugendgesetzen; sie führt deshalb auch die politischen Gesetze auf ihre wahre Triebfeder, auf die Sanction der Vernunft zurück, und erzeugt aus diesem Grunde dem Staate nicht bloß gehorsame, sondern aus Pflicht gehorsame Bürger. (Freilich muß das rechtliche Regiment auch gerecht seyn; wo nicht, so werden die Fehler der Politik von den moralisch gebildeten Bürger doppelt gefühlt und der Druck nicht bloß gefürchtet, sondern auch verabscheut).

Wenn nun aber die Kirche ein Freistaat ist, und auf sie weder von Innen, noch von Außen ein zwangartiger Eingriff statt findet; ist sie darum, in wie fern sie im Staate existirt, ohne alle Aufsicht? und wenn

wenn sie unter Aufsicht steht, wie weit erstreckt sich diese?

Wäre die Kirche, wie sie seyn sollte, so bedürfte sie gar keiner äussern Aufsicht, denn alsdenn würde sie sich selbst Gesetz und Aufsicht seyn; da sich aber alles der Idee nach Erhabene und Ehrwürdige unter menschlichen Händen sehr verkleinert und statt des prachtvollen Vorbildes nur ein dürftiges Nachbild und auch dieses nur durch Mittel, welche durch die sinnliche Natur des Menschen beschränkt sind, erzielt werden kann; so ist einleuchtend, daß zwar die Kirche nicht, wie sie seyn soll, aber die Menschen, welche sich zu einem solchen Zwecke einigen, der politischen Aufsicht unterworfen bleiben müssen.

Der Zweck des rechtlichen Vereins ist die Sicherung des Rechts; er muß daher alle Mittel anwenden, um diesen Zweck zu erreichen und allen Hindernissen und Gefahren vorbeugen, welche ihn erschweren oder rückgängig machen könnten.

Ob nun die Kirche gleich noch einen weit höhern Zweck hat, als der Staat, nämlich nicht bloß Rechtlichkeit sondern auch Sittlichkeit zu befördern; so ist doch der politische Zweck das Erste der Zeit nach, welches gesichert seyn und bleiben muß, wenn ein noch höherer Zweck (eine moralische Denkungsart) durch vereinte Kraft befördert werden soll.

Es ist also vor allen Dingen dahin zu sehen, daß die Menschen unter dem Vorwande eines ächten kirchlichen

S   Ver-

Vereines nichts gegen die Pflichten unternehmen, welche ihnen als Staatsbürgern obliegen.

Die Kirche steht also unter der Aufsicht des Staats. Aber wie weit erstreckt sich diese?

Der Staat hat die Aufsicht über die Handlungen der Menschen, in wie fern diese einem allgemeinen Willen unterworfen sind oder werden können. Eine Handlung aber kann nach ihrem intelligiblen oder empirischen Charakter erwogen werden. Unter intelligibler Handlung versteht man die Selbstbestimmung der Freiheit nach Gründen, entweder dem Sittengesetze zuwider (durch eine böse Maxime) oder demselben gemäß und um desselben willen (durch eine gute Maxime). Diese intelligible Handlung ist eine innere That des Willens; sie erscheint nicht, ist also auch kein Objekt der Aufsicht, welche Menschen auf Menschen haben können. Ueber ihre Beschaffenheit kann Keiner als der Mensch selbst und Gott als Herzenskündiger urtheilen. Ob der intelligible Charakter des Menschen gut oder böse sei, kann man nur durch Schlüsse, die von dem empirischen auf ihn gezogen werden, herausbringen; sie bleiben aber immer nur Vermuthungen ohne Evidenz, und der geschickteste Menschenkenner kann sich hierin nicht für untrüglich halten. Der Zweck der Kirche ist nun wohl, auf die Veredlung des intelligiblen Charakters hinzuwirken; aber weiter kann auch sie nichts. Das Urtheil, wie weit ihr Zweck

an

an dem einen oder andern Subjekte erreicht sei, gebührt nur dem Allwissenden.

Hieraus ergibt sich, daß der Staat nur seine Aufsicht auf die Menschen erstrecken kann, in wie weit ihre Handlungen Erscheinungen sind. Die Handlung als Erscheinung ist Folge der Handlung an sich oder der intelligiblen That. Mit diesen Folgen, welche in die Sinne fallen, welche von Menschen auf Menschen einfließen, hat es der Staat zu thun. Die Gründe derselben, in wie fern sie im unsichtbaren Charakter des Menschen liegen, gehören nicht vor seinen Gerichtshof.

Von allen Handlungen nun, welche in die Augen fallen, fordert die Staatsgewalt, daß sie dem souverainen Willen angemessen sein müssen. Die Kirche also, in wie fern sie handelt, steht unter der Aufsicht des Staats; und dieser fordert von ihr, daß ihre Mitglieder unter dem Prätext des Kirchlichen nichts thun, was dem öffentlichen Rechte zuwider ist, oder Gefahr bringen könnte.

Aus diesem Grundsatze fließen alle Bestimmungen des Verhältnisses zwischen Kirche und Staat. Ich will diese ganze Materie nicht durchführen, denn sie gehört in die Politik und erfordert viel Raum; aber über einige Punkte will ich mich erklären, weil sie noch für streitig gehalten werden.

1. Es ist eine leere Vernünftelei, wenn man die Kirche der Aufsicht des Staats entziehen will; denn dieser

ser ist früher als die Kirche; die Kirche kann nur in ihm und wenn er schon da ist, entstehen und gedeihen, und da in einer sichtbaren Kirche auch sichtbare Handlungen geschehen, alle Handlungen aber dem Gesetze der Rechtlichkeit unterworfen sind, die Rechtlichkeit aber das Objekt des Staats ist, so folgt, daß die Kirche, in wie fern sie handelt, unter dem Staate stehe. Nicht zu gedenken, daß es gefährlich sein würde, ein Verein im Verein zuzulassen, ohne sich um die Handlungen desselben zu bekümmern. Die Staatsgewalt hat ein Recht, sich um die Kirche zu bekümmern, aber sie hat auch die Pflicht, denn sie soll nichts zulassen, auf die Gefahr, ob es dem Zustande des Rechts schade oder nicht. Hierzu kommt noch die traurige Erfahrung, wie oft und mit wie vielem Erfolg durch Kirchen das Staatswohl untergraben und gefährdet ist.

2. Das Objekt der politischen Aufsicht in kirchlichen Angelegenheiten sind nun die Handlungen derselben, in wie fern sie Gegenstände der Erkenntniß sind, also als Erscheinungen. Dahin gehören nun nicht etwa bloß Anordnungen und Vorkehrungen im Innern der Administration, sondern auch Belehrung, sie geschehe mündlich oder schriftlich.

Es ist sonderbar, daß man die Unterweisung und das, was zum Mittel derselben dient, die Schriftstellerei und Druckerei als etwas betrachtet wissen will, welches

ches außer dem Geseze wäre; als wenn Schreiben und Schriften drucken nicht eben so wohl Handlungen wären, wie alle Andere, die erscheinen. Auch sie stehen unter dem Gesetze der Rechtlichkeit und Verantwortlichkeit, und es ist gar kein Unterschied der Sache nach, ob Einer durch Schrift und Presse oder durch andere Attentate das Recht gegen den ganzen Staat oder ein einzelnes Mitglied desselben verletzt.

Eine völlige Preß- und Schreibe-Freiheit ist daher eine Schimäre. Der Staat kann sie nicht geben, ohne auf die Souveränität des allgemeinen Willens Verzicht zu thun und der Repräsentant der Souveränität darf sie nicht bewilligen, ohne den Posten, auf welchem er steht, zu verwirken. Alle Handlungen der Staatsbürger stehen unter dem öffentlichen Rechte, entweder positiv, so daß sie durch das Gesetz unausbleiblich bestimmt sind, oder negativ, so daß sie wenigstens demselben nicht widersprechen sollen. Jemanden von dieser positiven oder negativen Einschränkung der Freiheit ausnehmen, heißt ungerecht gegen die Uebrigen verfahren. Es muß also eine Einschränkung auch des Schriftstellers und Bücherdrukkers statt finden und welche ist sie? Die Antwort ist leicht: Niemand verletze weder durch Schrift noch durch Debit derselben das Recht, weder gegen den Staat überhaupt noch gegen irgend einen Bürger desselben. Thut er es, so ist er verantwortlich und muß nach dem Gesetze der Rechtlichkeit gerichtet werden. Verletzung des Rechts ist Verletzung desselben, sie mag durch heimliche Schreiber oder Drucker oder durch andere Thaten verübt werden.

Wenn aber der Schriftsteller dem Rechte unterworfen ist; so muß ihm auch kein Unrecht geschehen; er muß schreiben können, was, wie und wenn er will, wenn er nicht das Recht verletzt oder demselben erweisliche Gefahr bringt. Es sollte daher nie eine Schrift ohne Rechtsurtheil verboten, oder konfiscirt werden. Wohlverstanden, ohne Rechtsurtheil; denn wenn sie nur dem Rechte nicht widerspricht, so mag sie übrigens für schlecht, irrig, elend gehalten werden; das entscheidet hier nicht; beleidigt der Schriftsteller kein Recht, so muß sein Product passiren; denn ob er Nutzen stiften, Ehre und Beifall erndten werde, daß ist seine eigne Gefahr.

3. Die Aufsicht des Staats über die Kirche ist theils positiv, theils negativ.

Die positive Aufsicht begreift die Mitwirkung zum Zweck der Kirche und reicht nicht weit. Denn der Zweck der Kirche liegt eigentlich außer dem Gebiete des rechtlichen Arms; doch kann der Staat zur Einleitung, Erleichterung und Befestigung der moralischen Gesellschaft äußere Mittel darreichen, kann ihr Gebäude und Einkünfte bewilligen, und er wird dies um so lieber thun, je mehr er sich von der Würde der Absicht und ihrer Zuträglichkeit

lichkeit zum Staatszwecke überzeugt. Aber er kann ohne Ungerechtigkeit keine Gesellschaft vor der Andern begünstigen; denn sie haben alle nur einen Zweck: nämlich Moralität zu befördern, und ist eine Gesellschaft, welche diesem Zwecke zuwider wirkt, so ist sie nicht kirchlich und eine solche muß gar nicht geduldet werden.

Die negative Aufsicht des Staats über die Kirche erstreckt sich sehr weit, ja über alle ihre Handlungen. Damit nun der Staat über alles urtheilen könne, muß alles öffentlich verhandelt werden. Die Kirche darf also vor dem Staate keine Geheimnisse haben. (Denn, beiläufig gesagt, alle geheime Gesellschaften sind widerrechtlich und vertragen sich nicht mit einem wohlgegründeten Staate.)

a) Der Staat hat also dahin zu sehen, daß die Kirche das Princip der Allgemeinheit habe. Es können provisorisch viele Kirchen (moralische Gemeinden) in einem Staate seyn, allein keine darf sich auf ein Grundgesetz gründen, welches auf Partikularismus führt; vielmehr muß sich jede besondere Kirche zur Auflösung in eine allgemeine, dem Principe nach, qualificiren.

b) Der Staat hat ferner darauf zu sehen, daß das Princip der Kirche reinsittlich, mithin der Zweck derselben auf eine ächte moralische Denkungsart gerichtet sey. Bildung der Menschen zum willigen Tugendfleiß im Glauben an Gott (als einen moralischen Oberherrn) ist der Geist, welcher alle Kirchen beseelen muß. Wie dies erzielt werde, ist Sorge der moralischen Gemeinde und ihrer Dienerschaft, daß ihm aber nicht entgegen gehandelt werde, ist Objekt der politischen Inspection; weil das Gegentheil auch die rechtliche Ordnung zerstören würde.

Man sage also nicht, daß der Staat sich nicht darum zu bekümmern habe, was in einer Kirche gelehrt werde. Lehren ist Handlung und vorgetragene Lehren werden Gründe zu Handlungen; und dem Staate kann es nicht gleichgültig seyn, welche Gründe zu Handlungen gegeben werden. Der Volkslehrer vor der Gemeinde will ja nicht spekuliren, er will Gründe zur Willensbestimmung und zu Handlungen geben, ihre Wirklichkeit und ihren Einfluß außer der Kirche, in bürgerlichen Verhältnissen darthun, und in dieser Hinsicht steht der Lehrer unter der Aufsicht nicht bloß der Kirche, sondern auch des Staats.

Ob der Kirchendiener einen schwarzen oder weißen Rock, eine Perücke oder eigne Haare trage, das bekümmert den Staat nicht, sondern ist konventionell in der Gemeinde und bleibt der innern Zucht überlassen; aber was er für Grundsätze des Verhaltens aufstellt, darum muß sich auch der Staat bekümmern, weil es auf die Rechtlichkeit einen unumgänglichen Einfluß hat. Wie, wenn Einer den Naturalismus (in welchem Alles dem Mechanismus unterworfen gedacht wird) oder den Fatalismus, fisnuus, das blinde Ungefähr, den sinnlichen Eudämonismus oder sonst ein Princip aufstellte, wodurch die Sittlichkeit untergraben würde, so würde ihm der Staat dies untersagen, nicht weil es irrig in der Theorie wäre; sondern weil es Gründe zu einem Verhalten leihet, wodurch das Recht gefährdet wird. Wer sich deshalb über Einschränkung seiner Lehrfreiheit beschweren wollte, würde sehr unrecht thun; denn lehren ist Handlung, mithin kann er nicht lehren was er will, sondern wozu die Einstimmung des öffentlichen Willens möglich ist; und hierüber ist nicht er, sondern der Ausleger des allgemeinen Willens Schiedsrichter. Auch wenn die Gemeinde mit diesem Lehrer zufrieden wäre, so folgte daraus noch nicht, daß er fortlehren dürfte; denn die Gemeinde als Privatgesellschaft kann theils nicht fähig sein, die Vernünftelei des Lehrers nach ihren Gründen und Folgen zu würdigen, theils kann sie auch von ihm gewonnen und partheiisch gemacht sein, theils ist auch sie nicht Richter in dieser Sache; sondern allein die öffentliche Rechtspflege; und diese, den allgemeinen Willen vor sich habend, entscheidet nicht nach der gegenwärtigen Lage allein, sondern nach dem, was nach der Beschaffenheit des praktischen Lehrprincips folgen muß, wenn es auch noch nicht erfolgt ist. Der konsequente Naturalismus oder Fatalismus führt aber unausbleiblich auf Unsittlichkeit und durch sie auf Widerrechtlichkeit, und deshalb kann ihn kein Souverain als Grundsatz der Volksmoral predigen lassen.

Ich

Ich führe diese Bemerkungen nicht weiter durch; Ihre Anwendungen laßen sich von selbst machen.

c. Der Staat muß darauf sehen, daß die moralische Herrschaft der Kirche nicht in eine politische ausschlägt; daß sie also kein Regiment über den Staat selbst, auch nicht über ihre eigene Mitglieder affecirt. Die Herrschaft der Kirche ist nur moralisch und erstreckt sich bloß auf die Gemüther; aber auf diese nur in so fern, als sie zur freien Tugendübung gewonnen werden können. In der Kirche gehorcht daher nur ein Jeder, wenn er will und weil er will. Aller Gehorsam gründet sich daher auf Freiheit, auf Selbstbestimmung des Willens durch das Pflichtgesetz.

Hält die Kirche sich in ihren Schranken und bleibt ihrem einzigen Zweck getreu, so ist freilich schon von selbst keine Ausschweifung zu befürchten; allein die Kirche besteht aus Menschen und diese sind immer geneigt, alles ihren selbstsüchtigen Absichten unterzuordnen; wie es die Geschichte bezeugt.

Damit nun die Kirche auf ihren Zweck gerichtet bleibe, wacht der Staat, daß sich in ihr weder Monarchie, noch Aristokratie, noch Demokratie hervorthue; daß sie ihre Gewalt nicht über den Staat selbst erhebe; daß ihre Diener nicht Herrscher im Innern werden; daß überall kein Zwang aufkomme, sondern Freiheit des Gewissens und Glaubens ungekränkt erhalten werde.

Wenn

Wenn sich nun aber solcher Unfug in einer Kirche anspinnt, so werden dadurch Rechte angefochten und für die Sicherung der Rechte steht der Staat; mithin bleibt ihm die Kirche in diesem Punkte immer unterworfen.

4. Wie aber der Staat mit Recht fordert und darauf hält, daß die Kirche nicht in sein Gebiet eingreife, den Staatszweck nicht untergrabe, hindere und gefährde; keinen Zwang im Innern errichte, er sei von welcher Art er wolle; eben so muß sich auch der Staat bescheiden, daß er nicht in das Gebiet der Kirche eingreife.

Da die Kirche öffentlich zu Werke geht und ihr Zweck, wie auch die Mittel ihn zu befördern; der Beurtheilung eines Jeden vorliegen; so ist es genug, wenn sich der Staat überzeugt hat, daß die Kirche nichts widerrechtliches weder im Innern noch nach Außen beginnt und daß ihr Princip der Konstitution rein moralisch ist. — Ist aber dies, so darf der Staat den Zweck der Kirche nicht seinem Interesse unterordnen und die Freiheit derselben unnöthiger Weise beschränken. Er darf daher mit dem Bekenntniß zu einer Kirche weder Nachtheile noch Vortheile verknüpfen, weil dadurch der Zweck der Kirche selbst gestört wird. Denn dieser geht auf Moralität; hängt aber das Bekenntniß zu der einen oder andern moralischen Gesellschaft mit empirischen Vortheilen zusammen, so wird dieses das reine Interesse schwächen und die Bekenner werden angeleitet, statt freier Freunde der Tugend, Heuchler zu werden.

Aber

Aber auch alle widerrechtliche Eingriffe der Politik in die Kirche rühren von der Fehlerhaftigkeit der Konstitution und Verwaltung des Staats her. Ist der Staat wohl gegründet, und kennt die öffentliche Gewalt ihre Rechte und Pflichten, so wird sie inne werden, daß jeder Zwang, welchen sie der moralischen Gemeinde anthut, mit unausbleiblichem Nachtheil für den Staat selbst verknüpft ist.

Der Zweck des Staats ist Sicherung des Rechts, Recht ist die durch Vernunft geheiligte Befugniß etwas zu thun oder zu lassen; diese soll der Staat durch äussere Gewalt aufrecht erhalten; sein Problem ist also: Freiheit unter äussern Gesetzen im höchstmöglichen Grade mit unwiderstehlicher Gewalt zu schützen. Darum muß es im Staate eine das Recht authentisch auslegende, eine das Besondere unter die Regel des Rechts subsumirende und eine die Subsumtion realisirende Gewalt seyn: Damit nun diesem Recht nicht zuwider gehandelt werde, hat der Staat zwingende Macht; aber das Recht ist an sich schon heilig und fodert Achtung durch die bloße an die Freiheit sprechende Vernunft. Der Zwang ist nur ein Nothbehelf um der Unart der Menschen willen. Es ist daher äusserst wünschens werth für den Staat, daß sein Zwang entbehrt werden möge und die Stelle desselben eine freie Unterwerfung einnehme. Dies ist nicht anders möglich, als wenn die Denkungsart der Menschen gebessert und der Wille an sich gut ist. Nun ist aber eben

dies

dies der Zweck der Kirche. Ihre Bemühung kann daher, wenn sie durch das ächte Princip geleitet wird, dem Staate nie nachtheilig, sie muß ihm im Gegentheil allezeit förderlich seyn.

Hieraus folgt, daß die Staatsgewalt gegen sich selbst handelt, wenn sie der Kirche den geringsten (unnöthigen) Zwang anthut.

Nicht zu gedenken, daß der Souverän unrecht thut, wenn er die Kirche zwingt; denn es ist eine durch die Vernunft gegebene Freiheit, daß der Mensch sein Inneres selbst bearbeiten soll, und diese Freiheit soll ja der Staat schützen, weil sie ein Recht ist; er kann auch von einem Glaubenszwang nie Vortheile haben; denn diejenigen, welche seinen Zwang ungerecht finden, fühlen sich gekränkt und werden ihm abgeneigt und diejenigen, welche glauben, weil sie sollen, und Vortheile davon erwarten, heuchelten ihm. Wenn ihm jene gefährlich sind, so müssen ihm diese abscheulich seyn; den jene kennt er und weiß, was sie von ihm und er von ihnen zu halten hat, diese kennt er nicht, sie sind Schlangen, welche er in seinem Busen nährt.

Was also? der Beschützer aller gesetzlichen Freiheit muß auch der Beschützer der edelsten aller Freiheit, der Gewissensfreiheit, seyn, und wollte er es nicht aus Pflicht, so sollte er es doch aus Klugheit thun.

Vier-

Vierzehnter Abschnitt.

von den

kirchlichen Beförderungsmiteln

der

Gottseligkeit.

Unter Gottseligkeit verstehen wir die moralische Gesinnung im Verhältniß auf Gott. Sie besteht aus zwei Theilen; erstlich in Befolgung der göttlichen Gebote aus schuldiger Unterthanspflicht, aus Achtung fürs Gesetz, Gottesfurcht; zweitens in Befolgung der göttlichen Gebote, aus eigener freier Wahl, aus Wohlgefallen am Gesetze, aus Kindespflicht, Liebe gegen Gott. Beide müssen aufs innigste verknüpft seyn, wenn die Gottseligkeit ächter Art sein soll; denn die Furcht Gottes ohne Liebe ist knechtisch und die Liebe gegen Gott ohne Ehrfurcht läuft Gefahr in Gunsterschleichung und Heuchelei auszuarten. Damit nun die Gottseligkeit Achtung und Liebe zugleich enthalte, muß sie auf Tugendlehre gegründet werden. — Der Begriff der Tugend liegt in der Seele und jeder Mensch hat ihn schon ganz, wenn gleich unentwickelt, so bald sein Bewußtseyn darauf gerichtet ist, daher besteht auch die Tugendlehre

durch

durch sich selbst und der Mensch erkennt durch sie seine Würde, erhebt sich und bekommt Muth. Erst wenn diese Seelenerhebung da ist, sieht sich der Mensch nach den Bedingungen um, unter welchen der ganze Zweck, worauf ihn ein inneres Gesetz verweist, möglich ist, und dies findet er in dem Begriff von einem Gegenstande, welcher unser Unvermögen in Ansehung des moralischen Endzwecks ergänzt. Der Begriff also, wie auch die Nothwendigkeit, sein Objekt als wirklich zu denken, gehen gänzlich aus der Moral hervor, folglich muß die Gottseligkeitslehre auf die Tugendlehre folgen, nicht umgekehrt. Daher ist aber nun auch die Gottseligkeit (Religiosität) nicht ein Surrogat der Tugend, (wodurch die Tugend entbehrlich würde) sondern die Vollendung derselben. Die der Tugend geweihte Gesinnung erblickt im Glauben an Gott das endliche Gelingen ihrer Bemühung.

Mittel sind Zwischenursachen, die der Mensch in seiner Gewalt hat, um eine gewisse Absicht zu erreichen. Kirchliche Mittel sind solche, deren sich eine moralische Gemeinschaft zur Beförderung ihres Zwecks bedienen kann. Als Mittel zum moralischen Endzwecke müssen sie zwar der freien Willkühr überlassen bleiben; es muß frei bleiben, ob sich jemand derselben bedienen will oder nicht; da sie aber doch zugleich Mittel zu einem Zwecke sind, welcher Pflicht an sich ist; so können sie in dieser Hinsicht auch selbst zur Pflicht gemacht werden. Es findet

findet also in Ansehung derselben zwar kein Zwang aber doch eine moralische Nöthigung statt und man kann erwarten daß ein Jeder, dem die Moralität heilig ist, auch die Mittel zu derselben gebrauchen werde, wie lange er sich derselben für bedürftig hält.

Die Handlungen des Menschen, um eine der Gottseligkeit geweihte Gesinnung in sich und außer sich zu befördern, lassen sich auf vier Pflichtbeobachtungen zurückführen, denen, da die Schwäche der Menschen zu allem Uebersinnlichen des Sinnlichen zur Belebung und Haltung bedarf, eben so viele Förmlichkeiten als Schemate beigeordnet werden müssen.

Die Pflichtbeobachtungen beziehen sich nun entweder auf die Gründung und Erhaltung des sichtbaren Gemeinwesens oder auf die Erweckung und Stärkung der in dem Gemeinwesen beabsichtigten Denkungsart durch Privatandacht oder gemeinschaftliche Erbauung.

Das Christenthum hat zu dieser Absicht auch vier kirchliche Pflichtbeobachtungen vorgeschrieben. Erstlich zur Gründung und Fortpflanzung des Gemeinwesens auf die Nachkommenschaft, die Aufnahme und Einweihung der neu eintretenden Glieder durch die Taufe. Zweitens zur Erhaltung des Gemeingeistes und beständiger Beherzigung der Gleichheit der Glieder an Pflichten, Rechten und Hoffnungen die Communion. Drittens

zur

zur Erweckung der sittlichen Denkungsart durch einen jeden in sich selbst — das Privatgebet. Viertens zur gegenseitigen Mittheilung derselben Denkungsart durch öffentliche Erbauung, das Versammeln in den Kirchen.

A. Von der Taufe.

Da der Zweck der sichtbaren Kirche darauf gerichtet ist, daß sie die Menschen zu Bürgern in einem göttlichen Staate bilden will, so ist die Einweihung zu einer solchen Kirchengemeinschaft eine vielbedeutende Feierlichkeit; denn sie legt dem neuaufgenommenen Mitgliede entweder gleich, wenn es schon erwachsen ist und von seiner Pflicht einen Begriff hat, oder doch in der Folge, wenn es zur Pflichtbeobachtung reif ist, große Verbindlichkeiten auf. Der Zweck der Kirche ist nun auch der Seinige und zwar nicht bloß durch ursprüngliche Nöthigung seiner Vernunft, sondern durch einen Gewissensvertrag, welchen er geständlich mit seinen Verbündeten eingegangen.

Das Aeussere der Einweihung oder die bloße Förmlichkeit steht mit dem Innern und Moralischen in keiner nothwendigen Verbindung, sie ist daher an sich zufällig und beliebig und erschöpft die Absicht nicht, allein sie ist doch nicht wohl entbehrlich und muß als ein gutes sinnliches Mittel zur Erweckung des beabsichtigten Uebersinnlichen (Moralischen) gebraucht und beibehalten wer-

werden. Es kann aber auch selbst in der Wahl solcher Förmlichkeiten auf etwas gesehen werden, das zur Anwinkung des Moralischen vorzüglich geschickt ist; und aus dieser Absicht hat der Stifter des Christenthums zur Einweihungsförmlichkeit die Taufe oder ein Besprengen und Abwaschen mit Wasser verordnet. Denn diese Einweihungsart war nicht allein zu der Zeit sehr bekannt und gebräuchlich, sondern hat auch das Vorzügliche, daß sie dem Eingeweihten gleichsam seine erste und Hauptpflicht zu Gemüthe führt; nämlich Reinigung des Herzens von aller Unart und Pflichtwidrigkeit.

Ob nun gleich die Art, wie die Einweihung äußerlich vollzogen wird, an sich zufällig und beliebig ist, so erfordert es doch die Achtung und Treue gegen den Stifter der Kirche, daß man die Förmlichkeit nach der vorgeschriebenen und eingeführten Art so pünktlich beibehält, als es ohne Uebertriebenheit und abergläubische Strupulosität geschehen kann.

Wie bei allen kirchlichen Observanzen, so auch bei der Taufe der Christen, muß man das Sinnliche vom Uebersinnlichen, das Bildliche vom Moralischen unterscheiden, und nur dadurch, daß beides mit einander vereinigt gedacht wird, erhält die Handlung selbst den Rang einer heiligen Beobachtung (Sacramentum). Das Sinnliche ist Mittel, das Uebersinnliche ist Zweck. Kehrt man das Verhältniß um, so ist's Aberglaube.

Zur

Zur Taufe gehört nach der Verordnung eine Besprengung und Abwaschung mit Wasser. Ob dieses in einem Teiche, Flusse oder auf eine bequemere und die Gesundheit des Neulings nicht gefährdende Art geschehe, ist gleichgültig und der Beurtheilung der Gemeinde überlassen. Daß diese Förmlichkeit nur ein Mal statt finde, versteht sich von selbst. Geschieht sie an Erwachsenen, so ist sie mit Unterricht und Ablegung des Bekenntnisses verbunden; geschieht sie aber an Kindern, so ist sie bloß äußerliche Aufnahme in die Gesellschaft und die Gesellschaft, insbesondere aber die Zeugen machen sich verbindlich, das Kind zum Zwecke der Gesellschaft (zur Gottseligkeit) anzuleiten und zu erziehen. Da die moralische Gesellschaft aber überhaupt keinen Zwang ausübt, so versteht es sich von selbst, daß auch dem Neulinge die Freiheit bleibt, ob er sich, in der Reife seines Vernunftvermögens, zur Societät halten will oder nicht, wiewohl es zu erwarten steht, daß kein wohlgezogner Neuling sich einer Gesellschaft entziehen werde, die den Grund zu seiner moralischen Bildung legte und deren fortdauernder Zweck kein anderer ist, als sich zu dem Heiligsten, was der Mensch kennt, gemeinschaftlich zu erwecken und zu stärken.

Mit der Förmlichkeit der Taufe ist nun aber auch eine Verpflichtung verknüpft und dies ist das Ueberfinnliche. Das Allgemeine derselben ist die selbstthätige durch Verbindung mit seines Gleichen erweckte und gestärkte Bearbeitung des Herzens zu einer Gott wohlgefälligen Denkungsart und Lebensweise. — Es gehört zur Bedingung des moralischen Vertrags, daß der Eingeweihte sich zu diesem Zwecke geständlich anheischig macht. Daher ist es denn auch wohlgethan, wenn das Bekenntniß in eine Formel gebracht wird.

Die Formel muß sich auf das Princip und die ihm untergeordneten Theile beziehen; sie kann daher entweder einiges Wesentliche der Gottseligkeitslehre oder auch alles Wesentliche, wenn nicht ausdrücklich, so doch in einer allgemeinen Andeutung, enthalten.

Im Christenthume haben sich die ersten Lehrer derselben nicht immer einer gleich langen oder kurzen Formel bedient; doch ist so viel klar, daß sie die Verpflichtung auf die gesammte christliche Gottseligkeitslehre immer im Sinne hatten; wie es auch die Natur der Sache so schon mit sich bringt. Es mag also die Formel selbst den Worten nach viel oder wenig umfaßen, so bezieht sie sich doch dem Geiste und der Absicht nach auf die ganze Lehre von der Gottseligkeit.

Die ganze Religionslehre geht von einem Satze des Wissens, dem Sittengesetze, aus, alles Uebrige ist Glaubenslehre; denn der Grund des Fürwahrhaltens liegt in dem Sittengesetze, doch nicht analogisch sondern bloß durch Verknüpfung der Bedingung, wodurch der

Zweck

Zwecke deſſelben allein als möglich gedacht werden kann. Durch dieſe Verknüpfung wird die Sittenlehre Gottſeligkeitslehre und das Fürwahrhalten derſelben iſt ein Glaube, und die Formel, welche eine oder mehr oder alle Lehren befaßt, heißt **Glaubensformel**. Diejenige welche bei der Einweihung durch die Taufe gebraucht wird, kann Taufformel heißen. Jeſus gab nun ſeinen Bevollmächtigten das Gebot: daß ſie die Neulinge taufen ſollten **auf den Namen des Vaters, des Sohnes und des heiligen Geiſtes.** Hiermit wird ohne Zweifel die ganze chriſtliche Religionslehre, gleichſam im Kern, angedeutet.

Wenn alſo die Taufe auch noch auf etwas anderes ausgedehnt wird, ſo iſt dies doch immer nur Folge aus der obigen Formel. Z. B. **Taufe auf die Beſſerung des Herzens, auf die Wiedergeburt, auf die Vergebung der Sünden** ꝛc. Denn die Wiedergeburt oder Herzensbeſſerung wird durch den Ritus ſchon vorzüglich angedeutet und die Vergebung der Sünden iſt eine Verheißung, welche mit jener That (der Beſſerung) durch den Glauben (an die mit der Heiligkeit correſpondirende Güte Gottes) verknüpft wird.

Da die Taufe eine Einweihung iſt, nicht in eine moraliſche Geſellſchaft überhaupt, ſondern in die chriſtliche Kirche insbeſondere; ſo verſteht es ſich, daß die Neulinge durch ihre Einwilligung (der Erwachſenen

gleich,

gleich, der Kinder wenn sie volljährig sind) auch den Stifter der Gemeinde als einen solchen anerkennen und daß sie ihn anerkennen, geständlich sind. Bei den Christen ist daher die Taufe auf Jesum Christum ein wesentliches Stück der Einweihung.

Was soll es aber heißen: auf Jesum Christum getauft werden oder getauft seyn? Die Antwort ist leicht. Es ist erstlich äußerlich zu nehmen, und heißt: ihn öffentlich für den Stifter und das mittelbare Oberhaupt der Gemeinde bekennen. Zweitens ist es innerlich, (moralisch) zu nehmen; und dann bedeutet es sehr viel. Nämlich in ihm den Lehrer der Gottseligkeit und das Muster der Gottseligkeit erkennen; seine Denkungsart in sich aufnehmen, sein Beispiel sich zum Vorbilde der Nachahmung machen und in dieser Gesinnung mit dem Troste und der Hoffnung beseelt seyn, wozu er uns Anweisung gibt; seine Lauterkeit des Herzens und glänzende Verdienstlichkeit dankbarlich erkennen u. s. w.

Aber auch die Taufe auf Jesum Christum so wie die Taufe auf seinen Tod u. s. w. ist ebenfalls schon in der obigen Formel in so weit enthalten, als dadurch etwas Moralisches angedeutet und bezielt wird; und das ist der Zweck, in dem Maaße Zweck, daß mit der völligen Erreichung des Zwecks (des Moralischen, des Uebersinnlichen) auch die Endschaft des Mittels (des Sinnlichen) da ist.

Wie evident es nun ist, daß durch die Taufe etwas Moralisches mithin Heiliges beabsichtigt wird, eben so klar ist es auch, daß die bloße Förmlichkeit dergleichen nicht bewirken oder gleichsam aus dem Himmel zu dem Erdensohn, ohne seine Selbstthätigkeit, herabziehen könne. Es kommt alles auf die Gesinnung des Getauften, auf die moralische Beschaffenheit an, welche er sich selbst geben kann und soll; fehlt ihm diese, so ist der Taufactus selbst für ihn (aufs genaueste ausgedrückt) ohne Werth und Folgen. Diese Bemerkung wäre gar nicht zu machen, wenn nicht die Menschen geneigt wären, eine leichte äußerliche Handlung in die Stelle der Pflicht zu setzen und gewinnsüchtige Priester diese Meinung zu ihrem Vortheil von je her begünstiget hätten. — Daß Gott nach seiner Güte mit allen Menschen ist und sie zu ihrem Heil auf eine erkennbare aber auch auf eine uns unerforschliche Weise unterstützt, ist ein wohlgegründeter Glaube, daß aber der Mensch selbst sich nur durch eine tugendhafte Gesinnung der Güte Gottes würdig machen könne, ist eine evidente praktische Wahrheit, die man nie genug einschärfen kann.

Daß der Exorcismus immer mehr abgeschaft wird, ist sehr löblich; denn er ist ein Ueberbleibsel eines mehr als heidnischen Aberglaubens; und es ist zu verwundern, wie dieser Unfug in der christlichen Kirche, deren evidenten Lehren (von der moralischen Alleinherrschaft Gottes, von der sittlichen Anlage des Menschen, von dem Ursprunge des Bösen durch selbstbewirkte Uebertretung des Moralgesetzes, von der Schuld des Menschen, weil er selbst gesündiget hat u. s. w.) er schnur gerade widerspricht, hat aufkommen können. — Die Beschönigung Einiger, daß man unter Besessenheit vom Teufel nur die Sündigkeit im Allgemeinen verstehe, ist unzureichend und zweideutig.

B. Vom Abendmahl.

Gesetz und Zweck einer moralisch konstituirten Gesellschaft bringen es mit sich, daß in ihr eine vollkommene Freiheit und Gleichheit der Glieder statt habe. Denn die moralische Denkungsart, auf deren Gründung und Verbreitung die Kirche hinarbeitet, kann nur durch freie Aufnahme in dem Menschen bewirkt werden; aber auch in Ansehung der moralischen Anlage, der auf ihr beruhenden Würde und Pflicht, sind sich alle Menschen gleich. Es ist daher eine eigenthümliche Angelegenheit der Kirche, das moralische Gefühl, mit ihm das Bewußtseyn menschlicher Würde und selbstgesetzlicher Freiheit, und mit diesem den weltbürgerlichen Gemeingeist zu wecken und zu bilden. Mit dem Gedanken, daß man als moralisches Wesen mit moralischen Wesen in einer, zum Behuf der Moralität errichteten, Verbindung stehe, muß sich auch die Seele zu der Vorstellung erweitern, daß man eben dadurch zu einem Sy-

stem

ſtem aller moraliſchen Weltweſen gehöre, in welchem alle Subjekte ſich der Anlage, der Geſetzgebung, dem Zwecke, den Pflichten und Rechten, den Wünſchen und Hoffnungen nach, vollkommen gleich ſind, und daß kein anderer Unterſchied ſtatt finde, als derjenige, wozu ein jedes Subjekt ſelbſt durch ſeine Freiheit die Urſache iſt.

Die Idee von einer weltbürgerlichen moraliſchen Gemeinſchaft iſt etwas Großes und.*) Praktiſcherhabenes und hält der kleinlichen Neigung der Menſchen, der engen, eigenliebigen und unverträgſamen Sinnesart derſelben das gerade Widerſpiel. Wer von einer großen Idee belebt und durchdrungen iſt, hat in ihr auch die Regel und den Antrieb zur Achtung der Menſchheit in jedem Menſchen und zur moraliſchen Bruderliebe.

Sie alſo zu erwecken, zu ſtärken und wiederhohlentlich in Sinn und Geiſt zu bringen iſt eine heilige Angelegenheit der Kirche; und die Nothwendigkeit, der menſchlichen Schwäche immer auf eine ſchickliche Weiſe zu Hülfe zu kommen, erfordert es auch hier, daß man dem beabſichtigten Ueberſinnlichen etwas Sinnliches, als Schema der Darſtellung und Mittel der Production und Reproduction unterordnet.

Eine ſolche Förmlichkeit kann nun auſſer der Erweckung Erhaltung und Fortpflanzung des bürgerlichen moraliſchen

---

*) d. h. es führt die Pflicht und Triebfeder zu ſeiner Realiſirung in der Welt, mithin auch auf Erden und unter Menſchen, ſo weit es nur immer möglich iſt, in und mit ſich.

ralischen Gemeingeistes auch noch mit andern Zwecken verbunden seyn, welche entweder in der Art der Förmlichkeit selbst schon angedeutet oder ihr willkührlich, aber doch schicklich angereihet werden.

* * *

Im Christenthum ist zu der oben erwähnten Absicht von dem Stifter desselben das vielbedeutende Abendmahl verordnet worden.

Bei der Feier dieses christlichen Brudermahls ist wiederum zweierlei zu bemerken, nämlich erstlich das Aeussere, Sinnliche oder Förmliche und zweitens das Innere, Moralische oder Geistige.

1. Es hat keinen Zweifel, daß es die Absicht Jesu war, eine solche Förmlichkeit zum wirklichen Statut der von ihm gestifteten Kirche zu erhalten; da er sie selbst am Ende seiner empirischen Laufbahn feierte und zur Wiederhohlung empfahl. Daß er sie nicht unbedingt gebot, zeigt, wie alle seine Einrichtungen, von dem moralischen Geiste, mit welchem er alles gethan und beobachtet wissen wollte; denn er gründet die Folgeleistung allein auf eine moralische (aus Gewissenspflicht hervorgehende) Nöthigung. — Zum Aeussern dieser kindlichen Anordnung gehört nun, daß die versammelten Mitglieder Brod und Wein gemeinschaftlich genießen. Was für Brod und was für Wein, in welcher Qualität und Form; ob es Jeder von dem Angeschafften selbst nimmt oder Einer,

etwa

etwa ein Kirchendiener, es austheilt, ist der auf Umstände und Anstand gerichteten Beurtheilung der Gemeinde überlassen. So viel ist aber klar, daß gar kein Grund da ist, warum den Theilnehmern der Genuß des Weins vorenthalten werden sollte, vielmehr weichen die Christen, welche das Mahl nur in einerlei Gestalt feiern, von dem Beispiel Jesu und der ersten Christen geradezu ab. Auch ist es beliebig, ob dieses Mahl in der Kirche oder in einem Privatgebäude begangen werde, wenn es nur Christen im Geiste des Christenthums versammlet sind, so mögen sie versammlet seyn, wo sie wollen. Doch ist die Begehung dieser Feierlichkeit in einer Kirche (als einem der Andacht geweiheten Gebäude) dem Zwecke derselben zuträglicher.

Ursprünglich war das Feiermahl der Christen ein Abendmahl; allein dies hing von der Sitte der damaligen Zeiten und der Länder (im Morgen) ab; und da die Abendzeit nicht ausdrücklich verordnet ist, so kann das Mahl auch am Tage begangen werden; nur sollte man dabei nicht Lichter brennen; den wozu diese Verschwendung am hellen Tage?

2. Das Moralische bei der christlichen Mahlsfeier besteht im allgemeinen in der Erweckung und Beförderung des weltbürgerlichen moralischen Gemeingeistes. Die Idee der Verbindung aller vernünftigen und freien Weltwesen zu einem System unter der Gesetzgebung, Beurtheilung

theilung und Verwaltung Gottes zum Behuf eines tugend-
haften Lebenswandels (durch alle Epochen der Existenz ins
Unendliche) liegt der Kirche zum Grunde. Moralische
Selbstständigkeit, Freiheit und Gleichheit sind die
Verhältnisse, in welchen sich ein jeder Bürger dieses
Reichs erblickt; Einheit und Identität des Zwecks, der
Pflichten und Rechte, der Verheissungen und Hoffnungen müssen sie alle beleben und eben hierin besteht der
moralische Gemeingeist und Brudersinn, welchen zu
nähren und dadurch die Fortpflanzung und Fortdauer der
Kirchengemeinschaft zu sichern, die oberste und erste Absicht Jesu war, indem er die Förmlichkeit eines gemeinschaftlichen Genusses (des Weins und Brodts) an derselben Tafel anordnete.

Dieser ersten Absicht sind nun noch andere untergeordnet, welche die Spuren christlicher Eigenthümlichkeit an sich tragen, aber, in wie fern sie mit der empirischen Anstalt als Mittel zum rationalen Zweck derselben
zusammenhängen, geachtet und beherzigt zu werden
verdienen.

Es soll diese Förmlichkeit zugleich eine erbauliche
Gedächtnißfeier Jesu sein. Der Christ soll sich dabei mit Dankbarkeit des Stifters seiner Kirche, seiner
Verdienste um die Menschheit und insbesondere des großen Opfers erinnern, welches er durch sein williges Lei-
ben und Sterben gebracht hat. — Dies letztere ist
auf

auf eine vorzügliche Art in den Sinnbildern der Förmlichkeit angedeutet. Der Wein weist auf sein vergossenes Blut, das Brodt auf seinen gemarterten Körper hin. Nicht aber das Sinnliche, das Bluten und Leiden, soll dem Christen hier allein vorschweben, sondern die Denkungsart und Absicht Jesu, welche er dadurch an den Tag legte und beförderte, soll beherzigt werden; folglich die Reinigkeit der Gesinnung, da er ohne alles irdische Interesse, ohne alle eigen- und ehrsüchtige Absichten, bloß aus Pflicht und um der Pflicht willen, bloß zum moralischen Zwecke sein Schicksal willig trug. Er suchte den Tod nicht, aber wollte ihm auch nicht mit Verleugnung des ihm von Gott gebotenen Zwecks feigherzig entfliehen; auch wagte er den Tod nicht etwa aus politischen Absichten, wie ihm Andere andichten wollen, denn dagegen streitet die Gleichförmigkeit seines Betragens; weil derjenige, welcher um eines zeitlichen Interesse willen, etwas wagt, doch nachdem ihm sein Plan fehlgeschlagen ist, wenigstens seine Existenz zu retten sucht. Dagegen finden wir, daß Jesus unverrückt seinem Ziele nachgeht, das daraus für ihn erfolgende Schicksal trägt und selbst den Tod nicht scheut, in wie fern er als Folge, ohne Untreue gegen seinen moralischen Zweck, nicht zu vermeiden ist. Gerade, wie es der moralischen Ordnung nach sein muß; wo ein Jeder der sittlichen Gesetzgebung gehorchen soll, ohne die (vermuthlichen) physischen Folgen als Bestimmungsgründe aufzunehmen.

Es soll aber die Erinnerung an die durch Leiden und Tod erprobte Denkungsart Jesu nicht kalt und äußerlich bleiben, sondern sie soll zugleich Beherzigung und Zueignung (Aufnahme in die Maxime) bewirken. — Die Gedächtnißfeier der verdienstlichen Denkungsart des sterbenden Jesus soll praktisch seyn und auf die Veredlung der Denkungsart den feiernden Einfluß haben. So versteht es sich theils von selbst; denn alle Förmlichkeiten in einer moralischen Gemeinde haben diesen Zweck, aber so wird es auch ausdrücklich eingeschärft. (Z. B. 1 Cor. 11, 23 ff.) Man soll dieses Mahl von den gewöhnlichen Mahlzeiten und die Absicht desselben von der Absicht der gewöhnlichen Speisungen unterscheiden. Nun gibt es nur entweder eine physische oder moralische Absicht; jene bezieht sich auf den Körper, diese auf die Denkungsart; folglich ist es auch nur diese, welche bei der Unterscheidung ausgehoben, beabsichtigt und durch Vorhaltung der im Vorbilde gegebenen Denkungsart Jesu erbaut und veredelt werden soll. Darum soll das Gemüth zu und bei dieser Feier auf Prüfung und Beurtheilung seiner selbst, (seines innern moralischen Zustandes) gerichtet seyn. (V. 28. 30. 31.)

Wenn nun die Beförderung der moralischen Denkungsart eigentlich Hauptzweck des feierlichen Liebesmahls der Christen sein soll, so wird doch Niemand in Abrede stehen, daß die Gedächtnißfeier Jesu, seiner zum Muster

303

Muster gegebenen und besonders durch seine ganz im moralischen Geiste geschehene Aufopferung erprobte Gesinnung nicht allein ein besonderes Stück dieser Förmlichkeit ausmacht, sondern auch von keinem Christen übersehen werden darf, wenn er nicht einen Beweis abgeben will, daß es ihm auch mit dem Hauptzweck kein rechter Ernst sey. Denn wer würde sich wohl mit ruhigem Gewissen eine solche Undankbarkeit zu Schulden kommen lassen? Nicht zu gedenken daß eben durch die Erinnerung an jene sittlichheroische That Jesu, an die in derselben bewiesene reine moralische Denkungsart der Weg gebahnt und ein schicklicher Uebergang zur Beherzigung des allgemeinen Zwecks eines moralischen Vereins gemacht werden kann und soll. Durch Achtung und Dankbarkeit gegen das uns im Geiste vorschwebende Beispiel der vollendeten Tugend erhebt sich das Herz allmälig zur moralischen Andacht und fühlt sich in der Verbindung zu einem allumfassenden Systeme unter der selbstständigen Weisheit.

* * *

Aber eben die hohe moralische Ansicht und Absicht einer solchen Feierlichkeit sollte nun auch die Christen von allem kleinlichen Aberglauben und unnützen Gezänke über leere Grübeleien abhalten. Was bloße Förmlichkeit und Sinnbild zur Production, Reproduction und Haltung moralischer Ideen ist, sollte nicht zur Hauptsache und
zum

zum Zwecke an sich erhoben, und dadurch zum Anlaß und Quell des Streits, des Habers und der Spaltung gemacht werden.

Man streitet darüber, was es heißen solle, wenn Jesus sagte: „das ist mein Blut, das ist mein Leib." Man quält sich über die Bedeutung des Wörtchens „ist," und indem man dabei den moralischen Wink ganz aus den Augen verliehrt, bleibt man an einer naturalistischen Vorstellung kleben und spricht von Verwandlung des Brodts in das Fleisch und des Weins in das Blut Jesu, von Uebergang der Substanz in eine andere Substanz (Transsubstantiation,) von Allgegenwart des Körpers und dergleichen, wozu nicht die geringste Veranlassung in der heiligen Schrift ist, womit auch keine deutliche Begriffe zu vereinen sind, und welches der Phantasie nur ein Zügelloses gibt.

Hier ist gar nicht die Rede von naturalistischer Spekulation; sondern von Förmlichkeiten, welche auf moralische Ideen hinweisen; nicht von mechanischer oder chymischer Verwandlung des Genossenen, sondern von der dadurch bezielten Anregung der sittlichen Gedanken der Genießenden, nicht von körperlicher Gegenwart oder gar Allgegenwart Jesu, sondern von moralischer Gegenwart seiner Denkungsart und Verdienstlichkeit; welche durch den Hinblick auf jene Scene, wodurch sie kund und kenntlich wurden, wiederhohlentlich zu Gemüthe geführt und beherzigt werden sollen.

Also:

Also: der ganze Streit über das „ist" verdient eigentlich gar nicht der Erwähnung; denn „das ist mein „Leib oder Blut" kann nichts anders sagen: als das bedeutet, weiset hin auf meinen Leib oder Blut; und alle Bemühungen der Lutheraner, dieser Erklärung der Reformirten auszuweichen, sind nichts als leere Ziererlen. Dies, sage ich, ist der Sinn Jesu und der Apostel, erstlich, aus dem einfältigen Grunde, weil jeder andere, der am Ende nicht auf diesen hinaus läuft, baarer Unsinn ist; denn wie kann der Körper Jesu, als etwas in der Zeit und dem Raume Eingeschränktes, immer und überall und mit dem Weine oder Brodte ein und dasselbe seyn? Zweitens ist auch die eigne Erklärung der heiligen Schrift nur für die symbolische Hindeutung nicht aber für eine materialistische Identität. Kein Commentar kann deutlicher sein, als der des Apostels Paulus, (1 Cor. 11, 26:) „So oft ihr von diesem Brodte esset und von diesem Kelche trinket, sollt ihr des Herrn Tod verkündigen." Hier ist die deutliche Erklärung des „ist". Der hingegebene Leib und das vergossene Blut bedeutet überhaupt den Tod Jesu; und das Essen des Brodts und Trinken des Kelches sind Sinnbilder zur Erinnerung an denselben, dadurch Erweckungsmittel zur Erkenntlichkeit gegen die Denkungsart, welche Jesus durch ihn an den Tag legte; und endlich zur Ermunterung eine gleiche Gesinnung zu haben, wie er hatte.

Wem dies nicht genügt, der bedenke doch, wie entfernt es wäre, wenn Jesus, als er selbst die Mahlsfeier einsetzte, durch die Darreichung des Weins und Brodts hätte zu verstehen geben wollen, daß sein Körper, welcher in dem Zeitpunkte noch ganz und unversehrt von den Augen der Jünger gesehen wurde, auch zugleich noch außer sich vorhanden und in und mit einer fremden Materie genossen würde. Dies war so entfernt von dem, was Jesus selbst sagte, daß kaum die bestimmteste Anzeige einen solchen Gedanken in den Jüngern hätte erwekken können.

Die Verwandlung des Brodts und Weins in den Körper Jesu, man mag sie noch so verseinert vortragen, beruht doch am Ende nur auf einer materialistischen Vorstellungsart und kann nicht anders einen erträglichen Sinn geben, als wenn man sie moralisch deutet, und darunter die Veranlassung der Denkkraft versteht, von dem Sinnlichen zum Uebersinnlichen, zur Vorstellung der Denkungsart Jesu, die er durch seine willige Hingebung an den Tag legte, überzugehen. Aber wozu dieser Umweg?

Die Gegenwart Jesu im Abendmahl kann daher auf keinerlei Weise körperlich oder materialistisch sondern bloß moralisch verstanden werden, indem der versammelten Gesellschaft seine letzte Lebensscene vorschwebt, sie dadurch zur Beherzigung seiner verdienstlichen Denkungsart und zur Nachahmung derselben ermuntert wird.

Am besten wird es daher gethan sein, wenn man beim Genuß des Brudermahls dieselben Worte, welche die Jünger aus dem Munde Jesu empfingen, beibehält, durch sie auf die moralische Deutung übergeht und das, was besonderer und allgemeiner Zweck dieser Feierlichkeit ist, beherzigt.

* * *

Das Christenthum wird auch als ein Bund vorgestellt, welchen die Christen unter sich nach Tugendgesetzen im Glauben an Gott als ihren Gesetzgeber errichten; dieser Bund ist ein neuer, im Gegensatz mit dem alten Bunde der Juden. Dieser war nun aufgehoben und in seine Stelle trat der neue Bund, welchen Jesus stiftete; und zwar mit Aufopferung seines Lebens. Hieran sollte nun der Genuß des Weins erinnern, daher stellte der mit Wein gefüllte und zur Feier bestimmte Kelch den neuen Bund vor, in wie fern ihn Jesus mit seinem Blute (durch Aufopferung des Lebens) versiegelt hatte.

Alles ist aber auf Erweckung sittlicher Ideen angelegt und hierzu muß es benutzt werden.

Je mehr man nun diese Ansicht der christlichen Symbole beherzigt, desto weniger wird es auch Streit, Sectenspalt und Glaubenszwang geben. Der ganze Unfug wird ein Ende haben, wenn man mit Petrus wahrhaftig überzeugt ist „daß Gott die Person nicht ansieht,

sieht, sondern jeder, er sei von welcher Nation er wolle, ihm angenehm ist, wenn er ihn ehrt und rechtschaffen handelt." Apostelg. 10, 34 — 34.

Zusatz. Von den Sakramenten.

Der Begriff eines Sakraments ist aus dem Obigen hinlänglich bestimmt. Man versteht darunter eine Förmlichkeit, welche durch ihre äussern Bestandtheile zur Erweckung heiliger Ideen geeignet und dazu ausdrücklich bestimmt ist. Daß eine Kirche dergleichen Symbole haben könne und sie um der Eingeschränktheit des menschlichen Erkenntnißvermögens willen haben müsse, daß sie eben deshalb, wenn und weil sie angeordnet sind, zu ihrem Zwekke beobachtet und angewandt werden müssen, ist eben so klar.

Aber aus dem Begriffe selbst fließen auch die Regeln, welche bei der Einführung solcher Symbole zu beobachten sind.

Ein Symbol muß erstlich einfach und faßlich seyn, damit es nicht lästig falle und zu keiner abergläubischen Grübelei veranlasse. Es müssen ferner in einer Kirche so wenig Symbole als möglich seyn, weil ihr Zweck aufs Moralische geht und sie mit der Erreichung desselben ihre eigene Entbehrlichkeit herbeiführen sollen. — Ein Symbol muß durch das Sinnliche, was es enthält, eine Anweisung auf das Uebersinnliche geben, folglich sich auf eine Verwandschaft der Ideen und nahmentlich auf eine

Iden-

Identität des Verhältnisses gründen. — Es muß als etwas Zufälliges und Beliebiges nicht für Zweck an sich und mithin als unmittelbare Pflicht vorgestellt werden; dennoch aber hat es eine mittelbare Sanction; nämlich weil und in wie fern es auf etwas Heiliges und Moralisches hindeutet.

Eine Kirche kann daher nicht so viel Symbole einführen als sie will, sondern nur so viele, als zur Stiftung, Fortpflanzung und Dauer der Gesellschaft erforderlich sind. Auch ist nicht jede äussere Anordnung der Kirche schon ein Symbol, sondern nur diejenige, welche Mittel zur Hervorbringung und Erneuerung sittlicher Ideen dienen kann und dazu, durch ihre Bestandtheile und das Verhältniß derselben zu einander, geeignet ist.

Ist nun schon eine Kirche da, so müssen ihr durch die nachfolgenden Mitglieder keine Symbole mehr aufgedrungen werden, als es ihrem Stifter beliebt hat, anzuordnen. Denn die Vermehrung der Symbole gibt einen Beweis, daß die Kirche in ihrem Zwecke rückwärts nicht vorwärts geht.

Da nun Jesus neben der Privatandacht und öffentlichen Erbauung nur noch zwei Symbole eingeführt hat, so können auch nur diese im Range ursprünglicher Sanction stehen. Andere kirchliche Handlungen z. B. Konfirmation des Getauften, Absolution des Beichtenden, Ordination des Kirchenlehrers, sind zwar an sich löblich, und es kann nicht schaden, mit der bezielten Belehrung und Erbauung auch eine gewisse Feierlichkeit zu verbinden; allein eigentliche Sakramente sind sie nicht. Auch die H e i r a t h, ob sie gleich nur ein bürlicher Vertrag ist, kann als Objekt der Kirche angesehen werden, da sie ein wichtiger Schritt des Lebens und mit vielen Pflichten verbunden ist. Nur kann sie der Prediger eigentlich nicht schließen. Der Staat macht sie rechtskräftig, die Kirche erwägt ihre Pflichten und schärft sie ein. Die letzte O e h l u n g ist gar ein Mißverstand. Die Alten gebrauchten sie als Mittel zur Gesundheit. Sie gehört also zum Ressort des Arztes. Dieser muß entscheiden, ob sie bey einem Kranken zulässig ist oder nicht. Die Kirche hat folglich mit ihr nichts zu thun.

C. Vom Gebete.

Zu den Mitteln, das Sittlichgute in sich selbst zu erwecken, gehört das Gebet. die Förmlichkeit desselben besteht in einer Erklärung seines Wunsches gegen Gott als das moralische Oberhaupt. Die Erklärung selbst kann bloß innerlich oder auch wörtlich geschehen. Im ersten Fall ist es Gebet des Herzens, im zweiten ein lautes, hörbares Gebet.

Die bloße Förmlichkeit hat nur den Werth eines Mittels, kann also an sich kein Wohlgefallen vor Gott bewirken und wer sie als solche betrachtet, steht im Wahn des

des Aberglaubens. Es kommt also alles auf den Zweck und Geist des Gebets an.

Der Geist des Gebets besteht in der herzlichen Geneigtheit Gott in allem seinen Thun und Laſſen wohlgefällig zu ſeyn, mithin in der alle unſere Handlungen begleitenden, Denkungsart, daß ſie Gott genehmige und billige. Mit der reinen Vorſtellung dieſer innern (moraliſchen) Gemüthsſtimmung iſt auch der Wunſch, ſie zu haben und ſich immer mehr in derſelben zu befeſtigen, unzertrennlich verknüpft. In wie fern nun jene Pflicht iſt und den unbedingten Werth der Perſon ausmacht, ſo iſt auch der Wunſch, ſie zu haben und das Beſtreben ſie zu erhalten, unaufhörlich; und darum iſt das Gebot: „Betet ohn Unterlaß," reinſittlich.

Aus dem Geiſte des Gebets gehen auch die Eigenſchaften deſſen, warum man allein bitten darf, deutlich hervor.

Erſtlich: das, warum man bittet, darf nicht als etwas angeſehn werden, welches Gott nicht durch den innern oder lauten Vortrag kund wurde; denn Gott bedarf unſrer Erklärung und Bekanntmachung nicht. Daher ſind die Worte oder Formeln des Gebets nur ſubjektive Hülfsmittel zu unſrer eignen Verſtändigung und Erweckung. Und da alles, was indirect auf einen Zweck gerichtet iſt, die Wirkung ſchwächt, ſo muß man dahin arbeiten, daß der Buchſtabe des Gebets immer entbehrlicher

licher werde und an seine Stelle die moralische Idee trete, welche alsdenn direct die Andacht bewirkt. Dies ist um so nöthiger, weil der Mensch leicht in den Wahn verfällt, daß ein leeres Lippengeplärre alles ausmache.

Zweitens muß das Objekt des Gebets moralisch sein. Aber auch dieses muß nicht von Gott so erbeten werden, als wenn wir selbst dabei müßig bleiben und nur im passiven Hinschauen auf eine übernatürliche Gewährung harren dürften. Denn alles, was Gott selbst thut oder nach unsrer Meinung thun soll, ist von der Art, daß wir es ihm gänzlich anheim stellen müssen; weil wir nicht wissen, ob unsre Gedanken und Wege auch die Seinigen sind. Selbst der Wunsch und das Gebet um Herzensbesserung, in wie fern wir die Bewirkung derselben allein von Gott hoffen wollten, ist nicht rein moralisch und erhörlich; denn wer könnte bestimmen, ob es gerade in dem Augenblicke unsers Flehens der göttlichen Weisheit angemessen sei, den Mangel unsrer Schuld auf eine übernatürliche Weise zu ergänzen. — Noch weit weniger dürfen wir Gott um natürliche Dinge, Reichthum, Leben, Gesundheit und s. w. bitten; denn, ob und in wie fern die Gewährung unsrer Bitte zur Weisheit Gottes stimme, kann ja nie ein Sterblicher wissen; mithin muß er sich in allem, was Gott thun soll, gänzlich ergeben. Ein solches Gebet ist gänzlich unzulässig, wenn es durch Eigennuß oder Dünkel erregt wird;

aber

aber auch selbst, wenn die Endabsicht nur auf das Sittlichgute gerichtet wäre, würde es, als bestimmte Begehrung bestimmter Mittel, unstatthaft sein. In allem also, was Gott zu unserm Besten thun soll, ist die einzige der Gottseligkeit angemessene Herzensstimmung diese; daß man sich gänzlich seiner Weisheit anvertraut. Dagegen aber gibt es nun etwas, was der Mensch selbst thun kann und eben deshalb selbst thun soll, und das ist seine Pflicht. Folgt er dieser, so ist eine Resignation auch beruhigend für ihn.

Da aber im Gebete doch ein Wunsch enthalten ist, und in Beziehung auf diesen doch ein Glauben, das ist, die Versicherung, daß der Wunsch erhörlich sei, statt finden muß; so frägt es sich, welches Objekt des Gebets ist eigentlich erhörlich? Die Antwort ergibt sich von selbst. Nur das Gebet ist erhörlich, welches durch den in ihm geäusserten Wunsch seinen Gegenstand selbst hervorbringt. Der höchste Zweck aller sittlichen Thätigkeit liegt in ihr selbst und eben sie, als etwas, das Gott will, gedacht, macht die Gottseligkeit aus. Der höchste Zweck ist auch der höchste Wunsch, welchen der Mensch hat, aber ein solcher, welcher, indem er das Herz erfüllt und belebt, sich auch selbst realisirt. Denn dem Wunsche geht die Pflicht und das Bestreben, ihr zugnügen vorauf; er selbst, als etwas durch moralische Reflexion über sein Selbst Bewirkres, wirkt auf die Gesinnung, woraus er floß, zurück und so ist er Wirkung und Ursache der sittlichen Denkungsart zugleich. Gegen Gott also den Wunsch äussern, ihm wohlgefällig zu sein, oder beten; heißt nichts anders, als sich zum Bestreben nach dem Gegenstande des Gebets durch die Idee der Erhabenheit und Wünschenswürdigkeit desselben beleben und stärken.

Ein solches Gebet ist nicht allein auf einen reinsittlichen (mithin Gott wohlgefälligen) Gegenstand gerichtet, sondern es betrachtet diesen auch als ein solchen, welchen selbst hervorzubringen, Pflicht und Vermögen im Menschen ist. Dieses Gebet allein kann daher auch im Glauben geschehen, das heißt, der Betende ist versichert, daß sein Wunsch erhört und gewährt werde. Denn in diesem Falle ist er gewiß, nichts zu bitten, was etwa bey Plan der Weisheit noch nicht sein möchte, denn der Gegenstand der Bitte ist augenblicklich und immerdar Pflicht; und da er selbst das hervorbringt, was er wünscht, in so weit er kann, so erfüllt er dadurch an sich die Bedingung, unter welcher er sich der Folgen desselben, in wie fern sie von Gott abhängen, versichern darf. Alles dieses aber fehlt bei einem bloß passiven Wunsche oder Gebete.

Aber auf solche Art, mögte man sagen, kann man durch das Gebet nichts erreichen, wovon man eigentlich Gott als die Ursache denkt? Freilich nichts; aber der

Zweck

Zweck des Gebets soll ja auch nicht durch empirische Wünsche, überhaupt durch nichts, was Angelegenheit Gottes ist und bleiben muß, bestimmt sein; denn wie will der Mensch den Weg der göttlichen Weisheit durch Wunsch oder Bitte vorzeichnen? Vielmehr ist der ganze Zweck des Gebets auf das Subjekt selbst, und zwar auf die Erweckung und Stärkung der moralischen Denkungsart, in wie fern sie Gott wohlgefällig ist, gerichtet. Aus diesem Geiste entspringt das Gebet und auf ihn wirkt es auch zurück und wird so die Ursache der Wirklichkeit des gewünschten Gegenstandes. Aber auch mit dieser Gesinnung ist alsdenn ein uneingeschränktes Vertrauen auf Gott, eine Dankbarkeit gegen seine Güte und Preisung seiner Herrlichkeit unzertrennlich verknüpft.

* * *

Das Privatgebet hält sich am zweckmäßigsten innerhalb der Grenzen einer stillen Andacht, denn die lauten Selbstgespräche oder Anträge an Gott veranlassen nur Störung und Zerstreuung und schwächen die Wirkung welche die moralischen Ideen in ihrer Reinigkeit auf das Gemüth haben können und sollen.

Das öffentliche Gebet aber in den Kirchen hat den Zweck, den Wunsch eines jeden Einzelnen zum gemeinschaftlichen Wunsch (zu einer durch die Idee von Gott be-

belebten moralischen Gesinnung) zu vereinigen; es ist also eine Feierlichkeit, welche die moralische Triebfeder eines jeden Einzelnen desto mehr in Bewegung setzt und deshalb nicht ohne **Anrede** und **lauten Vortrag** sein kann.

Ein wohlgefaßtes mit Anstand und Würde laut gesprochenes Gebet ist daher etwas, welches wohl beibehalten zu werden verdient; besonders wenn der Gedanke zuvor schon durch Unterricht in den Anwesenden lebendig gemacht ist, daß diese öffentliche Anrede zugleich **Vereinigung** Aller zu einem **gemeinschaftlichen Wunsche** andeute und die Andacht das Mittel sei, den Gegenstand des Wunsches mit verstärkter Macht selbst hervorzubringen.

Endlich bemerke ich noch, daß dem Gebete, in wie fern es im Glauben, das ist, mit der Versicherung der Erhörlichkeit desselben, geschieht, eine sehr erhabene Vernunftidee zum Grunde liegt; die, wenn sie auch nicht bei jedem Menschen zum klaren und deutlichem Bewußtseyn kommt, doch im dunkeln Wink der, einem jeden Menschen verliehenen moralischen Anlage wirkt. Nämlich: die moralische Beschaffenheit in der Wollendung, wie sie einem jeden nur einigermaaßen moralischgebildeten Menschen in der Idee vorschwebt, hat eine so überwiegende Wichtigkeit, daß sie sich auch als den obersten Bestimmungsgrund der göttlichen Weisheit ankündigt. Ein

Mensch,

Mensch, welcher moralischvollkommen wäre, würde auch die Natur gänzlich nach derselben bestimmt sehen; nicht weil er dies selbst bewirken könnte, sondern weil er in Gott die erwähnte Qualität für einen hinreichenden Bestimmungsgrund halten, mithin auch die Angemessenheit der Natur von ihm erwarten dürfte. Da nun zwar kein Mensch jene Vollkommenheit hat, aber sich doch in der beständigen Annäherung zu derselben befinden soll, so wird der Grad seines Glaubens (Versicherung der Erhörlichkeit) dem Grade seiner moralischen Qualität proportional seyn. — Aus dieser Idee ist nun zugleich völlig klar, warum das Gebet die Ursache der Wirklichkeit seines Gegenstandes (in der Gesinnung des Betenden) selbst enthalten, und der Glaube, in welchem es geschieht, ein praktischer Glaube sein (dem Vertrauen auf Gott das Bewußtsein einer ihm wohlgefälligen Denkungsart zum Grunde liegen) müsse. — Hieraus würde ich auch die schwere Stelle (Matth. 17, 20. f.) „So ihr Glauben habt, wie ein Senfkorn, so möget ihr sagen und s. w." erklären. Denn es ist klar, daß Jesus hier nicht von einem bloß theoretischen und blinden Glauben spricht; wie wenn Jemand sich bloß fest einbildete, Gott würde ihm die Kraft, Wunder zu thun, verleihen, daß er sie auch darum schon erhielte. Denn einem Menschen, als einem natürlichen Wesen, kann keine Kraft übernatürlich zu wirken gegeben werden, weil dies sich selbst widerspricht und wenn daher durch ihn etwas Uebernatürliches

gewirkt

gewirkt wird, so ist es nicht der Mensch selbst, welcher es wirkt, sondern eine übernatürliche Ursache, welche auf ihn in Beziehung steht. Daher wird auch das Wundersame nie der Kausalität eines Menschen, sondern allein Gott zugeschrieben. Da uns nun die Wirkungsart Gottes an sich nicht bekannt ist, so muß jede Wirkung, in wie fern sie nicht mittelbar durch Natururfachen hervorgebracht gedacht; folglich auf die Kausalität Gottes bezogen wird, als eine übernatürliche gedacht werden. Von solchen Wirkungen kann also hier die Rede nicht seyn, denn die Macht, sie hervorzubringen, kann keinem Naturwesen verliehen werden. Es bleibt daher nichts übrig, als die Vorstellung von solchen Wirkungen, deren Ursache die Menschen durch den Glauben selbst hervorbringen können und dies bezieht sich auf ein Kausalverhältniß welches die Vernunft im Allgemeinen zwischen dem Natur- und Sittenreiche als obwaltend vorstellt. In dieser Hinsicht hat der Mensch selbst ein Vermögen, sich die Natur unterzuordnen, aber nur in so fern, als er moralisch dazu den Grund legt; denn die Angemessenheit selbst darf er nur von Gott erwarten. Je höher nun der Mensch in der Moralität emporsteigt, wozu Fasten und Beten (nüchterne Andacht) sehr belebende Mittel sind (V. 21.) desto sicherer ist er, daß all sein Thun und Lassen zum Weltendzweck dient; die ganze Natur würde der Menschengattung gehorchen, wenn sie in der Tugend vollkommen wäre, denn alsdenn würde auch keiner ihrer

Wünsche

Wünsche unweise seyn. Die Weisung Jesu ist daher diese: Gehet aus von eurem Unglauben und werdet Diener der Pflicht und Freunde der Tugend; je mehr ihr hierinn zunehmt, desto größeres Vertrauen könnt ihr auch zu Gott haben; ja ist euer ganzer Sinn erst auf die alleinige Beförderung des Reichs Gottes (der moralischen Ordnung in der Welt) gerichtet; dann wird euch kein Unmuth und keine Bedenklichkeit anwandeln, mit Entschlossenheit werdet ihr alle Gefahren bestehen, alle Hindernisse bekämpfen und Wunder der Welt thun; — durch den Glauben an Gott wird man mächtig in der Natur.

D. Von der öffentlichen Erbauung.

Da der Zweck eines moralischen Vereins kein anderer ist als die Beförderung der Beförderung der Moralität selbst, so folgt, daß die Mitglieder auch solche äussere Anstalten treffen müssen, wodurch die gemeinschaftliche Absicht erreicht werden kann. Hier gehören nun erstlich Versammlungen der Mitglieder an einem der öffentlichen Angelegenheit gewidmeten Orte; den man, wenn er ein der gemeinschaftlichen Andacht und Erbauung geweihtes Gebäude enthält, eine Kirche, (ein Haus des Herrn) nennt; zweitens Belehrung und Ermahnung durch besondere dazu von der Gemeinde anerkannte Lehrer, die wenn sie Diener einer reinmoralischen Societät sind, füglicher Geistliche oder Prediger (nicht Priester, welche

che bloße Verwalter frommer Gebräuche sind) genannt werden.

Der Kirchenlehrer also (nicht Tempeldiener, Priester oder Pfaffe) hat es mit der Beförderung einer rein moralischen, z. B. (christlichen) Religion zu thun; seine Hauptpflicht besteht folglich darin, daß er die Tugendlehre als göttliche Gebote nebst ihren Verheißungen und Folgen vorträgt, und seine Gemeinde zur Sittlichkeit und Gottseligkeit anleitet und belebt.

Auch wird er das Aeussere der Kirche mit besorgen, aber nicht als Zweck, sondern als Mittel und er wird sich eben darin von dem Priester unterscheiden, daß er die angeordneten Förmlichkeiten auf ihren moralischen Sinn leitet und nichts förmlich thut, als wenn und in wie fern er dadurch sittliche Ideen erwecken, stärken und ihnen Macht auf das Herz verschaffen kann. Wenn er nun gleich wie billig ist, von seiner Gemeinde den Lebensunterhalt zieht, so wird er sein Geschäfte doch nicht als einen bloßen Erwerb (wie die Priester) treiben 1 Tim. 6, 5.; sondern als einen heiligen Beruf; welcher Würde und Ehre in sich selbst hat; denn was kann der Mensch höheres thun, als an der sittlichen Bildung seiner Brüder arbeiten;

Da nur das Zutrauen der Gemeinde es dem Prediger möglich macht, Eingang in ihr Herz zu bekommen und an ihrer sittlichen Veredlung zu arbeiten; so wird

der

der Prediger selbst durch Leben, wie durch Lehre vorangehen müssen; denn wie wollte er Andere strafen wenn er selbst nicht unsträflich ist? Sind aber die Geistlichen, was sie sein sollen, Vorgänger durch eigene Tugend und weisen Unterricht, so wird sich die Achtung gegen ihren von Stand selbst finden. Alle andere Mittel, ihn zu heben, werden ihn nur noch mehr in Verfall bringen.

Die der moralischen Erbauung gewidmeten Gebäude müssen ohne allen verführerischen Prunk sein, weil dieser die Einbildung reizt und die Andacht schwächt; aber dennoch können sie in der Anlage Schönheit und Erhabenheit haben. Alles aber, was auf Idololatrie führt, das Gewissen belästigt oder täuscht, muß gänzlich entfernt bleiben; denn das Gebäude und die Versammlung in demselben ist ein Sinnbild des Reichs Gottes oder aller durch Tugendgesetze zu Gott verbundenen Weltwesen. Auf diese Idee soll das Sinnbild leiten, und sie soll allein festgehalten werden, damit sie auf das Gemüth eines jeden Mitglieds wirke. Dazu muß nun der Prediger feste Grundsätze nach wohlverstandenen Begriffen tief ins Herz legen, muß die Pflichten nach Maaßgebung ihrer Wichtigkeit vorstellen, zu ihnen die Gesinnung stimmen und sie gegen alle Anfechtung der Neigungen verwahren und sichern und so endlich durch Hülfe der Versammlung in einem Tempel mit Händen gemacht der Gottseligkeit einen Tempel im Herzen der Gemeinde errichten,

errichten, damit die Anbetung nun im Geiste und in der Wahrheit geschehe.

Alles muß aufs Moralische gelenkt werden und in demselben allein beharren. Die Wirkung der sittlichen Ideen aufs Gemüth ist Andacht; die Folge der Andacht ist Erbauung oder Herzensbesserung (diejenigen, welche die, die bloße Andacht begleitende, innere, Rührung für hinlänglich halten, sind Andächtler und der Hang dazu heißt, Andächtelei). Die Wirkung der sittlichen Idee aufs Gemüth, bezogen auf die Idee selbst, heißt Achtung; die Wirkung dieser Idee auf das Gemüth, bezogen auf das Subjekt derselben, ist Anbetung; denn der Werth des Menschen sinkt in Vergleichung Seiner mit der selbstständigen Sittlichkeit (oder Gott) gleichsam aufs Nichts herab und die hieraus entspringende Stimmung gegen Gott ist Anbetung. Sie wird durch die Betrachtung der Schöpfung Gottes, welche im Kleinen so tiefe Weisheit und im Großen so viel Majestät zu erkennen gibt, ungemein gereget; erhebt aber auch zugleich die Seele, wenn sie mit dem unaussprechlichen Gefühle aus der gleichsam angeschauten göttlichen Herrlichkeit die Idee ihrer moralischen Bestimmung verbindet. — Der Prediger muß daher mit der Belebung sittlicher Ideen Naturbetrachtung verbinden, wenn er seinen Zweck im größtmöglichen Grade erreichen will.

Inhalt.

Vorrede. Ueber symbolische Erkenntniß in Beziehung auf die Religion.   Seite I

Zweiter Abschnitt. Ueber die geoffenbarten Verhältnisse Gottes zu den Menschen, durch Vater, Sohn und Geist. (S. 2 B. S. 196.)

Fünftes Kap. Vom heiligen Geist.

    A. Erörterung der schriftlichen Aussprüche über den heiligen Geist.   — 1

    B. Moralische Auslegung derselben.   — 4

    C. Censur einiger Philosopheme hierüber.   — 19

Sechstes Kap. Summarische Betrachtungen und Resultate über die Lehre von der Dreieinigkeit.   — 23

Dritter Abschnitt. Von der Schöpfung.   — 58

Vierter Abschnitt. Von der Vorsehung.   — 68

Fünfter Abschnitt. Von den Engeln.   — 89

Inhalt.

Sechster Abschnitt. Von dem Ursprunge des menschlichen Geschlechts. S. 101
Siebenter Abschnitt. Von der Sünde. — 112
Achter Abschnitt. Von der Gnade Gottes. — 132
Neunter Abschnitt. Von Jesus Christus. — 142
Zehnter Abschnitt. Von der Sinnesänderung. — 186
Eilfter Abschnitt. Von den Gnadenwirkungen. — 196
 Anhang. Vom Glauben. — 210
Zwölfter Abschnitt. Von dem zukünftigen Leben. — 218
Dreizehnter Abschnitt. Von der Kirche, als einem religiösen Gemeinwesen. — 238
 Anhang. Ueber das Verhältniß des Staats zur Kirche. — 259
Vierzehnter Abschnitt. Ueber die Beförderungsmittel zur Gottseligkeit in einer Kirche. — 286
 A. Von der Taufe. — 289
 B. Vom Abendmahl. — 296
 C. Von der Privatandacht. — 310
 D. Von der öffentlichen Erbauung. — 319

www.ingramcontent.com/pod-product-compliance
Lightning Source LLC
Chambersburg PA
CBHW050848300426
44111CB00010B/1175